교정이
필요 없는
영어
글쓰기

교정이 필요 없는 영어 글쓰기

초판 1쇄 발행 | 2022년 2월 21일
초판 2쇄 발행 | 2022년 4월 10일

지은이 | 벤자민 드레이어
옮긴이 | 박소현
발행인 | 김태웅
기획·편집 | 드문
표지 디자인 | 어나더 페이퍼
마케팅 | 나재승
제　작 | 현대순

발행처 | (주)동양북스
등　록 | 제 2014-000055호
주　소 | 서울시 마포구 동교로22길 14 (04030)
구입 문의 | 전화 (02)337-1737
　　　　　팩스 (02)334-6624
내용 문의 | 전화 (02)337-1763
dybooks2@gmail.com

ISBN 979-11-5768-779-4　13740

▶ 본 책은 저작권법에 의해 보호를 받는 저작물이므로 무단 전재와 복제를 금합니다.
▶ 잘못된 책은 구입처에서 교환해드립니다.
▶ 도서출판 동양북스에서는 소중한 원고, 새로운 기획을 기다리고 있습니다.
　 http://www.dongyangbooks.com

Dreyer's English

미국 최대 출판사 랜덤하우스 교열국장의

교정이 필요 없는 영어 글쓰기

벤자민 드레이어 지음 | 박소현 옮김

동양북스

DREYER`S ENGLISH
Copyright ⓒ 2019 Benjamin Dreyer
All rights reserved

Korean translation copyright ⓒ 2022 by Dongyang books
Korean translation rights arranged with ICM Partners
through EYA (Eric Yang Agency), Seoul.

이 책의 한국어판 저작권은 EYA (Eric Yang Agency)를 통한
ICM Partners사와의 독점계약으로
동양문고 상상공방(동양북스)이 소유합니다.
저작권법에 의하여 한국 내에서 보호를 받는 저작물이므로 무단전재 및 복제를 금합니다.

부모님, 다이애나, 스탠리,
그리고 로버트에게 바칩니다.

일러두기

1. 외래어 표기는 국립국어원의 외래어 표기법을 원칙으로 하되, 일부는 관용 표기를 허용했다.
2. 본문 하단의 각주는 지은이 주이며, 본문에 삽입된 아래첨자(색자 제외)는 역자 주이다.
3. 국내에 알려진 인명·작품명 등은 원어를 병기하지 않았으며 필요한 경우에만 한자나 원어를 병기했다.
4. 국내에 번역 소개된 작품은 번역서의 제목을 따랐고 소개되지 않은 작품은 우리말로 옮겼다.
5. 단행본·정기간행물·신문은 겹낫표(『』)로, 시·단편 등의 개별 작품과 선언문은 홑낫표(「」)로, 연극·영화·방송·뮤지컬·음반 제목은 겹화살괄호(《》)로, 노래·미술 작품·프로그램 개별 에피소드 제목은 홑화살괄호(〈〉)로 표기했다. 단, 일부 표제어의 경우 원서와 동일하게 반영하여 노래 제목은 큰따옴표(" ")로, 영화·뮤지컬·간행물 제목은 이탤릭체로 표기했다.
6. 이 책에서 인용한 성경 구절은 대한성서공회에서 펴낸 개역개정판을 따랐다.

마사.   그게 어때서? 잘됐지 뭐. 생물학이 훨 낫잖아. 덜……
         심오하니까.
조지.   덜 추상적이란 말이겠지.
마사.   심오하다고! 난해하다는 의미 말이야. (조지에게 혀를
         내밀어 보인다) 날 가르칠 싱각은 마.
                  ─ 에드워드 올비, 『누가 버지니아 울프를 두려워하랴?』

들어가는 말

나는 교열자copy editor다. 내가 하는 일은 저자가 수없이 고쳐 썼을 원고를 내가 '진짜 편집자'라고 부르는 이와 저자가 다시 수정하고 보완해 넘기면 축복하듯 그 위에 두 손을 얹고…… 좀 더 나은 글로 만드는 것이다. 더 정갈하게, 더 명료하게, 더 잘 읽히는 글로 말이다. '정확한 산문correct prose'이라는 미명 아래 문장을 새로 쓰거나 난도질하거나 단조롭게 고치는 게 아니라 더 자연스럽게 읽히도록 매만지고 다듬어 가능한 한 제일 돋보이는 모양새로 바꾸는 작업이다. 그야 그 일을 제대로 했을 때 얘기지만.

전문 교열 작업의 기본기는 맞춤법이 틀리지는 않았는지 한 단어도 빠짐없이 낱낱이 확인하는 것이다(맞춤법을 틀리는 천재 작가는 전설 속에나 등장하는 인물이라고는 하지만, 실상 오탈자에서 자유로운 사람은 없다). 이미 알고 있겠지만 맞춤법 검사기와 자동 수정 기능은 환상의 짝패이긴 해도—나는 타이핑을 할 때 둘 중 하나는 꼭 켜 둔다—쓰려고 염두에 둔 바로 그 단어로 귀신같이 고쳐 주는 건 아니다. 방금 삭제한 문장부호를 다른 곳에 끼워 넣는 일—간혹 내 인생의 절반은 쉼표를 떼어 내는 일에, 나머지 절반은 떼어 낸 쉼표를 다른 자리에 붙박아 두는 일에 바친 게 아닌가 하는 생각도 든다—과 탈자는 없는지(He went to store.) 중복된 단어는 없는지(He went to the the store.) 집필과 교정 과정에서 생겨난 사소한 오류를 살피는 일도 교열 작업의 일부 다. 물론 기초적인 문법도 신경 써야 한다. 격식체와 비격식체를 가려 써야 하는 경우가 있기 때문이다.

이 수준을 넘어서면, 듣기만 해서는 웬만한 최신식 컴퓨터 프로그램도 해 낼 수 있을 것만 같은 교열 작업이 진정한 기예의 반열—기계는 맞춤법(뒤에 서 더 자세히 다룰 예정이다)은 물론 (그런 기능이 있다고야 하지만) 표기나 문법 오 류를 세심하게 잡아내지 못한다—로 올라선다. 운이 좋으면 구석구석까지 깨끗이 닦아 내는 양치질—어떤 작가는 이렇게 표현한 적이 있다—과 눈이 휘둥그레지는 마술 사이, 그 어디쯤에 도달하기도 한다.

그러고 보니 떠오르는 일화가 있다.

수년 전 내가 교열을 맡았던 소설가의 가든 파티에 초대받은 일이 있었 다. 뙤약볕이 내리쬐는 무더운 여름날 뉴욕 부촌의 호화로운 고급 주택에 딸린, 담장을 친 자그마한 정원에 들어섰을 때는 이미 무리없이 수용 가능 한 인원보다 더 많은 사람들로 꽉 들어차 있었다.

작가의 남편이 전설적인 연극연출가이자 영화감독[*]이라 그런지 이목을 끄는 배우들이 여럿 눈에 띄었고 나는 땀을 비오듯 흘리면서도 황홀한 기분 에 넋을 놓고 있었다.

파티 주최자는 사려 깊게도 내게 한 배우를 소개해 주었다. 무대에 섰을 때는 족히 2미터는 넘어 보이지만 으레 그렇듯 알고 보면 아담한 데다 적당

---

[*] 유명인과의 친분을 과시할 생각은 없으니 이름은 밝히지 않겠다.

들어가는 말

한 말인지는 모르겠지만 괄괄한 역으로 명성이 자자한 사람치고는 의외로 상냥하고 연약해 보이면서도 보기 좋게 위엄을 풍기는 부류였다.

알고 보니 이 배우가 책을 한 권 썼단다.

"저도 책을 냈답니다." 그녀가 말했다. 듣자 하니 회고록이다. "교열한 원고라고 해서 받았더니 글쎄 뜻 모를 글씨니 문장부호니 잔뜩 휘갈겨 놨더군요. 기가 막혔죠. 자기가 뭘 안다고."

순간 그녀가 내 손목을 붙잡았다. 지그시 붙잡긴 했어도 손을 빼낼 생각은 엄두도 낼 수 없었다.

"그런데 교열자가 표시한 부분을 가만히 들여다보고 있으니" 그녀는 작정하면 저 높은 관객석까지 들리게 하는 건 일도 아니라는 듯한 또렷한 목소리로 속삭였다. "조금씩 이해가 되지 뭐예요." 그녀는 내 얼굴에 뚫린 두 눈구멍을 꿰뚫듯 응시하며 몸을 슬며시 기울였고 나는 그녀에게 맥없이 빠져들었다. "그래서 생각했죠. 일단 끝까지 읽어보자고요."

(클라이맥스 직전의 정적이 잠시 흐르고)

"교열자들은" 하고 읊조릴 때 바스락거리던 자음과 낭랑하게 울리던 모음이 지금도 귓가에 생생하다. "자신의 신념을 수호하는 사제들과 같아요."

축원이란 바로 이런 것이다.*

나는 30여 년 전에 어쩌다가 이 길에 들어섰는데—그 시절엔 어쩌다 보니 그 일을 하게 됐다는 사람이 허다했다. 그렇게 일을 하면서 자연스레 직업으로 삼는 식이었으니 그야 그럴 수밖에—대학 졸업 후 한동안은 음식점과 술집

---

* 뭐, 좋다, 그냥 밝히겠다. 배우는 조 캘드웰이고 문제의 책은 『클레오파트라가 되리라I Will Be Cleopatra』로, 그리 두껍지 않은 매력적인 회고록이다.

에서 아르바이트를 하고 고전 영화 동시상영관을 들락거리면서 허송세월을 보냈다. 나는 장차 뭐가 돼야겠다는 생각은 해 본 적이 없었는데, 성인이 되고 나니 그게 문제가 됐다. 그러다 작가로 활동하던 친구의 소개로, 그리고 친구를 담당하던 제작 편집자—교정 교열 과정을 총괄하는 출판사 직원을 말한다—의 근거 없는 믿음 덕분에 덜컥 프리랜서 교정 일을 맡았고, 여기저기서 일감을 받아와 일하다가 얼마 뒤 전업했다.

교정proofreading—특히 경력이랄 게 전무한 초심자라면 이 업계에 진출할 수 있는 수단이 되므로—은 기본이자 기계적인 작업이다. 내가 초짜 시절에 했던 일도 교열이 끝난 원고지(왼편에 쌓아 둔다)의 내용이 빠짐없이 조판 원고(오른편에 쌓아 둔다)에 제대로 옮겨졌는지를 확인하는 게 전부였다. 가든 파티보다 훨씬 더 앞선 원고지 시절 얘기다. 당시 내가 읽던 원고에는 저자가 쓴 원문뿐 아니라 그 위에 새로 쓰고 고쳐 쓰느라 덧댄 손글씨들—저자의 글씨와 교열자의 글씨—두 보였고, 거기다 필기체로 휘갈겨 쓴 뭔지 모를 글씨들과 문장부호까지 한 겹 더 포개져 있었다. 교정은 고도의 주의력과 집중력을 요하는 일인 동시에 정답이 분명한 작업이다. 교열자라면 어떤 게 맞고 어떤 게 틀렸는지를 마땅히 알아볼 수 있어야 하며 휘갈겨 쓴 글씨를 한 번 더 보태 틀린 부분을 수정할 수 있어야 한다는 말이다. 하필이면 그날따라 악의가 다분한 『하이라이츠 어린이Highlights for Children』초등생의 독해력 신장을 위한 퍼즐 등을 실은 어린이 잡지 한 권을 골라 숨은그림찾기를 한없이 풀고 있는 심정이었달까.

그렇게 원고를 골똘히 들여다보며 교열하려니 원고 위에서 저자와 교열자가 색색깔의 펜으로 승부를 펼치듯 나누는 모종의 대화에 나도 모르게 점점 빠져들게 되었다. 교열자는 오탈자를 수정하거나 문장부호를 고치거나 주술 호응(주어 동사 수일치)을 바로잡는 일을 훌쩍 넘어서고 있었다. 대개는—거의 시종일관—저자의 글을 더 신중하게, 더 객관적인 관점에서 깊이 파고들고 있었다. 없어도 무방한 단어를 쳐내고 지나치게 조밀한 문장에는 단어를 여기저기 끼워 넣고 단락을 재배치해 논거를 더 탄탄하게 만들고 저자가 남용하는 형용사나 부사를 잡아냈다. 문장이 다소 어설프거나(여백에 "저자께AU: 어색하지 않을까요?"* 라고 적어 둔다) 표현 방식이 식상하고 진부하다는("저자께: 상투적인 표현은 아닐까요?") 의견을 보태는 것도 교열자의 일이었다. 이미 숱하게 같은 지적을 했거나 굳이 지적하지 않아도 될 만큼 너무 뻔한 경우에는 그냥 문장 전체에 빨간 줄을 긋고 여백에—나는 월권이 아닌가 싶었지만—"저자께: 우리도 다 압니다"라고 적어 둔 경우도 있었다.

그렇다고 저자가 교열자의 의견을 전부 수용한 건 아니었다. 수정 사항들을 그대로 둠으로써 암묵적으로 승인할 때도 흔했지만—또는 교열자가 여백에 "OK?"라고 물음표를 달아 동그라미를 쳐 두면 저자는 물음표만 지워 동의를 표하기도 했다—가끔은 수정 사항이나 교정 사항 자체를 지워 버리기도 했다. 그때는 원문 바로 밑에 점선을 긋고 수정 사항 옆에 "STET"— '그대로 두시오'라는 의미의 라틴어라는 건 나중에 알았다—이라고 썼는데, 원문에 느낌표를 달거나 고르고 고른 말로 반대 의견을 표명하는 경우도 있었다.†

---

*AU는 Author(저자)를 말한다. 식자공(compositor)이나 조판자(typesetter)에게 전하는 말은 COMP로 표시한다.

†이 단락을 검토할 때 편집자가 예를 하나 들어 달라고 요청했다. 어디 보자, 한 작가는 (기록으로 똑똑히 밝혀 두자면) 형편없는 문장을 지적한 교열자의 의견을 묵살하면서 여백에 "그게 바로 문체라는 겁니다"라고 코웃음 치듯 써 둔 적이 있었다. 또 다른 작가는 편집자가 점잖게 쓴 의견에 빨간색 크레용인지 핏자국인지 모를 글씨로 "빌어먹을 당신 책에서나 그렇게 쓰든가"라고 휘갈겨 쓴 적도 있었다.

나는 그렇게 교열하는 법을 배웠다. 교열 과정을 유심히 들여다보면서 교열이 어떻게 이루어지는지 저자는 이에 어떻게 대응하는지를 익혔고, 논쟁의 여지가 거의 없는 명백한 문법 오류부터 얼마간 논쟁의 여지가 있는 표기법과 개인적 취향 때문에 저지르는 실수에 이르기까지 온갖 문제들을 교열자가 어떻게 해결해 나가는지도 주의 깊게 살폈다(거의 없거나 얼마간 있다는 건 정도의 차이를 인정한다는 뜻이지 교열자가 결정을 유보한다는 말은 아니다. 글쓰기에는 절대 규칙이 생각보다 많지 않다. 이에 대해서는 본문에서 자세히 다룰 예정이다).

교열은 요령이다. 다시 말해 말로 들을 때와 글로 볼 때 언어의 효과가 어떻게 달라지는지를 예민하게 포착하는 감각이 필요하다. 저자의 의도를 경청하는 능력과 그 의도를 명확히 드러내 줄 수 있는 유용한 수단을 갖춰야 한다는 말이다. 이런 유의 일을 전문적으로 할 생각이라면 관련 공부를 하면 되고, 또 당연히 그래야만 한다. 맹세컨대 세상에 문법책과 어휘책은 이미 차고 넘친다. 다만 남다른 성향을 지닌 사람만이 이 기술에 필요한 지식을 갈고닦을 수 있다는 게 내 생각이다(내가 알기로 대다수 교열자들은 하나같이 어릴 적부터 독서가로 자랐으며 유년시절에 책에 코를 박고 살았다는 공통점이 있다). 한번은 동료가 이렇게 표현한 적이 있다. 교열자가 하는 일은 저자의 머릿속을 파고들어 자신이 저자였다면 문장을 어떻게 다듬고 바꾸고 썼을지를 짐작하면서 그 망할 문장을 657번째 읽으면서 다듬고 바꾸고 쓰는 일이라고.

빙 돌아온 셈인데, 그렇다면 친애하는 독자 제위—'친애하는 독자'라는 말을 꼭 써 보고 싶었는데, 한번 써 본 걸로 만족하겠다—는 왜 이 책을 읽고 있으며 나는 왜 이 책을 쓰게 된 걸까.

우리 모두는 작가다. 우리는 학기말 과제를 쓰고 업무 공지를 쓰고 선생님께 드릴 편지를 쓰고 제품 후기를 쓰고 일기를 쓰고 블로그 게시물을 쓰고 정치인에게 보낼 호소문을 쓴다. 이메일은 누구나 쓰며 전문적으로 책을 쓰는 저술가도 있다.* 그리고 적어도 내가 관찰한 바로는 모두가 더 잘 쓰고 싶어 한다. 우리는 더 명료하게, 더 세련되게 핵심을 전달하고 싶어 한다. 우리의 글을 누군가 알아봐 주길 원하고 더 설득력 있는 글이 되길 바란다. 우리는—툭 까놓고 말하면—실수를 줄이고 싶어 한다.

앞서 말했듯 나는 지금껏 오랫동안 다른 사람의 글을 고치며 살았다. 저자에게 힘을 보태고 글 속에서 그들과 대화를 나눌 수 있다는 것이 이 일을 변함없이 사랑하는 이유다. 이제는 그 글이 책상에 놓인 종이가 아니라 컴퓨터 화면 속 워드 파일일 때가 많지만.

따라서 이 책은 원고 속 대화를 잇는 대화다. 능수능란한 작가들마저 발목 잡히는 기본기부터 이미 유려한 글솜씨를 더욱 유려하게 만들기 위해 고안해 낸, 또는 어쩌다 마주친 자잘한 고급 요령에 이르기까지 여러분이 유용하게 써먹을 수 있는 나만의 비법을 일부나마 공유할 기회인 셈이다.

연속 쉼표series comma에 대해 이 사람은 또 무슨 말을 더 보탤지 궁금해서 이 책을 집어든 사람도 있을지 모르지만 말이다.

그럼 이제 시작해 보자.

참, 시작하기 전에 알아 둘 게 있다.

이 책에 '당신에게 필요한 궁극의 스타일 지침서' 같은 제목을 붙이지 않은 이유는 그런 책이 아니라서다. 그 어떤 스타일 지침서도 글쓰기에 대한 궁금증을 한 권에 모조리 망라할 수 없을 뿐더러—글쓰기에 대해 알아야

*문자 메시지와 트위터도 나름의 글쓰기 규칙들이 있지만 이 책에서는 다루지 않았다.

할 것이 무엇인지를 두고도 지침서마다 의견이 다르다—내 경우 이 책을 집필하기 전에 세워 둔 나름의 기본 원칙이 있었다. 글을 교열할 때 가장 많이 부딪히는 문제들과 이를 해결하기 위해 짜낸 방법들, 꼭 한마디 보태야겠다고 생각한 사안들, 개인적인 관심사였거나 흥미롭게 생각했던 문제들에 대해 쓰겠다고, 앞으로도 내 책상 위 한 자리를 변함없이 지킬 테고 늘상 들여다보게 될 방대한 참고 서적들†이 설파하는 지침을 반복하지 않겠다고, 하지만 가끔씩은 나만의 취향과 기벽을 털어놓는 것도 잊지 않겠다고, 내가 유익하고 합당하며 실용적이라고 생각한다고 해서 독자도 꼭 동의할 필요는 없다는 것을 인정하겠다고 말이다.

그래도 동의할 정도의 분별력은 갖춰야 하지 않을까 싶지만.

그럼 유별나 보일지언정 꼼꼼하게 엄선한 유용한 팁들을 지금부터 공개한다.

---

† 절판된 지 오래인 책이지만 온라인에서 쉽게 찾아볼 수 있는 명저 『글자에서 활자로 Words into Type』와 그 명령조 설명에 늘 동의하는 건 아니지만 권위를 자랑하는 당당한 위용이 나름대로 의지가 되는 『시카고 스타일 지침서 The Chicago Manual of Style』를 말한다. 『메리엄-웹스터 영어 용법 사전 Merriam-Webster's Dictionary of English Usage』도 참고 도서로 활용하자. 그리고 사전 하나쯤은 당연히—두말하면 잔소리다—구비해야 할 텐데, 이왕이면 『메리엄-웹스터 대학생용 사전 Merriam-Webster's Collegiate Dictionary』을 구입하길 바란다(이 글을 쓰는 시점에는 11판이 나왔다). 이 책에서 내가 '벽돌책'을 언급할 땐 이 서적들을 가리킨다.

차례

들어가는 말 —•8

Part 1 영어 글쓰기의 기초 1

CHAPTER 1 **간결한 영문을 만드는 법** —•20

CHAPTER 2 **영어 글쓰기의 원칙과 비원칙** —•23

CHAPTER 3 **문장부호 사용법 67가지** —• 40

CHAPTER 4 **영어로 숫자 표기하는 법** —• 99

CHAPTER 5 **외국어와 외래어 표기하는 법** —• 107

CHAPTER 6 **문장을 해치는 문법 오류** —• 119

CHAPTER 7 **영문 소설 쓰기의 기본** —• 141

Part 2 영어 글쓰기의 기초 2

CHAPTER 8 누구나 한 번쯤 잘못 쓰는 영단어 —• 170

CHAPTER 9 영단어의 쓰임새에 대한 호불호 —• 195

CHAPTER 10 작가들도 혼동하는 영단어 —• 219

CHAPTER 11 교열자도 틀리는 고유 명사 —• 280

CHAPTER 12 글을 망치는 동어 반복 표현 —• 326

CHAPTER 13 사소해 보이지만 결정적인 교열 요령 —• 341

나가는 말 —• 359

영문 교열자가 즐겨찾는 사이트 —• 360

Part 1 》》》》》》》》》》》》》》》》》》》》》》》》》》》》》》》》》》

》》》》》》》》》》》》》

The Stuff in the Front

영어 글쓰기의 기초 1

CHAPTER 1
간결한 영문을 만드는 법

첫 번째 과제다. 다음 단어들을 쓰지 않고 일주일만 버텨 보자.

>very
>rather
>really
>quite
>in fact

이 목록에 just(righteous_{옳은, 올바른}가 아닌 merely_{단지, 그저}라는 의미로 쓰일 때)와 so(extremely_{매우, 몹시}라는 의미로 쓰일 때, 또는 접속사로 쓰였을 때)를 끼워 넣어도 좋다.

pretty tedious_{어지간히 지루한}, pretty pedantic_{되게 따지고 드는} 같은 표현에 쓰이는 pretty도 있다. 이 깜찍한 녀석도 주저 말고 처단하자.

참, of course도 있다. surely_{틀림없이, 설마}도, that said_{그렇긴 하지만}도 있다.

actually실은는 어떤가. actually를 평생 쓰지 않고 한번 살아 보라.*

'쓸데없는 강조어와 목청 가다듬기용 단어'에 해당하는 이 표현들을 평일에 쓰지 않고 버틸 수 있다면—말할 때 쓰지 말란 소리는 안 하겠다. 그랬다간 대다수는, 특히 영국인들은 벙어리가 되고 말 테니까—주말쯤엔 글쓰기 실력이 크게 향상돼 있을 것이다.

첫 번째 전제

뭐, 좋다, 얼마든지 써라. 문장 하나를 쓰려고 할 때마다 손에 쥔 펜이 꿈쩍도 하지 않는다면 말이다. 하지만 썼으면 되돌아가 삭제해라. 하나도 남김없이 죄다 없애라. 앙증맞다느니 안쓰러워 보인다느니 하면서 마지막 하나를 남겨 둘 생각은 마라. 삭제하고 남은 문장이 뭔가 허전해 보인다면 여러분이 하고 싶은 말을 더 효과적으로 전달해 줄, 더 힘 있고 더 나은 표현을 찾아라.

두 번째 전제

절대 쓰지 말라는 말은 아니니†—나 역시 이 책에서 very를 적잖이 썼다—지레 감정적으로 받아들여 이의를 제기하는 일은 없기를 바란다. 딱 일주일

---

*말을 할 때나 글을 쓸 때 actually를 쓰는 버릇이 내 평생의 약점이었는데, 두 살짜리 조카가 Actually, I like peas.(난 사실 콩이 좋아.)라고 공개적으로 말하는 소리를 처음 들었을 때 전염성이 강한 단어라는 걸 깨달았다.

†actually는 제외다. 아무리 생각해도 신경을 거슬리게 한다는 것 말곤 별다른 기능이 없다.

만 쓰지 말라는 게 전부다. 그럼 나도 성의의 표시로 방종의 화신인 나조차도 이따금 불굴의 의지를 발휘할 수 있다는 걸 몸소 보여 주겠다. 그런 의미에서 여기가 이 책에서 actually를 마지막으로 보게 될 자리임을 선언한다.

여러분은 딱 일주일만 이 열두 가지 표현을 멀리해라. 나로선 그것만 성공해도 만족할 것이다.

설마, 만족할 리가 있겠나.

그래도 말이라도 해 본 게 어딘가.

CHAPTER 2
영어 글쓰기의 원칙과 비원칙

나는 규칙에 악감정은 없다. 모노폴리 게임^{부동산을 독점하면 승자가 되는 보드게임}이나 진 러미^{카드 게임의 일종}를 할 때 없어서는 안 되는 게 규칙이고, 규칙을 준수하는 자세는 전철 서비스 개선에도 일익을 담당한다. 법치주의? 광팬이다.

하지만 영어는 규칙으로 쉽게 통제하거나 규제할 수 없다. 영어는 규범화 과정 없이 영국 제도^{British Isles}에 외국인들이 발을 들일 때마다 새로운 문형과 어휘를 흡수하면서 발전했고—우리 미국인들이 수백 년에 걸쳐 장난질치며 훼손한 건 물론이다—무정부 상태로 진화를 거듭했다. 놀랍게도 강제할 수 있는 법이 없다는데, 있지도 않은 법을 강제할 사람이 누가 있겠나.*

애초에 논쟁의 여지가 없는 글쓰기 규칙이 있긴 하다. 문장의 주어와 동사의 수를 일치시켜야 한다는 규칙이 그 예다. not only X but also Y^{X뿐만 아}

---

*프랑스에 자국 언어를 지키고 통제하는 아카데미 프랑세즈(Académie française)가 수백 년간 존속하고 있다는 사실은 오늘날 영어 사용자들이 셰익스피어의 작품을 읽고 이해하는 것보다 프랑스인들이 몰리에르(Molière)의 작품을 더 쉽게 읽고 이해하는 이유를 설명해 준다.

니라 Y도 구문에서 X와 Y는 문법상 대등한 관계여야 한다는 원칙도 마찬가지다(이에 대해서는 6장에서 좀 더 자세히 살펴보자). 왜 논쟁의 여지가 없냐고? 규칙으로 굳어졌기 때문에, 이를 두고 누구도 논쟁을 벌일 생각이 없기 때문에, 그리고 언어를 본연의 목적에 맞게 쓸 수 있도록, 즉 독자와 더 명확하게 소통할 수 있도록 해 주기 때문이 아닐까 싶다. 이 이유들을 관습Convention, 합의Consensus, 명료함Clarity, 이해Comprehension의 앞 글자를 따서 4C라고 부르자.

단순한 이유도 있다. 장담컨대 잘 짜인 문장이 듣기에도 더 좋기 때문이다. 귀에 착 감긴다는 말이다. 짜임새가 있는 글인지 아닌지를 확인하는 가장 좋은 방법 한 가지는 소리 내어 읽어 보는 것이다. 자연스럽게 읽히지 않는 문장은 다시 써야 할 가능성이 높다.

내가 자주 하는 말은 이거다. 문장이 아무리 길더라도 결정적인 문장부호 하나를 빠뜨리거나 틀리게 써서, 또는 애매하거나 오해의 소지가 있는 대명사를 써서, 또는 본의 아니게 오해를 불러일으켜서 독자가 앞으로 되돌아가 재확인하는 수고를 하지 않고도 처음부터 끝까지 이해할 수 있으면 좋은 문장이라고 말이다(독자를 일부러 혼란스럽게 하려는 의도라면, 뭐 그건 알아서 해라).

나는 바람직한 규칙을 좋아하는 만큼이나 '규칙은 어기라고 있는 것'이라는 신조를 신봉하는 사람이기도 하다. 단, 일단 규칙을 익힌 다음에야 그렇다는 말이다.

여기서는 내가 꼽은 '영어의 위대한 비원칙nonrule'을 살펴보려고 한다. 여러분도 이를 접한 적이 있을 것이다. 아마 학창 시절에 배웠을 텐데, 이제 머릿속에서 깨끗이 지워 버려라. 백해무익하기 때문이다. 이 비원칙들의 쓸

모라고는 머리를 멍하게 만들어 글을 쓸 때 스스로를 어깨 너머에서 감시하고 그 시선을 의식하라고 부추기는 게 전부인데, 이는 물리적으로도 불가능한 일일 뿐더러 정신적으로도 괴로운 일이다. 이 비원칙들을 일소하면 바라건대 hopefully* 그보다 훨씬 더 중요한 문제에 집중할 수 있을 것이다.

그런데 왜 '비원칙'이라고 부르냐고? 내가 보기엔 당최 도움이 안 되며 불필요한 제약이 많고, 무책임한 데다 쓸모도 없기 때문이다. 게다가 대부분은 그 기원이 미심쩍다. 하늘에서 뚝 떨어져 전해지다가 웬만큼 신뢰를 확보하더니 종국에는 고착화되는 식이다. 나와는 비교도 안 될 언어 전문가들이 이를 불식시키려 수년 동안 갖은 애를 썼지만 이 허구의 원칙들은 좀처럼 사라지지 않고 키스 리처즈와 믹 재거1962년에 결성된 영국 밴드 롤링 스톤스의 멤버들보다 더 질긴 생명력으로 버티고 있다. 노인이 된 두 사람의 나이를 합친 것보다 더 끈질긴 생명력으로 말이다. 한 가지 문제는 이 가운데 몇몇은 애초에 명색이 언어 전문가라는 자들이 좋은 뜻으로 만들어 냈으리라는 점인데, 그런 이유로 이를 일소하는 건 개가 제 꼬리를 쫓지 못하게 애쓰는 것처럼 아무 소득도 없는 일이 될 수도 있다.

나는 이 비원칙들을 순리대로 깔끔하게 처치하려 한다. 독자 제위는 내가 철저한 사전 조사를 거쳤음을 철석같이 믿고 기쁘게 작별을 고하면 되겠다. 거트루드 스타인이 에즈라 파운드를 두고 "그는 아는 척하기 좋아하는 해설가다. 이따금 쓸모 있을 때도 있지만 대체로 성가실 뿐이다"라고 꼬집었던 일을 가슴에 새겨 둔 나로선, 여느 사람과 마찬가지로 그런 평판은 사양이다. 이 비원칙들이 올바르고 타당하며 그래서 이를 따라야 한다고 한결같이 우기는 사람이 있다면, 내 경험상 이 세상의 전문가들을 전부 동원

─────────
*드디어 나왔다. hopefully는 9장에서 다시 살펴보겠다.

한다 해도 그 생각을 눈곱만큼도 바꾸진 못하리라는 것도 잘 안다.

한 가지 고백하자면, 교열자로서 내가 하는 일 중 큰 비중을 차지하는 건 '자기가 더 잘 안다며 출판사에 분노의 항의 이메일을 써 보내는 사람들'로부터 저자가 부당하게 또는 합당하게—이건 뼈아픈 경우지만—잔소리를 듣는 일을 피하도록 돕는 것이다. 따라서 기원이 다소 미심쩍을지라도 해가 될 리 없는 원칙은 웬만하면 따르자는 편이다. 더불어 아래에 설명할 비원칙들은 워낙에 순 헛소리임에도, 이를 어기면 일부 독자 제위와 훈수 두길 좋아하는 온라인 '댓글러'들이 경멸조로 여러분의 문장 구사력을 하수 취급할 것임을 미리 경고해 둔다. 그러거나 말거나 보란 듯이 이 원칙들을 배반해라. 재미가 쏠쏠한 건 말할 것도 없고, 나도 뒤에서 지원을 아끼지 않겠다.

가장 신봉하는 3대 비원칙

1. 절대 And/But으로 문장을 시작하지 마라?

아니다. And/But으로 문장을 시작해라. 그러고 싶은 마음이 굴뚝같다면 말이다. 위대한 작가들은 언제고 그렇게 문장을 시작한다. 이 책에서 여태 몇 번이나 그랬고 뒤에서 더 자주 그러려고 작정한 본인처럼 꼭 위대한 작가라고 할 수 없는 사람들조차 그렇게 한다.

하지만 아직 서둘지는 마라. 한 가지 주의 사항이 있으니.

And/But(더불어 흔히들 문두에 쓰지 말라고 하는 네 단어로 for/or/however/because가 있다)으로 시작한다고 해서 항상 힘 있는 문장이 되는 건 아니다. 게다가 무절제하게 써 버릇하면 금세 효과가 시들해진다. 찬찬히 뜯어보고 애초에 And를 문두에 쓸 필요가 없었다거나 And/But 앞에 쉼표 또는 세미콜론을 써서 앞 문장과 합쳐도 되는 건 아닌지 곰곰이 생각해 봐야 한다.*

예문을 한번 보자.

> Francie, of course, became an outsider shunned by all because of her stench. But she had become accustomed to being lonely.
>
> Francie, of course, became an outsider shunned by all because of her stench, but she had become accustomed to being lonely.
>
> 물론 프랜시가 특유의 악취 때문에 주변으로부터 따돌림을 받게 됐지만, 외로움이라면 진즉에 단련된 터였다.

『나를 있게 한 모든 것들』의 한 구절이다. 저자 베티 스미스는 둘 중 어느 문장을 택했을까? 공교롭게도 전자다. 나라면 일관성을 살릴 수 있게 쓸데없이 분리된 두 문장을 합친 두 번째 문장처럼 고쳤을 테지만, 작가가 동의했을지 아니면 머릿속에서 울리는 엄숙한 조종 소리를 듣고도 그대로 뒀을지는 모를 일이다. 작가들은 자기가 쓴 문장을 손대지 않고 그대로 두길 원하는 편이니.†

다음 두 문장은 어떨까.

---

*작가들은 저마다 애용하는 단어가 있다. 나는 글을 교열할 때 단조롭게 반복되는 단어나 문장 구조는 없는지 항상 예의 주시한다. 대개 한 단락에서 똑같은 단어로 시작하는 두 문장이 나오는 것도 과하다고 보는데, 특히 But으로 시작하는 문장이 그렇다.

†문맥도 없이 두 문장만 뚝 떼어 내 이러쿵저러쿵 평가하는 게 부당하다는 건 인정한다. 교열은 문장을 하나씩 떼어 놓고 보는 게 아니라 단락과 단락의 관계, 페이지와 페이지의 연결이라는 더 넓은 범위와 리듬에 따라 글 전체를 경청하는 일이기 때문이다.

In the hospital he should be safe, for Major Callendar would protect him, but the Major had not come, and now things were worse than ever.

In the hospital he should be safe, for Major Callendar would protect him. But the Major had not come, and now things were worse than ever.

병원에서라면 캘린더 소령이 보호해 줄 테니 그는 안전했을 터다. 하지만 소령은 나타나지 않았고 이제 상황은 그 어느 때보다 악화됐다.

E. M. 포스터의 『인도로 가는 길』에 나오는 구절이다. 눈치챘겠지만 후자가 원문이다. 우선 첫 번째 문장은 다소 장황하게 느껴진다. 마침표로 두 문장을 분리시키면 행복에서 불행으로 반전되는 상황과 짓밟힌 기대감도 한층 생생하게 전달된다.

작가는 이런 취사선택을 거치고 교열자는 작가의 취사선택을 유심히 살피며 그렇게 한 권의 책이 완성된다.

한 가지 덧붙이자면, 자기가 쓴 문장을 능란하게 연결하지 못하는 사람들은 습관적으로 문두에 But이나 However를 써서 앞뒤 문장의 역접 효과를 노리기도 하는데, 그런 일은 없다. 그런 꼼수는 안 통하고 나도 그런 속셈을 훤히 꿰뚫고 있다.

2. to부정사는 절대 분리하지 마라?

이 시대의 가장 유명한 분리부정사의 예를 들자면—너 나 할 것 없이 《스타 트렉》 오리지널 TV 시리즈의 다음 구절을 즐겨 인용하는데—To boldly go where no man has gone before누구도 가 보지 못한 미지의 세계로 담대히 나갈 것*이다.

*최근 들어 To boldly go where no one has gone before로 수정된 건 칭찬할 만한 일이

이 주제에 대해서는 할 얘기가 훨씬—그것도 엄청나게—많지만 분리부정사를 쓰지 말라고 조언한 것으로 가장 유명한 19세기 비평가 헨리 앨포드Henry Alford의 난해하고 장황한 주장에 대해서는 별로 알고 싶은 마음은 없을 테니 나도 지면을 낭비하진 않겠다. 용어에서 짐작할 수 있듯 분리부정사는 to와 원형동사 사이에 부사가 끼어드는 형태라는 정도로만 알아두자. 《스타트렉》의 대사를 바르게 고치자면 Boldly to go where no man has gone before 또는 To go boldly where no man has gone before가 될 텐데, 어느 쪽이든 더 자연스럽게 들리는 걸로 골라 쓰면 된다. 어차피 내 귀에는 둘 다 벌칸족《스타트렉》에 등장하는 외계 종족이 번역한 말처럼 들리니까.

이번엔 레이먼드 챈들러의 예로 넘어가 보자. 《스타트렉》과 더불어 이 주제에 대해서라면 너 나 할 것 없이 레이먼드 챈들러를 즐겨 인용하는데, 그가 분리부정사를 쓴 데는 다 그럴 만한 '빌어먹을' 이유가 있다. 그는 자신의 기사를 교열한 『에틀랜틱 먼슬리』의 편집지에게 다음 답장을 보낸 바 있다.

> By the way, would you convey my compliments to the purist who reads your proofs and tell him or her that I write in a sort of broken-down patois which is something like the way a Swiss waiter talks, and that when I split an infinitive, God damn it, I split it so it will stay split.
>
> 그건 그렇고, 당신이 고친 교정지를 검토하는 그 순수주의자 상관한테 내가 찬사를 보내더라고 전해 주겠소? 그리고 내가 스위스 출신 웨이터나 쓸 만한 어설픈 영어로 글을 쓰든 to부정사에 뭘 끼워 넣든 내 마음이니까 빌어먹을, 손대지 말고 그냥 놔두라고도 전하시오.

이상이다.

다. 이와 관련해서는 이후 장에서 1969년 인류가 달에 남기고 온 명판의 조악한 문장과 성차별적 대명사의 난맥상을 살펴보며 잠깐 다룰 예정이다.

3. 절대 전치사로 문장을 끝내지 마라?

이 원칙은 윈스턴 처칠이 했다는 유명한 발언, 즉 "This is the kind of arrant pedantry up with which I will not put."세세한 규칙에 집착하는 이런 터무니없는 행태는 좌시하지 않겠소을 (넌더리가 날 만큼) 어김없이 재탕하게 만드는데, 실제로 윈스턴 처칠은 이런 말을 한 적도 쓴 적도 없다.

문장을 (as/at/by/for/from/of 등등etc.*의) 전치사로 끝맺는 것이 늘 신통한 생각은 아니라는 게 내 의견이다. 문장은 가능하면 힘 있는 종결을 노려야 하며 노인의 시원찮은 배뇨처럼 찔끔찔끔 흘려서는 안 될 일이다. 갈피를 못 잡다 전치사로 끝나고 마는 문장은 대체로 힘이 없어 보인다.

> What did you do that for?
>
> Why did you do that? 대체 왜 그런 거야?

첫 번째 문장도 그런대로 봐줄 만하지만 두 번째 문장은 명쾌하면서도 힘이 느껴진다.

하지만 전치사를 피하려고 억지스럽게 문장을 끝맺는 건 아무 도움이 안 될 뿐더러 부자연스럽다. 모름지기 좋은 작가라면 그런 시도는 엄두도 내서는 안 되며 모름지기 열혈 독자라면 그런 문장과 씨름할 이유도 없다.

잘 알아들었으리라 믿는다.

---

*이렇게 나열할 때는 etc.를 쓰지 말고 et cetera 또는 and so on 등으로 풀어 쓰라고 배웠나? 씁쓸하지만 나도 그렇다.

전치사로 끝난 문장의 최후

두 여자가 호화로운 만찬장에 나란히 앉아 있다. 한 사람은 더 쌀쌀맞다는 것만 빼면 그 옛날 막스 형제 영화에서 마가렛 듀몽 역을 맡을 법한 나이 지긋한 부인이고, 다른 한 명은 뭐랄까, 주름 장식이 요란한 형광 분홍 드레스를 입은 털털한 남부 처자 이미지를 그려 보면 된다.

남부 처자가 쌀쌀맞은 부인에게 상냥한 말투로:
So where y'all from? 어디 출신이신지?

쌀쌀맞은 부인이 안경 너머로 남부 처자를 쓱 훑어보고는:
I'm from a place where people don't end their sentences with prepositions.
전치사로 문장을 끝내지 않는 곳에서 왔어요.

남부 처자가 잠시 고민한 후 다정한 말투로:
OK. So where y'all from, bitch? 그렇군요, 그러니까 거기가 어디냐고, 이년아.

그보다 덜 신봉하는 7대 비원칙

물론 앞선 3대 원칙을 잇는 부수적인 원칙들은 더 많지만 내게 가장 많이 질문하는 (또는 이의를 제기하는) 비원칙을 꼽자면 다음 일곱 가지가 있다.

1. 격식을 갖춘 글쓰기에서는 축약형을 쓰면 안 된다?

영어를 외국어로 배운 화성인이라면 이 원칙을 지켜서 나쁠 건 없다. 하지만 don't, can't, wouldn't를 비롯해 사람들이 일상적으로 쓰는 축약형은 조금도 문제 될 게 없다. 오히려 축약형을 쓰지 않을 경우 대개 글이 딱딱하고 부자연스럽게 느껴진다. 다만 I'd've, should've 유의 축약형은 가벼운 글이 아닌 다음에야 지나친 감이 있다. 신도 축약형에 쓰라고 아포스트로피를 창조한 것이니 아포스트로피도 축약형도 요긴하게 써먹길 바란다.

그리고 should've가 나온 김에 말인데,

플래너리 오코너 순서도

should of
⋮
당신은 플래너리 오코너Flannery O'Connor인가?
⋮　　　　　　　⋮
그렇다　　　　　아니다
⋮　　　　　　　⋮
👉　　　　should have로 고쳐라.

원래 올바른 표기법은 should have(could have, would have 등등)다. 하지만 자신이 플래너리 오코너나 조라 닐 허스튼, 윌리엄 포크너와 동급은 아니지만 이들처럼 등장인물의 말투에 특색을 더하고 싶다면―미리 경고하는데 음성적 특징을 살린 대화체에는 분명 단점이 따른다. 이건 뒤에서 좀 더 살펴보자―부디 should've, could've, would've 등을 적극 활용하길 바란다. 축약형이든 풀어 쓴 형태든 귀에는 똑같이 들리는 데다 축약형을 쓴다고 언성을 높일 사람도 없으며 저자도 교열자도 독자도 하나같이 흡족해할 것이다.

2. 수동태는 피해야 한다?

수동태는 능동태의 목적어를 주어 자리로 옮긴 형태를 말한다.

> **능동태** The clown terrified the children.
> 그 광대는 아이들을 겁줬다.
>
> **수동태** The children were terrified by the clown.
> 아이들은 광대를 보고 겁을 먹었다.

위처럼 수동태에서는 행위의 대상이 문두에 오고 행위의 주체가 문장 끝에 온다. 뭐가 됐든 광대가 무시무시하다는 사실은 매한가지다.

수동태에서는 흔히 행위자가 생략된다. 따라서 책임 소재를 가릴 의도 없이 문제 자체를 중시할 때나(The refrigerator door was left open.냉장고 문이 열려 있었어.) 미꾸라지처럼 빠져나가 책임을 회피할 때 주로 쓰인다. 그래서 말인데 부시Bush 가문 사람들이 자주 내뱉는 Mistakes were made.실수가 있었다는 이 정치 왕조의 가훈이 아닐까 싶다.

우스갯소리처럼 들리겠지만 교열자들이 공유하는 요령 한 가지는 문장 끝에 by zombies좀비에 의해를 붙여도 의미가 통한다면(참, by the clown광대에 의해도 있다) 수동태로 봐도 좋다는 것이다.

아무튼 수동태 문장을 써도 전혀 문제가 없으며—방점을 어디에 찍을 것인가를 선택하는 문제로 보면 간단하다—그런 의미에서 다음 문장을 못마땅해하게 여길 이유는 없다.

> The floors were swept, the beds made, the rooms aired out.
> 바닥도 청소했고 침대 시트도 정리했고 방도 환기시켰다.

관심의 초점은 집안의 청결함이지 청소부의 정체가 아니기 때문이다.

그렇긴 해도 진짜 주인공이 문장 맨 앞에 오면 대체로 문장이 더 매끄러워지니 웬만하면 능동태를 고려해 보는 것도 좋겠다.

수동태를 매도할 때 매도하더라도 수동태의 본질은 정확히 알아 두자. 가령 A car rammed into counter-protesters during a violent white nationalist rally._{한 차량이 백인우월주의 폭력 시위에서 맞불 시위대를 향해 돌진했다}는 해당 차량을 운전한 장본인을 특정하지 않았다는 점 때문에 비난받을 소지가 다분하다. 그래도 이 경우 행위주_{동작의 주체}를 적시하지 않은 것은 도덕적 실패이지 문법적 실패는 아니다.

3. 미완성 문장은 나쁘다?

내가 가장 좋아하는 소설 도입부 중 하나로 꼽는 찰스 디킨스의 『황폐한 집』의 한 대목을 읽어 보자.

> London. Michaelmas Term lately over, and the Lord Chancellor sitting in Lincoln's Inn Hall. Implacable November weather. As much mud in the streets as if the waters had but newly retired from the face of the earth, and it would not be wonderful to meet a Megalosaurus, forty feet long or so, waddling like an elephantine lizard up Holborn Hill. Smoke lowering down from chimney-pots, making a soft black drizzle, with flakes of soot in it as big as full-grown snow-flakes—gone into mourning, one might imagine, for the death of the sun. Dogs, undistinguishable in mire. Horses, scarcely better; splashed to their very blinkers. Foot passengers, jostling

one another's umbrellas in a general infection of ill-temper, and losing their foot-hold at street-corners, where tens of thousands of other foot passengers have been slipping and sliding since the day broke (if this day ever broke), adding new deposits to the crust upon crust of mud, sticking at those points tenaciously to the pavement, and accumulating at compound interest.

Fog everywhere. Fog up the river, where it flows among green aits and meadows; fog down the river, where it rolls defiled among the tiers of shipping, and the waterside pollutions of a great (and dirty) city. Fog on the Essex marshes, fog on the Kentish heights. Fog creeping into the cabooses of collier-brigs; fog lying out on the yards, and hovering in the rigging of great ships; fog drooping on the gunwales of barges and small boats. Fog in the eyes and throats of ancient Greenwich pensioners, wheezing by the firesides of their wards; fog in the stem and bowl of the afternoon pipe of the wrathful skipper, down in his close cabin; fog cruelly pinching the toes and fingers of his shivering little 'prentice boy on deck. Chance people on the bridges peeping over the parapets into a nether sky of fog, with fog all round them, as if they were up in a balloon, and hanging in the misty clouds.*

---

*『올리버 트위스트』와 『위대한 유산』을 읽다가 여러 차례 중도 포기한 후—영화로 보는 게 훨씬 쉽고 빠르니 그럴 만도 하다—나는 영문도 모른 채 『황폐한 집』을 집어들었다. 그리고 디킨스라는 거장만이 가능한 이 독특한 도입부에 곧장 빠져들고 말았다. 빅토리아 시대를 가장 잘 그려낸 이 소설에서 나는 늘 이상하게도 현실과 동떨어진 느낌을 떨칠 수 없었는데, 나중에 디킨스 전문가가 말해 준 것처럼, 디킨스는 대중이 바로 그런 지점에서 마음을 빼앗긴다는 걸 놓치지 않았고 과연 흥행사다운 면모를 발휘해 이를 십분 활용했다. 그런 이유로 독자들은 (이하 스포일러 있음) 그 인체발화(spontaneous human combustion) 현상이 마침내 소설에 등장하는 것—『황폐한 집』을 읽은 지인들은 거의 모두 그 장면을 맞닥뜨렸을 때 대체 이게 뭐지? 하면서도 극적인 환희를 느꼈노라고 고백했다—을 보고도 놀라지 않

런던. 미클마스 개정기가 거의 끝나갈 무렵, 대법관은 링컨스 인 법학원의 법정에 앉아 있다. 매서운 11월 날씨다. 큰 홍수가 막 휩쓸고 지나간 듯 거리마다 진창길이다. 40피트에 육박하는 거구의 공룡이 커다란 몸집을 한 도마뱀처럼 홀본 힐을 어기적어기적 오르는 모습을 본다 해도 심상하게 넘겼을 터. 굴뚝마다 피어오른 매연이 눅눅하고 시커먼 이슬비로 변해 부슬부슬 내린다. 굵직한 눈송이처럼 커다란 검댕이 섞여 들어가 마치 태양의 죽음을 애도하는 듯하다. 개들은 진창을 뒤집어써 서로 분간이 안 될 정도다. 말들도 처지가 비슷해 눈가리개까지 흙탕물이 튀었다. 행인들은 너도나도 불쾌감이 솟아 서로 우산을 밀치다가 길모퉁이에서 휘청댄다. 날이 샌 뒤로(그렇게 볼 수 있다면) 수많은 행인들이 발을 헛디디고 미끄러지면서 길바닥에 진흙 덩이가 더께더께 엉겼고 복리로 불어나듯 끈덕지게 들러붙어 길모퉁이는 온통 흙투성이다.
　사방은 안개로 자욱하다. 안개는 템스 강 상류를 따라 초록빛 섬과 초원 사이사이로 흘러든다. 강 하류에도 죽 늘어선 선박들과 이 (더러운) 대도시의 오물이 쌓여 있는 강기슭을 휘휘 돌며 때를 잔뜩 묻힌 안개가 흘러든다. 에식스 주의 습지도, 켄트 주의 구릉 지대도 안개로 뒤덮여 있다. 안개는 석탄을 운반하는 선박의 취사장으로 스며들고 활대 위를 부유하고 삭구를 맴돌고 있으며 거룻배와 소형 선박의 뱃전에도 자욱이 깔려 있다. 왕립그리니치해군병원 병실 난롯가에서 숨을 쌕쌕거리는 늙은 병사의 눈과 목구멍에도, 갑판 아래 좁다란 선실에서 노기등등한 선장이 오후에 피워대는 담뱃대와 재떨이에도 안개가 스멀거린다. 안개는 갑판에 서서 추위에 달달 떠는 어린 수습 선원의 손가락과 발가락을 매섭게 꼬집어 댄다. 다리 위를 지나는 사람들은 난간에서 낮게 깔린 안개를 넘어다보는데, 마치 풍선을 타고 부연 구름 속을 떠다니는 양 그들도 안개에 둘러싸여 있다.

A. 이 얼마나 훌륭한 글인가? 지금 당장이라도 자리를 박차고 나가 처음부터 끝까지 읽고 싶은 마음이 동하지 않는가? 어서 가서 읽어라! 석 달은 쉬이 걸리겠지만 순순히 기다려 주겠다. B. 여기서 완전 문장이 몇 개인지 세어 보고 하나라도 있으면 알려 주길 바란다.*

　찰스 디킨스처럼은 아니라도 미완성 문장을 (또는 위와 같은 미완성 글 뭉텅이를) 절묘하게 구사할 줄 안다면 읽는 재미를 더할 수 있다.

　하지만 미완성 문장은 정확한 목적을 갖고 신중하게 써야 한다. 근래 소설을 보면 미완성 문장을 과하게 쓴 나머지 땀 냄새를 풍기는 말 많은 남성 화자를 연상시킬 때가 많은데, 꼭 천식에 시달리는 목소리를 듣고 있는 것 같다.

　은 것이다. 그러니 그저 대단하다고 할밖에.
　*As much mud ~로 시작하는 대목의 후반부는 완전 문장 아니냐고 주장하는 사람도 있을 텐데, 나는 생각이 다르지만 뭐, 주장하는 건 자유니까.

4. 사람은 무조건 관계대명사 who를 써라?

이유는 모르지만 이 비원칙을 어기면 벌컥 화부터 내는 사람들이 있는데, 어떨 땐 소리 높여 역정을 내기도 한다.

나 역시 멀리 떨어져 앉은 청중의 귀에 들릴 만큼 소리 높여 말하자면, 선행사가 사람일 때도 관계대명사 that을 쓸 수 있다.

그러니 〈떠나 버린 남자The Man That Got Away〉1954년 뮤지컬 영화 《스타 탄생》의 주제곡의 가사를 쓴 아이라 거슈윈은 문법을 정확히 알고 있었던 셈이다. The man that got away, the teachers that attended the conference컨퍼런스에 참석한 교사들, the whoevers that whatevered거시기를 한 뭐시깽이들 등등 뭐든 가능하다.

한편, 선행사가 사물일 때도 an idea whose time has come제때 도래한 사상에서처럼 관계대명사 who를 쓸 수 있다. 다만 an idea the time of which has come 같은 비문을 쓸 생각은 마라.

5. none은 무조건 단수다?

None of us are going to the party.에서 오류를 찾을 수 있다면 여러분은 나보다 더 예민한 귀를 가졌다.†

가령 None of the suspects, it seems, is guilty of the crime.용의자 가운데 그 누구도 범죄 혐의가 없는 듯하다에서처럼 무리를 이루는 개인들을 강조할 경우 none은 단수 취급한다. 하지만 집단적인 감정이나 집단적인 행동, 또는 집단적인 태만을 강조하기 위해 복수형으로 취급한다 해도 뜯어말릴 교열자는 없다.

†아니면 H. W. 파울러(H. W. Fowler), 윌슨 폴릿(Wilson Follett), 로이 H. 코퍼러드(Roy H. Copperud) 같은 그윽한 이름을 가진 사람들의 귀든가.

6. whether는 절대 or not과 쓰지 마라?

whether를 if의 의미~인지 어떤지로 쓸 경우 or not은 필요 없다.

> Not only do I not care what you think, I don't care *whether* you think.
> 네 생각 따위는 관심도 없을 뿐더러 대체 생각이 있는 건지 내 알 바 아니다.

하지만 다음 문장은 좀 다르다.

> Whether or not you like movie musicals, I'm sure you'll love *Singin' in the Rain*.
> 뮤지컬 영화가 좋든 싫든 《사랑은 비를 타고》는 네 맘에 쏙 들걸.

이 문장에서 or not을 없애면 무슨 소린지 도통 모를 것이다.
요컨대 whether or not~이든 아니든 구문에서 or not을 삭제해도 뜻이 통한다면 없애고, 아니라면 그대로 둔다.

7. 목록이나 명단을 나열할 때는 like로 시작하지 마라?

"Great writers of the twentieth century like Edith Wharton, Theodore Dreiser, and William Faulkner. . ..이디스 워튼, 시어도어 드레이저, 윌리엄 포크너 같은 20세기의 위대한 작가들은……" 끽 하고 브레이크를 밟는 소리와 함께 문법 순찰대가 나타나 점점 불어나는 저 문장을 갓길에 세우고 like를 such as로 교체하라고 요구하는데…….

이쯤에서 자백하자면, 나도 뭇사람들과 다를 바 없이 '명단이나 목록을 나열할 때는 such as를 써야 하며 like를 쓰면 비교/대조를 뜻한다'는 원칙이 머릿속에 주입돼 있다. 다시 말해 위 문장에서 열거된 작가들이 20세기의 위대한 작가가 아니라 20세기의 위대한 작가와 '비슷한' 사람들이라는 의미로 들릴 수 있다는 말이다.

그런데 저 문장을 읽고 그런 생각을 할 사람들이 과연 얼마나 될까.

바로 이게 문제다. 글을 쓸 때도 그렇지만 대체로 아무 생각 없이 그저 받아들이기만 하는 수동적인 태도가 늘 문제를 일으킨다.

특히 이 비원칙은 비교적 최근인 20세기 중반에 갑자기 생겨난 sprung up* 것으로 아무 근거가 없는 고정 관념에 불과한 것으로 밝혀졌다.

좀 더 거창하게 들리는 such as를 써도 문제는 없지만 like를 마음껏 써도 좋다는 말이다.

*내가 더 잘 안다며 출판사에 분노의 항의 이메일을 써 보내는 사람들은 잠깐 펜을 내려놓길. sprang이 아니라 sprung이 옳은 표기다. 사전에 그렇게 나와 있다.

CHAPTER 3
문장부호 사용법 67가지

> 문장부호를 맹신하는 것은 독자와 소통하는 한 가지 방식을 맹신하는
> 것만큼이나 어리석은 짓이다. 독자와 소통하는 방식은 작가의 글쓰기와
> 작가가 의도한 글쓰기의 효과에 따라 달라진다.
> ― 헨리 제임스

단어가 글을 이루는 살과 근육, 뼈대라면 문장부호는 호흡이다. 여러분이 세심하게 선별한 단어들을 지탱해 주는 문장부호는 저자가 의도한 의미와 소리를 전달하는 최고의 수단이다. 쉼표를 쓴 문장은 세미콜론을 쓴 문장과 그 소리가 다르고, 괄호는 대시와 다른 음을 낸다.

문장부호를 최대한 많이 쓰는 작가가 있는가 하면(위 인용문의 출처인 헨리 제임스 선생은 매수라도 당했나 싶을 정도로 문장부호를 많이 썼다) 최대한 적게 쓰는 작가들도 있다.

인상주의 화가의 자유분방한 붓자국처럼 문장부호를 자유롭게 구사하는 작가들도 있는데, 교열자로서는 결과물이 이해하기 쉽고 일관성이 있다면* 문장부호를 온전히 살리려고 하는 편이다. 하지만 작가가 재량껏 쓰지

---

*글을 곧바로 이해할 수 있게끔, 또는 어떻게든 일관성이 드러나게끔 작정하고 글을 쓰는 작가만 있는 건 아니다. 제2의 제임스 조이스나 미래의 거투르드 스타인이 될 작가들과 협업하는 훌륭한 교열자라면 그 점을 인정하고 또 존중할 것이다. 가장 호의적인 상황에서도 교열자가 할 수 있는 일이라곤 조언하는 것뿐이다. 그리고 그 조언에 동의할지 말지는 작가가 판단할 일이다.

못하는 문장부호도 있다. 그 흔한 쉼표조차도—유독 쉼표가 그렇지만—넣느냐 빼느냐에 따라 핵심 정보를 전달하는 데 결정적인 영향을 미치기도 한다. 여러분의 글이 평범하고, 이렇게 표현해 미안하지만, 관습에 치우쳐 있을수록 원칙과 관습에 따라 문장부호를 사용하는 게 좋다.

이 장에서는 내 눈에 가장 많이 띈 문장부호 문제이자 골칫거리이자 난제이자 딜레마—노래로 치면 최고 히트곡 모음이랄까—와 개인적으로 가장 흥미롭게 생각하는 것들을 다룬다. 문장부호별로 나눠 몇 가지 난제들을 제시한 후 그에 맞춤한 설명을 곁들였다. 가뭄에 콩 나듯 어쩌다 한 번씩 등장해 두꺼운 지침서를 허겁지겁 찾아보게 만드는 골치 아픈 문장부호 문제들은 건너뛸 것이다. 벽돌책도 다 그런 데 쓰라고 있는 것이니 곁에 가까이 모셔 두되 바로 옆에는 그에 비하면 얇아도 효과 만점인 이 책을 꽂아 두자.

이와 관련된 다분히 문화적인 현상도 짚고 넘어가자. 지난 수십 년간 지켜본 바 분야와 장르를 막론하고 작가들이 문장부호를 생략하는 경향이 늘고 있는데, 뭐든 서두르고 보는 요즘 세태의 한 단면이 아닐까 싶다. 문장부호를 보기 힘들어졌다고 해서 나쁠 건 없다. 여러분이 분명 또 다른 용도를 찾아 줄 테니 말이다.

마침표

1.

Q. 문장과 문장 사이는 두 칸을 띄우는 게 맞나요?

A. 아니다. 중학교 타자 수업 때 스미스 코로나 전동 타자기 앞에 앉아 새가

먹이를 쪼아 대는 자세로 자판을 칠 때면 선생님께서는 문장 끝에 마침표를 찍고 나서 두 칸을 띄워야 한다고 가르치셨을 테지만, 이제는 중학생도 아니겠다, 타자기를 쓸 일도 없겠다, 선생님이 어깨 너머로 감시하는 일도 더는 없을 테니 그런 습관은 버려라. 아니면 어떤 글이 됐든 일단 다 쓰고 나서 '찾기'를 실행해 한 칸씩 일괄 삭제해라. 그러면 문장 끝에 잘못 들어간 말은 물론이요, 잘라내고 '복붙'하거나 수정하면서 실수로 끼어든 불필요한 공백도 덩달아 지워질 것이다. 여러분이 안 할 거면 내가 한다.*

2.

두문자어†와 약자를 쓸 때 문자 사이에 마침표를 찍는 건 이제 한물간 방식이다. 요즘은 U.N.E.S.C.O/F.B.I가 아닌 UNESCO/FBI로 표기하는 경우가

---

*애초에 왜 두 칸을 띄우게 된 걸까? 이 주제에는 논쟁과 혼란이 따르지만 내가 별로 관심을 두지 않는 주제까지 마구잡이로 다루는 한 온라인 친구의 설명에 의하면 이런 연유가 있다고 한다. "납활자든 타자기로 친 글자든 모든 글자는 폭이 같다. 따라서 마침표도 한 글자에 할당된 폭의 정가운데에 위치하게 되고 그 결과 마침표 바로 앞 글자와 마침표 사이, 뒤 글자와 마침표 사이에 공간이 생기면서 문장이 끝나면 마침표 뒤에 추가로 한 칸을 띄워야 했다. 반면 컴퓨터 글꼴은 비례에 맞게 자동으로 설정돼 있어 마침표 앞에 공간이 생기지 않는다."

내가 만난 옛날 사람들은 문장 사이는 반드시 두 칸을 띄우며 그 원칙을 악착 같이 지키려 한다. 그런 사람들은 모르면 몰라도 언뜻 f를 닮은 옛날식 '긴 s(long s)'도 써야 한다고 주장할 텐데, 모쪼록 건투를 빈다. 컴퓨터 자판만 치며 살았을 젊은 사람들은 두 칸 띄우기 원칙을 배우지 않았을 테니 젊은 사람 특유의 태연함으로 못 믿겠다는 듯 고개를 내저으며 이 주제를 아예 무시해도 좋다.

†두문자어란 한 단어로—NASA(나사) 또는 UNESCO(유네스코)처럼—발음되는 축약형을 말한다. 영국인들은 두문자어를 Nasa, Unesco, 또는 결정판이라 할 만한 Aids 등으로 표기하는 경향이 있어 내 심기를 건드린다. 독자들은 radar가 RAdio Detecting And Ranging(무선 감지 및 계측 장치)의 줄임말이며 laser가 Light Amplification by Stimulated Emission of Radiation(유도 방출에 의한 빛의 증폭)을 뜻한다는 걸 잊었겠지만—똑똑히 기억하고 있다고 해도 이상한 일이다—이렇게 두문자어가 일상어로 자리 잡으면 내가 방금 쓴 것처럼 대문자가 모두 소문자로 바뀐다.

더 흔하다. 하지만 나는 특히 학위명이 네 글자 이상이거나 다수의 학위‡가 줄줄이 달려 있을 경우 BA_{학사}/MD_{석사}/PhD_{박사}가 눈에 익기는 해도 별로 정이 안 가는 탓에 B.A./M.D./Ph.D.로 타협해 실랑이할 힘을 아껴 둔다. 왈가왈부할 성질의 문제는 따로 있으니.§

3.

미연방우체국_{United States Postal Service}—지금도 U.S.P.S.로 표기하고픈 마음이 동하지만 참겠다—에서 주소 표기용으로 선호하는 두 글자 주명 약어(MA, NY, CA 등)에는 문자 사이에 마침표를 찍지 않는다. 하지만 편지 봉투나 소포가 아닌 이상 마침표 없는 주명 약어는 무조건 불가다. 참고문헌 목록이나 주석, 그리고 기타 주명을 약자로 표기해야 하는 경우라면 여태 그래 왔듯 더 보기 좋은 Mass., N.Y., Calif. 등의 옛날식으로 표기하자. 아니면 어른스럽게 그냥 풀어서 쓰든지.

4.

약어 U.S.의 마침표를 포기하지 못하는 사람들이 있는데, 순전히 습관 때문인지 we의 목적격 us의 대문자(가 악을 쓰는 모양새)처럼 보여서 그런 건지는 모르겠다. U.S. foreign policy_{미국 외교 정책}에서처럼 U.S.(또는 마침표 없는 US)는 형용사로만 쓰라든가 명사로 쓰려면 the United States처럼 생략 없이 풀어 쓰라고 배운 사람도 있을 것이다. 나도 그렇게 구분해 쓰는 걸 고집한다.

---

‡ 당부하는데 Dr. Jonas Salk, M.D.가 아니라 Dr. Jonas Salk 또는 Jonas Salk, M.D.라고 써야 한다. D가 뭘 의미하는지 모른단 말인가?
§ 그나저나 bachelors degree/masters degree가 아니라 bachelor's degree/master's degree라고 한다.

왜냐면…… 그게 내 방식이니까.

5.
겉보기로는 의문문이지만 사실상 질문할 의도가 아니라면 주저하지 말고 마침표를 찍어라. 이 경우 답변을 요구하지 않는 진술문으로 본다.

쉼표

6.
랜덤하우스에 입사했을 때 회사 고유의 교정·교열 원칙은 없다고 배웠다. 말인즉슨 원고마다 그에 맞춤한 교열 작업을 했다는 뜻이다. 교열자들은 천편일률적인 정확성이라는 관념에 젖어 원고마다 달라져야 할 교열 수위에는 아랑곳하지 않은 채 문장부호나 문법 등에 틀에 박힌 원칙을 일괄 적용하는 프로크루스테스_{자신의 집에 찾아온 여행자의 키가 침대 길이보다 길면 다리를 자르고 그보다 짧으면 몸을 잡아 늘여서 죽인 그리스 신화 속 인물}의 침대 같은 획일적인 교열은 하지 않았다.

뭐, 전적으로 그렇다는 건 아니다. 교열자가 검토하는 원고에 한결같이 반영하는 한 가지 내부 기준이 있긴 했다.

연속 쉼표
연속 쉼표란 열거된 단어나 구의 마지막 말 앞에 나온 접속사 and/or/but 등을 그 앞의 말과 분리시킬 때 쓰는 쉼표를 말한다.

apples, pears, oranges, tangerines, tangelos, bananas, and cherries 사과, 배, 오렌지, 귤, 탄젤로, 바나나, 그리고 체리

banana와 and 사이에 있는 부호가 연속 쉼표다.

전통적으로 옥스퍼드대학교 출판사 편집자들이 선호한다고 해서 옥스퍼드 콤마Oxford comma로도 알려져 있다. 하지만 애국심 투철한 미국인으로서 나는 도시 괴담에 가까운 그런 설이 대대손손 전해지도록 가만둘 생각이 없다. '시리얼 콤마serial comma'라는 용어가 익숙한 사람도 있을 텐데, 나로선 '시리얼' 하면 '시리얼 킬러serial killer(연쇄살인마)'가 연상되므로 역시나 반대다.

어떻게 부르든 일단 써먹어라. 재론할 필요도, 타협할 생각도 없다. 오직 불경한 야만인만이 연속 쉼표를 멀리하거늘.

연속 쉼표를 써서 망친 문장은 못 봤지만 연속 쉼표를 써서 한결 나아진 문장은 수두룩하다.

위 예에서는 연속 쉼표를 쓴 덕분에 마지막 두 가지 품목이 그다지 관련돼 보이지도, 나머지 품목들과 분리되는 한 쌍처럼 보이지도 않는다. 이보다 복잡한 문장에서 연속 쉼표를 쓰면 어떨까. 해당 주제에 대해 할 말을 하나도 빠짐없이 전달하면서 효과적으로 개별 사항들을 나열하고 마지막 사항으로 순조롭게 넘어갈 수 있으므로 독자 입장에서는 끝에서 두 번째 사항과 마지막 사항을 하나로 착각하지 않는다는 이점이 있다.

내가 관찰한 바로는 언론인입네 하는 사람들이 대체로 연속 쉼표를 질색한다. 질색하라고 배우기도 했지만 연속 쉼표 지지자들이 연속 쉼표를 안 쓰면 마땅히 격분해야 한다고 생각하는 것과 마찬가지로 연속 쉼표를 쓰면 마땅히 분통을 터뜨려야 한다고 생각해서다. 대다수 영국인들은, 심지어 옥

스퍼드대학교 출판사 편집자들마저 연속 쉼표를 기피한다. 이 말이 도움이 될진 모르겠지만 내가 지금껏 만난 미국 출판업계 종사자들은 하나같이 연속 쉼표를 쓴다.

한 가지 일러두자면, 쉼표는 만능해결사가 아니고 하물며 연속 쉼표는 말할 것도 없다는 점이다. 연속 쉼표를 옹호할 목적으로 마지못해 인용할 때가 많은, 『더 타임스*The Times*』*에 실렸다고 소문난 문장이 하나 있는데, 나로선 이제 보는 것도 넌더리가 나지만 연속 쉼표를 옹호하기에는 오히려 부적절하다는 점을 잘 보여주므로 또 한 번 마지못해 인용하는 바다. 그럼, 그럴 리는 없겠지만 마지막으로 보는 자리이길 바라며 여기에 싣는다.

> Highlights of his global tour include encounters with Nelson Mandela, an 800-year-old demigod and a dildo collector.
> 그의 세계 순방 중 주요 행사로는 넬슨 만델라, 즉 800세의 반신반인이자 딜도 수집가와의 접견이 포함돼 있다.

이게 웬 조화란 말인가? 혹자는 짐짓 재밌어하며 '넬슨 만델라가 팔백 살 먹은 반신반인에 성인용품 수집가라니?'라고 생각할 것이다.

참으로 이게 무슨 조화인지 연속 쉼표를 넣는다 해도 이런 문장이 된다.

> Highlights of his global tour include encounters with Nelson Mandela, an 800-year-old demigod, and a dildo collector.
> 그의 세계 순방 중 주요 행사로는 딜도 수집가와 넬슨 만델라, 즉 800세의 반신반인과의 접견이 포함돼 있다.

**The Times*는 영국의 신문사로, *The London Times*가 아니며 그랬던 적도 없고 그럴 일도 없다. *The New York Times*는 미국의 신문사로, *The Times*를 자칭하며 당당하고 끈질기게 이 표기법을 밀어붙이고 있는데, 그러거나 말거나 사람들은 친근한 the *Times*로 표기하고 있다.

그가 팔백 살 먹은 반신반인이라는 점은 변하지 않는다는 말이다. 어떤 문장은 구두점을 찍는 걸로는 부족하다. 아예 다시 써야 한다.†

7.
'명료하게 밝혀야 할 때는 연속 쉼표를 쓰고 그럴 필요가 없으면 쓰지 마라' 라고 주장하는 파는 들어라.

- **7a.** 똑같은 말을 해도 누구는 제대로 알아듣고 누구는 "뭐라고?"라고 반응한다. 그런데도 위의 원칙을 신봉하는 저자들은 정작 너무나 명백해서 그냥 넘어가도 될 만한 곳에는 연속 쉼표를 쓰고 연속 쉼표가 절실하게 필요한 곳은 그냥 넘어간다.
- **7b.** 연속 쉼표가 필요한지 아닌지 긴가민가한 자리라면 그냥 써 버리는 게 뇌세포를 낭비하지 않는 길이다. 뇌세포는 문법적 실수나 습관적인 군더더기 같은 좀 더 심각한 문제를 처리하는 데 쓰길 바린다.

8.
연속 쉼표 표기에도 예외는 있다. and 대신 &앰퍼샌드를 쓰면—이 표기법은 도서명, 영화 제목, 법률사무소명(그리고 명망 있는 법률사무소를 흉내 내고 싶어 하는 기타 기업들)에만 등장하지만, 그래도 알아 두자—연속 쉼표를 쓸 필요가 없다. 볼썽사납다는 게 그 이유다. 따라서 다음처럼 쓴다.

Eats, Shoots & Leaves 『먹고, 쏘고, 튄다』

† "Highlights of his global tour include encounters with a dildo collector, an 800-year-old demigod, and Nelson Mandela."(그의 세계 순방 중 주요 행사로는 딜도 수집가와 800세의 반신반인, 그리고 넬슨 만델라와의 접견이 포함돼 있다.) 이렇게 쓰는 게 그렇게 어려운가? 그나저나 이런 해괴한 해외 순방은 처음 본다.

절대 다음처럼 쓰지 않는다.

Eats, Shoots, & Leaves

이중 삼중으로 철벽을 치는 느낌이 들기 때문이다.

9.

쉼표를 남발하고 싶지 않다면 이렇게 쓰는 것도 괜찮다.

On Friday she went to school.
금요일에 그녀는 학교에 갔다.

Last week Laurence visited his mother.
로렌스는 지난주에 어머니를 뵈러 갔다.

단, 뜻이 분명하게 전달돼 이해하기 쉬운 경우에 한해서다. 다음처럼 문장 도입부가 길면 쉼표를 쓰는 게 낫다.

After three days home sick with a stomachache, she returned to school.
위통과 향수병에 시달리며 사흘 동안 앓은 끝에 그녀는 학교에 복귀했다.

On his way back from a business trip, Laurence visited his mother. 출장에서 돌아오는 길에 로렌스는 어머니를 찾아뵀다.

10.

하지만 고유 명사 앞뒤에 나오는 쉼표는 다음처럼 함부로 빼면 안 된다.

In June Truman's secretary of state flew to Moscow.
6월에 트루먼 정부의 국무장관이 모스크바로 날아갔다.

June Truman은 대체 누구며 대관절 무엇이 그녀의 국무장관에 들어갔다는 말인가, 하고 독자가 의아해하는 일이 없길 바란다면 말이다.

앞서 '랜덤하우스에 입사했을 때 ~ 배웠다'를 On arrival at Random House, I was taught라고 쓰지 않고 쉼표 없이 On arrival at Random House I was informed라고 썼다면 언뜻 Random House II와 Random House III*이 있다고 착각했을지도 모를 일이다.

11.
쉼표를 왜 쓴 건지 이해가 안 될 때도 있다.

Suddenly, he ran from the room. 갑자기, 그는 방에서 뛰어나갔다.

쉼표를 넣으니 한 박자 쉬어가는 느낌이라 다급한 뉘앙스도 약해졌다.

12.
쉼표 오용 comma splice이란 쉼표를 이용해 두 개의 독립절을 연결하는 것을 말하는데, 다소 뜬금없지만 다음 예가 이에 해당한다.

She did look helpless, I almost didn't blame him for smiling at her that special way.†

---

*앨런 베넷은 1991년 연극을 바탕으로 한 영화 《조지 3세의 광기 The Madness of George III》를 촬영할 때 제목을 《조지왕의 광기 The Madness of King George》로 바꿨다고 한다. 잠재적 관객들—특히 무식한 미국인들—이 원제를 《조지의 광기 3탄》으로 오해하고 자기는 《조지의 광기》와 《조지의 광기 2탄》을 아직 못 봤다며 등을 돌릴지도 모른다는 이유 때문이었다는데, '설마 그럴 리가'로 귀결되는 이런 유의 얘기들은 알고 보면 순전히 지어낸 경우가 많지만 이것만큼은 일부 사실이다.

†2018년 2월 2일 원래 쉼표 오용에 대한 꼭지를 쓰기로 했건만, 그는 대신 집시 로즈 리(Gypsy Rose Lee)의 『속옷 살인 The G-String Murders』를 읽으며 시간을 보냈다. 이 구절은

CHAPTER 3 문장부호 사용법 67가지

그녀는 누가 봐도 딱해 보였고, 나는 그녀에게 애틋한 미소를 지어 보인 그를 봐줄까도 생각했다.

원칙적으로 쉼표 오용은 피해야 한다. 하지만 "He came, he saw, he conquered.왔노라, 보았노라, 이겼노라.", "Your strengths are your weaknesses, your weaknesses are your strengths.당신의 강점이 약점이요, 약점이 강점이라."처럼 연결된 문장들이 짧고 의미상 긴밀히 연관돼 있는 경우는 예외로 본다. 소설이나 소설과 유사한 글쓰기에서도 쉼표 오용이 허용되는데, 의미상 밀접한 문장들을 연결하거나 급히 서두르는 행동을 표현할 때, 더 나아가 세미콜론—영예의 문장부호, 세미콜론에 대해서는 이따가 살펴보자—이 지나치게 흐름을 끊는 인상을 줄 때는 오히려 쉼표를 쓰는 편이 효과적이다.

또다시 뜬금없는 예를 들자면 부당하게 홀대당한 소설가 월터 백스터의 1951년작 《가엾게 여겨 굽어살피라 *Look Down in Mercy*》의 한 구절이 있다.

He had never noticed [the sunset] before, it seemed fantastically beautiful.
(일몰을) 한 번도 의식한 적이 없었던 그였지만, 그것은 황홀하리만치 아름다워 보였다.

이 구절에 쉼표 오용이 있다고 해서 기분 나빠할 사람도 없고 이해하는 데도 별 문제 없으니 그냥 내버려두자.

학창 시절에 배웠을 텐데, 쉼표 오용의 결과로 만들어진 문장을 '무종지문둘 이상의 문장[절]이 접속사 없이 연결되거나 쉼표로만 연결된 것'이라고 한다. 세미콜론, 대시, 괄호 등의 문장부호를 몽땅 동원해 여기저기 끊어 놓고 이리저리 섞어 놓은 긴 문장을 덮어놓고 무종지문이라고 부르는 사람이 꽤 많은데, 아니다. 긴 문

그 책에서 가져온 것임을 밝혀 둔다.

장은 그저 길이가 길다는 뜻일 뿐이다. 앞선 예문처럼 표준적인 방식대로 문장부호를 구사하지 못한 문장만 무종지문이라고 한다.

13.

호격 쉼표—청자를 직접 부를 때 쓰는 쉼표—란 부르는 사람(사물)의 이름(직함[칭호], 또는 그 외 식별자)과 나머지 말을 분리시키는 쉼표를 말한다. 이 쉼표는 딱히 논쟁의 여지가 없다. 누구라도—적어도 내가 친구 삼고 싶은 사람들은—아래 두 번째 문장을 선호할 테니 말이다.

> I'll meet you in the bar Charlie.
> I'll meet you in the bar, Charlie. 찰리, 바에서 만나.

다들 안 그런가?

다음 경우도 마찬가지다. Good afternoon, Mabel.안녕, 매이블/I live to obey, Your Majesty.순종이 저의 소명입니다, 폐하/Please don't toss me into the hoosegow, Your Honor.저를 교도소에 가두지 말아 주세요, 재판장님/I'll get you, my pretty, and your little dog too.귀염둥이 너도, 강아지도 내 손아귀에 넣고야 말 테다.

그럼에도—아니나 다를까—다음과 같은 문장을 자주 본다.

> And Dad, here's another thing. 그리고 아빠, 문제가 또 있어요.
> But Mom, you said we could go to the movies.*
> 그렇지만 엄마, 우리 영화 보러 가도 된다고 하셨잖아요.

---

*흠 잡을 데 없이 정확한 But Mom said we could go to the movies.(하지만 엄마는 우리가 영화를 보러 가도 된다고 하셨다.)와 혼동하지 말자.

이 경우 여지없이 다음처럼 교정해야 한다.

And, Dad, here's another thing.

But, Mom, you said we could go to the movies.

호격 쉼표를 적용하면 반발에 부딪히는 경우—대체로 언짢다는 투로 "글의 리듬은 어쩌고요!"를 곁들여—가 많은데, 그래도 강경하게 나가야 한다. 작가들도 잘난 척은 그만두길. 그럴 때 쓰라고 있는 호격 쉼표다. 게다가 중간에 잠깐 휴지를 둔다고 해서 문장을 읽다 말고 동네 한 바퀴 산책을 하러 나갈 사람도 없다.*

이름에 붙여 쓰거나 이름 대신 쓰는 존칭은 대문자로 써야 한다는 것도 짚고 넘어가자.†

I live to obey, Your Majesty. 순종이 저의 소명입니다, 폐하.

Please don't toss me into the hoosegow, Your Honor.
저를 교도소에 가두지 말아 주세요, 재판장님.

부모를 부르는 호칭도 첫 글자를 대문자로 쓴다.

I live to obey, Mom.

Please don't toss me into the hoosegow, Dad.

---

*국가안보국이라면 여러분의 이메일과 문자를 감시할지는 몰라도 나는 아니다. Hi, John보다 Hi John을 선호한다면 이메일이든 문자든 얼마든지 그렇게 써라.

†mister, miss, sir, ma'am 등의 호칭이나 sweetheart, darling, cupcake, honey 등의 애칭에는 적용되지 않는다('자기(honey)'의 실제 이름이 Honey가 아니라면 말이다).

단, 직접 호명이 아니라 일상적으로 지칭하는 경우에는 소문자로 쓰는데, 그런 이유로 다음과 같은 문장을 교열할 때는 논쟁이 벌어지기도 한다.

> I'm on my way to visit my Aunt Phyllis.

대다수 교열자들은 다음처럼 호칭을 격하시킬 것이다.

> I'm on my way to visit my aunt Phyllis.
> 나는 필리스 이모를 뵈러 가는 길이야.

이런 경우 저자는 난색을 표하는데, 나는 저자의 손을 들어주는 편이다. 나로 말하면 실제로 필리스라는 이름의 이모가 있고, 지칭과 더불어 호칭의 의미도 있으므로 항상 Aunt Phyllis라고 부른다.‡

한편 할머니는 my grandmother Maude우리 할머니 모드라고 소문자로 쓴다. 여기서 grandmother는 '할머니'라는 정체성을 뜻하지 호칭은 아니기 때문이다.§

주의할 점은 호격 쉼표를 써서 my grandmother, Maude라고 하지는 않는다는 것이다. 내게는—여느 사람들처럼—친할머니와 외할머니 두 분이 계시기 때문이다. 따라서 my maternal grandmother, Maude내 친할머니, 모드라고 쓰는 건 맞는다(16을 참조 바람).

---

‡ 물론 전기 작가라면 Henry VIII's aunt Mary Tudor(헨리 8세의 이모 메리 튜더) 등으로 지칭할 것이다. 헨리 8세가 정답게 Aunt Mary Tudor(메리 튜더 이모)라고 불렀을 리는 없을 테니.

§ 꼭 알고 싶은 이들을 위해 밝히자면, Nana라는 호칭으로 불렸다.

14.

대다수는 학창 시절에 대화체 문장의 앞이나 뒤에는 반드시 쉼표를 써야 한다고 철저하게 세뇌당했을 것이다.

> Atticus said dryly, "Do not let this inspire you to further glory, Jeremy."
> 애티커스는 무뚝뚝하게 말했다. "이번 일로 더한 영예를 찾으려 하지 마, 제레미."
>
> "Keep your temper," said the Caterpillar.
> "화내지 말고." 애벌레가 말했다.

하지만 일부 be동사(is, are, was, were 등)의 앞뒤에 놓이는 경우에는 이 규칙이 적용되지 않는다.

> Lloyd's last words were "That tiger looks highly pettable."
> 로이드의 최후의 한마디는 "저 호랑이는 쓰다듬어 주고 싶을 만큼 너무 귀엽네"였다.
>
> "Happy New Year" is a thing one ought to stop saying after January 8.
> "새해 복 많이 받으세요"라는 인삿말은 1월 8일 이후에는 하지 말아야 한다.

여기서 문제의 어구들은 대사라기보다는 따옴표로 묶인 명사로 봐야 하므로 쉼표를 쓸 필요가 없다.

15.

Q. 문장 끝에 too가 있으면 쉼표를 쓰나요, 안 쓰나요?

> Will you go to London too?
> Will you go to London, too?

A. 뭘 택하든 의문은 남을 것이다.

too의 올바른 용법을 익히려고 수년간 이런저런 벽돌책들을 그렇게 들여다봤어도 속시원하게 설명해 주는 책 한 권이 없었다. 위 예문 중 뭐가 Will you go to London as well as Paris?_{파리도 가고 런던도 갈 건가요?}를 뜻하고 뭐가 Will you as well as your mother go to London?_{당신 어머니처럼 런던을 갈 건가요?}을 뜻하는 건지 종잡을 수가 없다. 이쯤 되면 될 대로 되라다. 소리 내 읽어 보고 too 앞에서 쉬어 가는 게 좋을 것 같다면 쉼표를 쓰고, 그게 아니라면 쓰지 않는 걸로 정리하자.

16.
'유일무이' 쉼표

저자가 다음 문장을 썼다고 치자.

> He traveled to Pompeii with his daughter Clara.
> 그는 딸 클라라와 폼페이를 여행했다.

교열자가 He의 자녀가 몇 명인지 모르는 상태라면 여백에 아마 다음 메모를 써 둘 것이다.

> AU: Only daughter? If so, comma.
> 저자에게: 무남독녀인가요? 그럼 쉼표를 넣어 주세요.

이 쉼표를—제한적 용법이 뭐고 비제한적 용법은 뭔지 문법적으로 구별할 재간이 없으므로—나는 '유일무이' 쉼표_{the "only" comma}라고 부른다.

'유일무이' 쉼표는(문장 끝에 나올 때를 제외하면 항상 두 개가 쌍으로 움직인다)

해당 명사가 둘도 아닌 하나임을 강조할 때 쓴다.

> Abraham Lincoln's eldest son, Robert, was born on August 1, 1843. 에이브러햄 링컨의 장남 로버트는 1843년 8월 1일에 태어났다.

장남은 당연히 한 명이므로 자연히 Robert라는 이름에 주목할 수밖에 없다. 하지만 그렇다고 해서 꼭 필요한 정보인 건 아니다.

> Abraham Lincoln's eldest son was born on August 1, 1843. 에이브러햄 링컨의 장남은 1843년 8월 1일에 태어났다.

이 경우 Robert라는 이름은 거명하지 않지만 차남 에드워드도, 삼남 윌리도, 사남 태드도 아닌 장남 Robert에 대해 얘기하고 있다는 걸 알 수 있다. 하지만 수식어 eldest를 뺄 경우 첫째 아들임을 분명히 해야 한다.

> Lincoln's son Robert was an eyewitness to the assassination of President Garfield. 링컨의 아들 로버트는 가필드 대통령 암살 사건의 목격자였다.

다음 문장도 마찬가지다.

> George Saunders's book *Lincoln in the Bardo* concerns the death of Abraham Lincoln's son Willie. 조지 선더스의 책 『바르도의 링컨』은 에이브러햄 링컨의 아들 윌리의 죽음을 다룬다.

이 경우 이름을 거명함으로써 에이브러햄 링컨의 아들 중 로버트도 에드워드도 테드도 아닌 윌리를 다룬 책임을 알 수 있다.

해당 명사가 유일무이하지 않다면 다음처럼 '유일무이' 쉼표를 쓰지 않도록 주의해야 한다.

> The Pulitzer Prize-winning novelist, Edith Wharton, was born in New York City.
> 퓰리처상을 수상한 유일한 소설가 이디스 워튼은 뉴욕시에서 태어났다.

워튼은 수'많은 퓰리처 수상자 중 한 명에 불과하므로 '유일무이' 쉼표를 쓰면 안 된다.

'유일무이' 쉼표의 대표적인 예

Elizabeth Taylor's second marriage, to Michael Wilding
마이클 윌딩을 두 번째 남편으로 맞이한 엘리자베스 테일러의 결혼

Elizabeth Taylor's second marriage to Richard Burton
리처드 버튼과 두 번째로 올리는 엘리자베스 테일러의 결혼

17.

'유일무이' 쉼표 규칙은 관계대명사 that/which를 구분할 때도 유용하다. 혹시라도 that/which을 가려 쓰는 법에 관심이 있다면 말이다.

문장에 결정적인 추가 정보를 제시하고 싶다면 쉼표 없이 that을 쓴다.

> Please fetch me the Bible that's on the table.
> 탁자 위에 있는 성경을 갖다 줘요.

소파 밑에 있는 성경도, 창가에 한 폭의 그림 같이 자리한 성경도 아닌 탁자 위에 놓인 성경을 가져다 달라는 말이다.

흥미롭지만 없어도 되는 정보라면 쉼표와 which를 쓴다.

> Please fetch me the Bible, which is on the table.
> 그 성경 좀 갖다줘요, 탁자 위에 있어요.

한마디로 성경이 그 한 권밖에 없다는 말이다.

이 원칙을 누구나 잘 지키는 것 같지는 않다. 이 원칙에 제약이 많다고 생각하곤 되는대로 쓰는 저자들도 있는데, 나는 이 규칙이 유용하다고 본다. 나처럼 일관성을 중시한다면 일관성 있게 써먹으면 그만이다.

18.

오르막이 있으면 내리막이 있듯 쉼표로 시작하는 건 반드시 쉼표로 끝나야 한다. 특히나 중간에 삽입되는 경우라면 말이다.

> Queen Victoria, who by the end of her reign ruled over a good fifth of the world's population, was the longest-reigning monarch in British history till Elizabeth II surpassed her record in 2015.
> 빅토리아 여왕은 통치 마지막에 이르러 전 세계 인구의 1/5에 달하는 인구를 지배했고, 엘리자베스 2세가 2015년에 그 기록을 깨기 전까지는 영국 역사상 가장 오랫동안 재임한 통치자였다.

population 뒤에 찍은 쉼표에 주목하자. 이 쉼표를 빼먹는 경향이 있는데, 특히 영국식 영어에서는 생략되는 일이 너무 잦아서 한동안 국가가 정한 원칙인가 보다고 생각할 정도였다. 그게 아니었다. 순전히 허술한 거였다.

흡사 '털더큰turducken, 칠면조 안에 닭고기로 채운 오리 고기를 넣은 요리'처럼 문장 중간에 괄호로 묶인 삽입어구가 들어가면 이 쉼표를 깜빡하는 경우가 흔하다.

> Queen Victoria, who by the end of her reign ruled over a good fifth of the world's population (not all of whom were her own relatives, though it often seemed that way), was the longest-reigning monarch in British history till Elizabeth II surpassed her record in 2015.
> 빅토리아 여왕은 통치 마지막에 이르러 전 세계 인구의 1/5에 달하는 인구를 지배했고(그렇게 보일 때가 많긴 하지만 그들 모두가 그녀의 친인척인 건 아니다) 엘리자베스 2세가 2015년에 그 기록을 깨기 전까지는 영국 역사상 가장 오랫동안 재임한 통치자였다.

이런 오류는 노련한 교열자도 놓치고 넘어갈 때가 많다. 그러니 노련한 교열자보다는 잘하도록 하자.

콜론

콜론은 목록을 열거하는 동시에 만방에 알리는 역할을 한다. 요컨대 '이제 등장합니다!'를 뜻한다. 크기는 작지만 사람들의 이목을 끌 만큼 갑작스럽게 터지는 트럼펫 소리라고 생각하면 된다. 시끄럽기도 해서 독자가 두통을 호소할 수 있으니 과하게는 쓰지 말자.

19.

콜론 뒤에 대문자로 시작하는 완전 문장이 오면 독자에게 이런 신호를 보내는 셈이다. '곧 나올 문장은 주어, 동사, 기타 성분으로 이루어진 완전 문장

이니 그런 줄 알아라.'

반면 콜론 뒤에 식료품 목록이나 저자의 작품 목록 등 명사나 구가 나열되면 소문자로 시작한다.

하지만 이 구분법이 어느 때나 통하는 건 아닐뿐더러 엄격히 지키는 경우도 드물다. 콜론 뒤에 뭐가 나오든 소문자로 시작해야 한다고(콜론 뒤에 왠지 틀린 문장이 나오기라도 할 것처럼 냄새를 피우는 이상한 관행이다) 배운 작가들은 이 원칙에 발끈하기도 한다. 하지만 독자가 지금 막 읽으려는 글이 어떤 정취를 풍기는지를 알려 주기도 하고, 문장이라고 생각했는데 알고 보니 문장이 아니라거나 반대로 문장이 아니라고 생각했는데 알고 보니 문장이었다는 사실을 깨닫곤 툴툴대며 허겁지겁 콜론으로 되돌아가는 일은 없게 해 준다는 점에서 유용한 규칙이다.

아포스트로피

20.

아포스트로피를 어떤 경우에 쓰는지 살펴보기 전에 어떤 경우에 쓰면 안 되는지부터 살펴보자.

뒤로 물러나라. 글자로 소리를 질러 댈 참이니까.

어떤! 경우든! 복수형을! 나타낼! 때는! 아포스트로피를! 쓰지! 않는다!

절대로! 안! 된다!

이제 가까이 와도 좋다.

banana's 또는 potato's(또는 potatoe's, 심지어 potato'es라고 쓴 것도 봤다)

라고 잘못 표기한 농산물 광고 푯말을 못마땅해하는 영국인들은 이 아포스트로피를 가리켜 greengrocer's apostrophe_{청과물 상인의 아포스트로피}라고 부른다. greengrocer라는 말이 없는 미국에서는 다른 명칭으로 불러야 할 텐데, 내가 맨 처음 접한 표현은 idiot apostrophe_{바보 아포스트로피}*로 썩 듣기 좋은 말은 아닌 듯하다.

그냥 틀린 아포스트로피라고 부르자. 그편이 더 품격 있게 들리지 않나?

좌우간 쓰면 안 된다. 바나나_{bananas}든 감자_{potatoes}든 베이글_{bagels}이든 공주_{princesses}든 트루먼족_{Trumans}이든 애덤스 부부_{Adamses}든 오바마 부부_{Obamas}든 간에 둘 이상인 경우라면 말이다.

급여 수준만 적당하다면 단어†의 복수형을 표시하려고 아포스트로피 키에 손가락을 뻗으려 할 때마다 내가 가서 손을 찰싹 때려 줄 용의가 있다.

21.

약자의 복수형에도 아포스트로피를 쓰지 않는다. CD가 둘 이상이면 CDs, ID가 둘 이상이면 IDs, ATM이 둘 이상이면 ATMs라고 써라.

22.

dos/don'ts, yeses/nos‡ 등도 당연히 아포스트로피를 붙이지 않는다.

---

*독일어에 Deppenapostroph(idiot's apostrophe, 바보의 어포스트로피)라는 말이 실제로 있다는 걸 최근에서야 알게 됐으니 내가 왜 독일어 원어민에게서 idiot apostrophe라는 말을 배웠던 건지 이제 좀 이해가 된다. 서유럽에나 가야 듣게 되겠지만 네덜란드어의 경우 일부 복수형에서는 아포스트로피를 쓰는 게 정식이라고 한다. 네덜란드인들이여, 더 분발하길.

†'단어(word)'라는 데 유의해야 한다(24를 참조 바람).

‡no의 복수형인 nos가 볼썽사납다며 noes를 쓰는 사람도 있다. 이 말도 썩 좋아 보이진 않지만.

23.

이 세상에 their's 같은 말은 없다. your's도 마찬가지다.

24.

단, 중요한 예외가 하나 있다. 알파벳의 복수형을 나타낼 때는 반드시 아포스트로피를 쓴다.

    mind one's p's and q's   언행을 조심하다

    dot one's i's and cross one's t's   하나하나 꼼꼼히 마무리하다

    bring home on one's report card four B's and two C's[*]
    B가 네 개, C가 두 개인 성적표를 집에 가져오다

25.

단순 소유격 복수형에는 아포스트로피를 별 문제 없이 쓸 것이다.

    the dog's toy   그 강아지의 장난감

    Meryl Streep's umpteenth Oscar   몇 번째인지 모를 메릴 스트립의 오스카 수상

단, -s로 끝나는 보통 명사인 경우—고유 명사가 아닐 때—에는 다음처럼 쓰면 안 되는데, 적어도 최근 인쇄물에서는 그다지 눈에 띄지 않는다.[†]

    the boss' office

    the princess' tiara

---

[*]대문자의 복수형을 표기할 때 아포스트로피를 생략하는 이들도 있지만 내 경우 A의 복수를 As로 표기하거나 U의 복수를 Us로 표기하고 싶지는 않다. 이유야 뻔하지 않나.

[†]나로 말할 것 같으면 내용도 내용이지만 독특한 구식 표기를 보는 즐거움 때문에라도 옛날 책을 읽을 것이다. 그런 낙은 있어야 하지 않겠나.

내 눈에는 확실히 섬뜩해 보이는데, 이 경우 고민할 필요도 없이 다음처럼 고쳐야 한다.

the boss's office 상사의 사무실

the princess's tiara 공주님의 티아라

하지만 고유 명사가 -s로 끝날 때가 골칫거리다. 가령 『위대한 유산』과 『우리의 공통된 벗』을 쓴 찰스 디킨스, 『미국 대도시의 죽음과 삶』의 저자인 사회활동가 제인 제이콥스, 이 사회활동가의 적수이자 그 또한 저술가였던 로버트 모스의 경우라면 소유격을 어떻게 표기할까?

나라면 분명 다음처럼 표기할 것이다.

Charles Dickens's novels 찰스 디킨스의 소설 작품들

Janc Jacobs's advocacy 제인 제이콥스의 옹호 활동

Robert Moses's megalomania 로버트 모스의 과대망상

발음‡이나 관행, 어느 요일이냐에 따라 아포스트로피 뒤에 s를 붙일지 말지를 두고 열띤 논쟁이 벌어지기도 하지만 연속 쉼표를 무조건 쓰고 보듯 그냥 's라고 쓰면 괜히 시간을 낭비하지 않아도 된다.

나는 전통적으로 예외로 취급하는 고대 그리스 로마 시대 인물이나 신화 속 신의 이름에도 아포스트로피를 쓰라고 권하는 편이다.

---

‡ 발음에 근거해 's를 붙일 것인지 아닌지를 결정해야 하고, 심지어 결정할 수 있어야 한다는 주장은 허울 좋은 소리다. 고유 명사의 소유격을 만드는 방법은 물론, 이를 발음하는 방법에는 보편적인 규칙이 없기 때문이다. 발음에 따라 철자가 정해진다면 knight 같은 단어는 존재할 리가 없다.

Socrates's 소크라테스의

Aeschylus's 아이스킬로스의

Xerxes's 크세르크세스의

Jesus's 예수의

26.

경고한다.

다음을 후다닥 입력하다 보면

Jane Jacobs's activism 제인 제이컵스의 사회운동

십중팔구 다음처럼 잘못 표기하고 만다.

Jane Jacob's activism

이런 유의 오타는 치명적이지만 잘못 치기 십상이고 못 보고 넘어가기도 쉽다. 주의하자.

27.

도널드 트럼프 주니어의 소유격 호러쇼

2017년 7월 얼마간 편협한 지역주의 언론 행세를 하는 미국 굴지의 잡지사가 다음 표제를 전 세계 사람들에게 들이민 일이 있었다.

DONALD TRUMP, JR.,'S LOVE FOR RUSSIAN DIRT
도널드 트럼프 주니어의 러시아 스캔들 사랑

작가 마이클 콜튼은 아연실색하며 이 소유격 표기법을 '마침표+쉼표+아포스트로피+개소리'의 조합으로 규정하는 트윗을 올리기도 했는데, 정확한 전문 용어라고 볼 순 없지만 틀린 소리는 아니다.

나도 여기에 한마디 보태겠다.

소유격은 그렇게 쓰는 게 아니다. 어디에도 그런 용법은 없다.

사고방식이 진보적인 사람이거나 젊은층이라면 자손의 이름이 선대와 같을 경우 쉼표를 쓰지 않을 것이다.

    Donald Trump Jr.   도널드 트럼프 주니어

문장에서도 마찬가지다.

    Donald Trump Jr. is a perfidious wretch.
    도널드 트럼프 주니어는 꼴 보기 싫은 변절자다.

소유격도 다르지 않다.

    Donald Trump Jr.'s perfidy   도널드 트럼프 주니어의 배신

하지만 옛날식 표기법은 Jr.* 앞뒤에 쉼표를 쓴다.

    Donald Trump, Jr., is a perfidious wretch.

이 경우 소유격을 표기하는 방법은 다음 세 가지다.

---

*Sr.(senior)도 마찬가지다. 이름의 원래 주인이 2세가 있든 없든(여성이 Sr./Jr. 콤보를 이루는 경우는 극소수고 대개가 남성이다) Sr.을 구분해 자신을 지칭할 일은 없겠지만 말이다. 어쨌든 그 이름은 먼저 태어난 사람 소유다.

- 앞서 나온 끔찍한 예. 재론하지 않겠다.
- Donald Trump, Jr.'s perfidy (약간 불균형해 보이는 건 인정한다)
- Donald Trump, Jr.'s, perfidy

 (위보다는 균형이 맞아 보이며 적어도 보기 흉하진 않다)

알아서 선택해라.*

28.

이제 복수형 고유 명사의 소유격 표기법을 살펴보자. 유독 크리스마스 시기만 되면 틀린 소유격 표기 때문에 눈물짓는 사람들이 많다.

우선 복수형부터 제대로 표기할 줄 알아야 한다.

Harry S. and Bess Truman = the Trumans
해리 S. 트루먼과 베스 트루먼 = 트루먼 부부

John F. and Jacqueline Kennedy = the Kennedys†
존 F. 케네디와 재클린 케네디 = 케네디 부부

Barack H. and Michelle Obama = the Obamas
버락 H. 오바마와 미셸 오바마 = 오바마 부부

미국이라는 새로운 공화국의 탄생을 주도한 초기 대통령도 마찬가지다.

John and Abigail Adams = the Adamses
존 애덤스와 애비게일 애덤스 = 애덤스 부부

*슬쩍 말해 주자면 두 번째 선택지가 낫다.
†대개 -y로 끝나는 고유 명사의 복수형에 발목이 잡힌다. jelly/jellies, kitty/kitties 법칙을 확대 적용하다가 범하는 오류다. 그럼에도 JFK와 Jackie는 꿋꿋이 the Kennedys를 지켜 냈다.

많은 이들이 -s로 끝나는 고유 명사의 복수형을 표기할 때 실수를 범한다. 가령 존 애덤스와 애비게일 애덤스 부부는 the Adamses, 존 퀸시 애덤스John Quincy Adams와 루이자 애덤스Louisa Adams 부부도 the Adamses로 표기한다. 러더퍼드 B. 헤이스Rutherford B. Hayes와 루시 헤이스Lucy Hayes 부부는 the Hayeses라고 쓴다. -s로 끝나는 대통령 부부로 말하자면 그렇다.

존스 가족the Joneses에게 the Jones's라고 쓴 명절 카드를 보내도 아무런 문제가 없었다는 사람들은—존스 가족 입장에서는 the Jones's라고 표기된 크리스마스 카드라면 분명 넌더리가 날 것이다—the Adamses, the Hayeses, the Reynoldses, the Dickenses 등의 표기를 보면 난색을 표하는데, 얼마든지 그러라고 해라. 안됐지만 그게 게임의 규칙이다.† 그것도 귀찮다면 the Adams family애덤스 가족 등으로 표기해도 좋다.

이제 소유격 표기라면 비교적 식은 죽 먹기일 것이다.

the Trumans' singing daughter   트루먼 부부의 노래하는 딸

the Adamses' celebrated correspondence
애덤스 부부의 기념비적인 서신

the Dickenses' trainwreck of a marriage
디킨스 부부의 엉망진창 결혼 생활

29.

만일 두 사람이 각각 펜을 몇 자루씩 갖고 있고 이 펜을 서로 나눠 쓰지 않을 경우 이렇게 표기한다.

† 실패할 염려가 없는 이 규칙은 애석하게도 -s로 끝나는 비영어 이름에는 적용하기 어렵다. 만일 데카르트(René Descartes)에게 아내가 있었고 내 크리스마스 카드 수신인 명단에 그가 올라와 있었다면 나도 the Descarteses라고 적지는 않았을 것이다.

CHAPTER 3 문장부호 사용법 67가지

Jeanette's and Nelson's pencils 쟈네트의 펜과 넬슨의 펜

하지만 두 사람이 개별 소유권을 거부하고 인류의 발전을 위해 공영화라는 사회주의 정책을 추구할 경우 이렇게 표현한다.

Jeanette and Nelson's pencils 쟈네트와 넬슨의 펜

그렇다면 진정 the people's pencils 인민들의 펜라고 봐도 되겠다. 말하자면 그렇단 얘기다.

30.

Q. farmer's market, farmers' market, farmers market 중에서 어떤 게 올바른 표기인가요?

A. 농부가 두 명 이상이라는 뜻일 테니 farmer's market은 탈락이다.

다음으로 이 시장을 농부들이 소유한 것인가, 농부들이 꾸려 가는 것인가를 따져야 한다.

아마도 후자일 테니 다음처럼 표기한다.

farmers market* 농산물 직판장

(상식적으로 farmers market을 보고 농부를 구입하는 시장으로 오독할 사람이 어디 있겠나.)

---

*그래도 '여자화장실'은 그대로 ladies' room라고 쓰자. men's room(남자화장실)과 균형을 맞추기 위해서라도 말이다.

31.

작품 제목 앞에 붙이는 the는 앞에 소유격이 있으면 생략한다고 주장하는 자들이 있는데, 그렇게 표기한 경우를 마주칠 때마다 영 마뜩잖다.

> Carson McCullers's *Heart Is a Lonely Hunter*
> 카슨 매컬러스의 『마음은 외로운 사냥꾼』

점입가경으로 눈쌀을 찌푸리게 하는 경우도 있다.

> James Joyce's *Dead*   제임스 조이스의 「망자」

내 눈에는 제임스 조이스의 충격적인 사망 소식을 전하는 기사 제목이나 더블린에 있는 어느 화장실에 휘갈긴 낙서처럼 보인다.

세미콜론

32.

> I love semicolons like I love pizza; fried pork dumplings; Venice, Italy; and the operas of Puccini.
> 나는 피자, 돼지고기 만두, 이탈리아의 베네치아, 푸치니의 오페라를 좋아하듯 세미콜론을 좋아한다.

이 문장에는 왜 세미콜론을 썼을까.
세미콜론은 주로 Venice, Italy에서처럼 목록에 포함된 요소에 쉼표가 쓰인 경우 쉼표 대신 나머지 요소들을 구별하는 용도로 쓴다.

위 목록의 구성 요소들을 다음과 같이 재배열한다면 세미콜론을 쓰지 않는다.

> I love semicolons like I love pizza, fried pork dumplings, the operas of Puccini, and Venice, Italy.

하지만 다음 같은 경우라면 반드시 세미콜론을 써야 한다.

> Lucy's favorite novels are *Raise High the Roof Beam, Carpenters; Farewell, My Lovely;* and *One Time, One Place.*
>
> 루시가 가장 좋아하는 소설은 『목수여, 지붕의 대들보를 높이 올려라』, 『안녕, 내 사랑』, 『시간과 장소』이다.

세미콜론을 빼면 어떨까.

> Lucy's favorite novels are *Raise High the Roof Beam, Carpenters, Farewell, My Lovely,* and *One Time, One Place.*

총 세 작품인지 다섯 작품인지 헷갈린다.

첫 번째 예문처럼 세미콜론을 세 번에 나눠 쓰면 이 작품들을 잘 알고 있을 사람들의 조롱거리가 될 일은 없다.

이런 주장도 있다.

> Do not use semicolons. They are transvestite hermaphrodites representing absolutely nothing. All they do is show you've

been to college.*

세미콜론을 쓰지 마라. 세미콜론은 복장도착증이 있는 무의미한 자웅동체다. 세미콜론의 역할이라고는 당신이 대학 졸업자라는 사실을 보여 주는 게 전부다.

나는 반대다. 그 근거로 루이스 토마스의 『메두사와 달팽이 The Medusa and the Snail』에 실린 멋진 구절을 제시한다.

> The things I like best in T. S. Eliot's poetry, especially in the *Four Quartets*, are the semicolons. You cannot hear them, but they are there, laying out the connections between the images and the ideas. Sometimes you get a glimpse of a semicolon coming, a few lines farther on, and it is like climbing a steep path through woods and seeing a wooden bench just at a bend in the road ahead, a place where you can expect to sit for a moment, catching your breath.

T. S. 엘리엇의 시 중 특히 『네 개의 사중주』에서 내가 좋아하는 것은 세미콜론이다. 세미콜론은 아무 소리도 내지 않지만 이미지들과 생각들을 서로 이어가며 그곳에 자리한다. 가끔은 몇 줄 뒤에 곧 세미콜론이 나오리라는 기미가 느껴질 때가 있다. 그럴 때면 가파른 숲길을 오르다 눈앞에서 마주친 길모퉁이를 돌면 바로 나오는, 잠시 숨을 돌리며 앉아 있기에 좋은 나무 벤치를 발견한 것 같다.

나로 말할 것 같으면 순전히 셜리 잭슨이 세미콜론을 좋아했다는 이유만으로 세미콜론을 두둔하는 걸로 유명짜한 사람일 뿐만 아니라,† 그 근거로 셜리 잭슨의 걸작 『힐 하우스의 유령』의 도입부를 불쑥 인용하는 것으로도 유명한 사람이다.

---

*이 진술—이름을 밝히자면 커트 보네거트가 한 말이다—은 농담이었다는 주장이 있었지만 나는 그 말을 믿지 않는다. 농담이라고 해도 참으로 고약한 농담이다.

† 여러분도 학창 시절에 한 번쯤 셜리 잭슨의 단편 「제비뽑기」를 접해 본 적이 있을 것이다. 그녀는 20세기의 위대한 산문 스타일리스트로 손꼽히지만 그녀를 우상처럼 떠받드는 무리를 제외하면 통탄스러울 만큼 저평가받고 있다.

> No live organism can continue for long to exist sanely under conditions of absolute reality; even larks and katydids are supposed, by some, to dream. Hill House, not sane, stood by itself against its hills, holding darkness within; it had stood so for eighty years and might stand for eighty more. Within, walls continued upright, bricks met neatly, floors were firm, and doors were sensibly shut; silence lay steadily against the wood and stone of Hill House, and whatever walked there, walked alone.[*]
>
> 그 어떤 생명체도 미치지 않고서야 절대적 현실에 결박된 삶을 버텨 낼 수 없다. 누군가는 종달새나 베짱이조차 꿈꾸는 삶을 산다고 말하지 않는가. 광기 어린 힐 하우스는 내밀한 어둠을 품은 채 언덕을 배경으로 우뚝 솟아 있다. 그곳에 팔십 년을 붙박여 서 있었으니 그렇게 팔십 년을 더 버틸지도 모를 일이다. 곧게 선 벽, 이가 꼭 맞게 쌓아 올린 벽돌, 단단한 바닥, 굳게 닫힌 문. 목재와 석재가 떠받치는 힐 하우스 위로 침묵이 쌓인다. 그 안을 걸어 다니는 것이 무엇이든, 늘 혼자다.

한 단락에 세미콜론이 세 개다. 세미콜론 대신 마침표를 써서 각각 독립된 문장으로 분리시키는 것도 가능하지만 그랬다면 갑갑증이 일 만큼 긴밀하게 엮인 관념들이 서로 단절된 채 표류했을 테고, 여러분의 손을 낚아채 첫 문장부터 마지막 문장까지 쉼 없이 끌고 가는 이 단락은 평범한 문장들을 한데 모아 놓은 집합에 불과했을지도 모른다.

이 자릴 빌어 아마도 문학 작품을 통틀어 내가 가장 좋아하는 문장부호일 이 단락의 마지막 쉼표를 기리고자 한다. 이 쉼표가 불필요하다고—심지어 문법적으로도 부적합하다고—주장하는 사람도 있겠지만 이 단락의 마지막 숨인 이 쉼표에는 다음과 같은 작가의 전언이 담겨 있다. "지금이 마지

---

[*] 인터넷에서 이 단락을 찾아 복사해 붙일 수도 있었지만 직접 입력했다. 짜릿함을 맛볼 수 있기 때문이다. 옛날 얘기지만, 나는 설리 잭슨의 단편 「이탈자」를 처음부터 끝까지 타자기로 친 적이 있다. 한 자씩 치다 보면 작품이 얼마나 아름답게 직조되었는지를 더 잘 느낄 수 있을 것 같아서였다. 실제로 그랬다. 여러분도 남는 시간에 가장 아끼는 글을 직접 타자로 쳐 보길 바란다. 좋은 훈련이 될 것이다.

막 기회다. 이 책을 내려놓고 정원을 손보러 가든 아이스크림을 사 먹으러 나가든 다른 일을 하고 싶다면 바로 지금이 기회다. 이 순간부터는 여러분과 나, 그리고 힐 하우스를 거니는, 홀로 거니는 정체 모를 존재 뿐이니."

어디 한번 도망가 보시지.

괄호

33.

문장 중간에 (이렇게) 괄호로 묶여 들어가는 삽입어구는 소문자로 시작하고 (의문문이나 느낌표로 끝나지 않는 이상) 종결 문장부호 마침표/물음표/느낌표를 쓰지 않는다.

완전 문장이 아닌 삽입어구가 문장 맨 끝에 오면 마침표는 괄호 바깥에 넣는다(이렇게).

(괄호 처리된 이 문장처럼 단독 문단으로 따로 제시되는 독립 삽입어구일 경우 대문자로 시작하고 닫는 괄호 안에 적절한 종결 문장부호를 써서 이렇게 끝맺는다.)

34.

다음은 올바른 문장이다.

> Remind me again why I care what this feckless nonentity (and her eerie husband) think about anything.
> 무능하고 별 하잘것없는 그 인간(과 그녀의 오싹한 남편)이 무슨 생각을 하고 사는지 내가 신경 써야 하는 이유가 대체 뭐라고?

다음은 틀린 문장이다.

> Remind me again why I care what this feckless nonentity (and her eerie husband) thinks about anything.

and가 있으니 주어는 둘 이상이다. 그중 하나를 삽입어구(또는 쉼표나 대시)로 따로 떼어 놓는다 해도 주어가 복수라는 점은 변함이 없다는 얘기다. 단수 주어를 쓰고 싶다면 and 대신 to say nothing of~은 말할 필요도 없이, as well as~뿐만 아니라, 또는 not to mention~은 말할 것도 없고을 쓰면 된다.

> Remind me again why I care what this feckless nonentity (to say nothing of her eerie husband) thinks about anything.*
>
> (그녀의 오싹한 남편은 물론이고) 무능하고 별 하잘것없는 그 인간이 무슨 생각을 하고 사는지 내가 신경 써야 하는 이유가 대체 뭐라고?

35.

삽입어구 연쇄 남용자로서 충고하는데, 삽입어구를 남발하지 마라. 더욱이 억지웃음을 유발하려는 의도라면 말이다. 수줍게 내뱉는 느낌의 쓸데없는 방백이 지나치게 많으면 마치 왕정복고 시대의 희극을 펼치는 중에 각광 쪽으로 걸어나와 입을 가리고 관객에게 속삭이듯 직접 말을 걸던 화려한 차림의 배우처럼 보일 것이다. 그렇게 자주 말을 걸다간 관객도 극의 요점을 놓치는 법이다.

---

*"이 문장이 논란이 될 수도 있어요." 내 교열자가 우려 섞인 말로 이렇게 지적했다. 『시카고 스타일 지침서』는(심지어 『메리엄-웹스터 영어 용법 사전』조차) 나와 의견이 다를 거라면서 말이다. 자, 얼마든 덤벼라.

36.

언젠가 어느 잡지사 기자가 털어놓길, 자기는 삽입어구를 쓰지 않는단다. 편집자가 작가에게 할당된 소중한 지면을 최대한 아낄 생각에 단어 수를 줄이려고 삽입어구만 집중 공략해 마구잡이로 삭제할 거라는 게 그 이유였다.

대괄호

37.

대괄호—삽입어구를 묶는 괄호를 '둥근 괄호'라고도 하는데, 이와 구분하기 위해 대괄호를 '꺾쇠괄호'라고도 한다—는 몇 가지 안 되지만 결정적인 기능을 한다.

첫째, 삽입어구 안에 다시 삽입어구가 들어갈 때 대괄호를 쓴다. 하지만 막상 인쇄해 보면 유난히 볼썽사나워 보이므로(나는 다른 방법을 찾아보는데 [이렇게 표기하는 게 정말 좋아 보인다고 생각하나?], 적어도 그게 가능한 경우에는 그 대체법을 쓴다) 피하는 게 좋다.

둘째, 인용문 안에 어떤 정보를 추가로 삽입할 때(가령 원문에 성姓만 표기돼 있는 경우 대괄호로 이름을 덧붙이면 더 명료하게 나타낼 수 있다)나 인용문을 수정할 때는 반드시—의무 사항이라는 얘기다—대괄호를 써야 한다.†

---

† 자랑스레 말하자면 랜덤하우스의 책과 표지는 좋은 의미로 쓴 대괄호—문장 중간을 삭제할 경우 말줄임표를 쓴다—로 장식돼 있다. 미미할지언정 추천사를 아주 조금만 수정해도 그 사실을 알려 주는 것이다. 이를테면 "this great novel that tells us many things about the human condition(인간의 조건에 대해 많은 것을 말해 주는 이 훌륭한 소설)"이라는 원문은 "[A] great novel ... about the human condition"으로 표기하는 식이다. 이런 관행을 답답해하는 동료도 있지만 나는 성실함을 잔잔하게 전달하는 방식이라고 생각하고 싶다.

늘 그렇듯 예외가 있다. 글에 인용문을 삽입할 경우 인용문의 첫 글자(대문자)를 소문자로 바꾸거나 그 반대로 바꿔야 한다면 대괄호를 쓰지 않는다.

가령 조지 버나드 쇼의 "Patriotism is, fundamentally, a conviction that a particular country is the best in the world because you were born in it.본래 애국심이란 자기가 거기에서 태어났다는 이유로, 이 세상에서 그 특정 국가만 특별하다고 믿는 신념이다."를 문장에 삽입한다면 patriotism is, fundamentally, a conviction ~으로 바꿔 쓸 수 있다는 말이다.

한편, 그의 또 다른 경구인 "All government is cruel; for nothing is so cruel as impunity.모든 정부는 잔인하다. 면책보다 잔인한 것은 없으므로"를 인용한다면 다음처럼 수정하는 것도 가능하다.

"Nothing is so cruel as impunity," Shaw once commented.
쇼는 "면책만큼 잔인한 것은 없다"라고 언급한 적이 있다.

특히나 첨예한 논쟁이 끊이지 않는 학술 분야나 법률 문서인 경우 예외에 또 다른 예외가 생기는데, 골치 아픈 문제에 휘말리고 싶지 않다 보니 이런 식으로 쓰게 될 것이다.

Shaw once wrote that "[a]ll government is cruel."
쇼는 이렇게 말한 적이 있다. "모든 정부는 잔인하다."

보기 좋다고는 할 수 없지만 그럭저럭 봐줄 만하다.

39.
[*sic*]

여기서 잠깐 [*sic*]_{원문 그대로임}에 대해 살펴보자. *sic*은 thus_{그러므로, 따라서}를 뜻하는 라틴어로—전통적으로 이탤릭체로 표기하고 항상 대괄호로 묶는다—인용하는 말에 철자 오류나 그 외의 오류가 있음을 알지만 원문을 살리기 위해 고치지 않고 그대로 표기했으니 그 말을 인용한 글쓴이가 범한 오류는 아님을 독자에게 분명히 밝혀 둘 때 쓰는 부호다. 가령 트위터에 돌아다니는 다음 문장을 인용할 경우 이렇게 표기한다.

> Their [*sic*] was no Collusion [*sic*] and there was no Obstrution [*sic*].

자, 농담은 그만두고 다시 진지 모드로 돌아가면,

옛날식 표현으로 도배된 17세기 글을 원문 그대로 들입다 인용할 경우 도입부 어디쯤, 아마도 일러두기나 각주란에 그 고색창연한 해당 구절을 전혀 손대지 않고 그대로 옮겼다는 사실을 분명히 해 두는 게 좋다. 그러면 [*sic*]이 난무할 필요가 없다. 독자들이 오독하거나 오해할 만한 오류, 특이점이 있어서 간간이 [*sic*]을 쓰는 경우를 제외한다면 말이다.

간혹 논픽션 작가들은 옛말투로 된 글이나 이상한 표기법을 쓴 글을 숱하게 인용하면서 구식 철자법이나 오자, 불규칙적인 대문자 사용, 이상하거나 누락된 문장부호 등을 몰래 고친다. 나는 이런 관행의 열혈 지지자는 아니지만—그런 묘한 정취를 간직했을 때와는 달리 글이 영 재미없어지므로—학술 서적이 아니라 대중 독자층을 공략하는 논픽션이라면 얘기가 달라진다. 다시 말하지만 그럴 작정이라면 미리 독자에게 알려라. 작가라면 응당

해야 할 일이다.

　인용문이 헛소리라고 헐뜯을 심산으로 [sic]을 사용할 생각은—절대—하지 마라. 철자 오류 이상의, 인용문의 메시지 자체를 공격하려는 속셈이라면 말이다. 원저자의 판단력이 의심스러우니 이 기회에 흉이나 보자 싶겠지만, 판단력이 의심스러워 보일 단 한 사람이 있다면 그 말을 인용하는 바로 그 사람이라는 게 내 생각이다.

　그런 글은 I'M WITH STUPID 나는 바보랑 같이 다닌다라고 적힌 티셔츠와 비슷하고, 그만큼 바보스러워 보인다.

　그리고 부탁인데 영국인의 글을 인용하는 미국인 또는 그 반대 경우라면 제발 다음처럼 쓰지 마라. 영국 일간지에서 내 눈으로 똑똑히 본 구절이다.

　　. . . which it said had been "a labor [sic] of love."
　(전략) "힘들지만 좋아서 하는 일"이었다고 한다.
　(영국식 표기는 labour로, 영국식 표기가 맞고 미국식 표기를 오류로 본다는 의미)

따옴표

뉴욕 주 롱아일랜드 어디쯤에 붙은 교외 지역인 알버슨에서 자랄 때 어머니는 근처 빵집에서 (얇게 썬) 호밀빵이나 (썰지 않은) 할라challah, 또는 하나에 8센트씩 하는 여섯 개들이 롤빵(6센트씩 하는 여덟 개들이 롤빵이었나?), 또는 운이 좋은 날에는 블랙 앤 화이트 쿠키 한 박스를 사오라는 심부름을 자주 시키곤 하셨다.

　빵집에 가면 호밀빵 위에 다음과 같은 푯말이 붙어 있었다.

TRY OUR RUGELACH! IT'S THE "BEST!"
우리집 명물 루겔러흐를 드셔 보세요! '최고'랍니다!

그 따옴표가 내 마음을 사로잡았다. 슈퍼 히어로 만화의 표현을 빌리면, 이것이 바로 나의 오리진 스토리 origin story, 슈퍼 히어로의 탄생 이야기다.

그럼 하나씩 조목조목 설명해 보겠다.

40.

노래, 시, 단편 소설, TV 시리즈 series*의 개별 에피소드 제목은 로마체로 표기하고 따옴표로 묶는다. 반면 음반,† 시집, 무삭제판 소설 및 비소설, TV 시리즈 제목은 비스듬히 기울인 이탤릭체로 표기한다.

"Court and Spark" 〈구애와 스파크〉(앨범《구애와 스파크》의 수록곡)
Court and Spark 《구애와 스파크》조니 미첼(Joni Mitchell)의 1973년도 앨범

"Song of Myself" 「나 자신의 노래」(시집『풀잎』에 수록된 연작시)
Leaves of Grass 『풀잎』(월트 휘트먼의 시집)

"The Lottery" 「제비뽑기」(셜리 잭슨의 단편 소설)
The Lottery and Other Stories 『제비뽑기: 셜리 잭슨 단편선』

"Chuckles Bites the Dust"
〈광대 처클스 죽다〉(TV 시트콤《메리 타일러 무어 쇼》의 에피소드)

The Mary Tyler Moore Show/Mary Tyler Moore
《메리 타일러 무어 쇼》

---

*series의 복수형이 series라는 건 read의 과거형이 read라는 것만큼이나 골치 아픈 점이다. 하지만 serieses라고 쓰면 부정확할뿐더러 우스꽝스러워 보인다.
†예전에는 레코드를 한 장씩 얇은 케이스에 넣어 책자처럼 묶은 형태—즉 앨범(album)처럼—로 만들었는데, 그 시절로부터 한참 지난 지금도 여러 곡을 엮은 음반을 '앨범'이라고 부른다는 사실이 묘하게 매력적이다.

쉽게 말해 작은 단위는 로마체로, 인용구나 더 큰 단위는 이탤릭체로 표기한다.*

41.

개별 예술 작품—제목이 있는 회화 및 조각상—은 대개 (*The Luncheon on the Grass*〈잔디밭 위의 점심〉처럼) 이탤릭체로 표기하지만 (the Victory of Samothrace〈사모트라케의 니케〉처럼) 공식 명칭이 없을 경우 따옴표 없이 로마체로 표기한다.†

42.

대화체는 따옴표로 표기한다. 따옴표를 쓰지 않는 작가(E. L. 닥터로, 윌리엄 개디스, 코맥 매카시가 곧장 떠오른다)도 있는데, 한마디만 하겠다. 이 경지에 오르려면 서술narration과 대화체를 자유롭게 넘나들 줄 아는 대가가 돼야 한다.

43.

옛날에는 머릿속 생각을 나타낼 때 따옴표로 표기하는 경우가 흔했다.

"What is to become of me?" Estelle thought.
"내가 어쩌다 이런 인간이 된 거지?" 에스텔은 생각했다.

---

*에드나 세인트 빈센트 밀레이의 『끝없는 아리아』 같은 짧은 시극이든 유진 오닐의 『이상한 막간극』 같은 (저녁 식사 휴식을 포함한) 9막짜리 장막극이든 희곡은 작품의 길이에 상관없이 이탤릭체로 표기한다.

†이에 대한 자세한 사항과 더불어 클래식 음악 작품 및 그 외 불가해한 항목들의 복잡다단한 제목 표기법은 벽돌책에 상세히 나와 있으니 참고하길 바란다.

그런데 시간이 흐르면서 다음처럼 바뀌더니

What is to become of me? Estelle thought.

이제는 다음과 같은 표기법이 부쩍 눈에 띈다.

What is to become of me? Estelle thought.†

이게 제일 낫다.§

44.

앞서 살펴본 대로 강조할 때는 따옴표를 쓰지 않는다. 신은 그럴 때 쓰라고 이탤릭체를 만들었다.

    엄밀히 말해 강조할 생각으로 따옴표로 표기한 인용은 주의환기용 인용 scare quote에 해당하지 않는다. 주의환기용 인용이란 특정 용어를 그대로 쓰기에는 난감할 정도로 격이 떨어질 때(옛날에 나온 책을 보니 젊은이들이 재즈를 듣는 게 아니라 "재즈"를 듣는다고 나와 있는데, 읽을 때마다 실소가 터진다), 빈정거림이나 냉소를 표현할 때 따옴표로 묶어 표기하는 인용을 말한다. 주의환기용 인용은 피해라. 지금도 다른 사람을 얕잡아 보는 듯한 인상을 주는데 이십 년 후면 그것도 모자라 한물간 웃음거리가 될 것이다.¶

---

‡ What is to become of me?와 Estelle thought이 별개의 생각으로 읽히지 않도록 두 문장 사이에 쉼표를 써서 What is to become of me?, Estelle thought라고 쓰는 건 반대하지 않지만, 어쩌면 나만 반대하지 않는 건지도 모른다.

§ 여섯 단어를 연달아 이탤릭체로 표기한다고 해서 누군가의 심기를 건드리진 않겠지만, 두 문장 이상을 이탤릭체로 표기하는 건 말리고 싶다. 우선 이탤릭체는 눈을 피로하게 만든다. 게다가 이탤릭체로 된 단락이 몇 개씩 이어지면 꿈속 장면을 연상시키고 독자들은 으레 꿈속 장면은 건너뛰고 싶어 한다.

¶ 어떤 이들―벨 카우프만의 탁월한 소설 『내려가는 계단을 오르며*Up the Down Staircase*』

45.

so-called 뒤에는 다음처럼 따옴표를 쓰면 안 된다.

a so-called "expert" in matters copyeditorial

위 구문은 이렇게 고쳐야 한다.

a so-called expert in matters copyeditorial
교열과 관련된 문제에서는 소위 전문가

so-called 뒤에 나오는 말은 구태여 따옴표로 묶을 필요도 없을뿐더러 따옴표로 묶으면 안 그래도 비웃는 듯한 어감이 더 강해진다.

내가 종종 그러듯 known as 다음에 특이하거나 새로운 표현을 소개하려는 참이라면 따옴표 사용을 반대할 이유가 없다.

the long-haired, free-loving, peace-marching young folk known as "hippies"
장발을 하고 자유 연애를 추구하며 평화 행진을 하는, '히피'로 알려진 젊은이들

지금이 1967년이라면 저렇게 썼을 거라는 얘기다.*

의 등장인물인 영어 교사 실비아 배럿의 제자 차스. H. 로빈스나 미국의 45대 대통령 같은 이들—은 따옴표(극중 차스는 quotion marks로 잘못 발음한다)를 되는대로 쓴다. 변변찮은 교육을 받은 고등학생이라는 허구적 인물의 글쓰기에서야 흥미로운 요소로 기능하겠지만 이른바 자유 세계의 지도자라는 사람이 트위터에 그렇게 쓰는 건 별로 흥미롭지 않다.
* 친절한 우리 메리엄-웹스터 친구들에 따르면, 반문화운동에 앞장선 장발 청년들이라는 의미로 쓰이는 단어 hippie는 그 역사가 1965년까지 거슬러 올라간다고 하는데, 그러고 보면 의외로 역사가 짧다. 사전에 재미있는 점이 하나 있다면 특정 단어가 문어체 영어에 도입된 시기를 거의 빠짐없이 알려 준다는 것이다. 그런 이유로 시대물을 쓸 때, 특히 대화체에서 당대의 언어를 쓰고 싶을 때 사전이 큰 도움이 된다. 나도 1863년 뉴욕에서 징병법 거부폭동이 일어난 무렵을 배경으로 한 소설을 교열하면서 우리가 지금 hangover(숙취)—1894

46.

어떤 단어(들)을 다른 단어(들)로 지칭할 때 따옴표를 쓰는 경우가 있는가 하면 이탤릭체를 선호하는 경우도 있다.

> The phrase "the fact that" is to be avoided.
>
> The phrase *the fact that* is to be avoided.
> '~라는 사실'이라는 표현은 피해야 한다.

전자가 좀 더 수다스럽고 입말에 가까운 느낌이라면, 후자는 좀 더 전문적이고 교과서 같은 느낌이다. 취향에 달린 문제다.

47.

느낌표/물음표가 쓰인 인용문이 더 큰 문장의 일부로 포함된 경우, 느낌표/물음표는 따옴표 안쪽이 아닌 바깥쪽에 쓴다.

> As you are not dear to me and we are not friends, please don't ever refer to me as "my dear friend"!
> 당신이 내게 소중한 사람도 아닐뿐더러 우린 친구 사이도 아니니, 절대 나를 '내 소중한 벗'이라고 부르지 마세요.
>
> Were Oscar Wilde's last words truly "Either that wallpaper goes or I do"?[†]
> 오스카 와일드의 최후의 한마디가 진정 "저 벽지가 사라져야 하나, 내가 사라져야 하나?"였을까?

년에야 등장한 말—라고 표현하는 개념이 당시에는 다름 아닌 "katzenjammer"로 알려져 있었다는(known as) 걸 알게 됐다. 부디 따옴표를 눈여겨보길 바란다.
† 아니었다.

그렇다면 인용문과 인용문이 속한 문장 모두 느낌표/물음표가 들어가는 경우에는 다음과 같이 쓰면 될까.

> You'll be sorry if you ever again say to me, "But you most emphatically are my dear friend!"!
>
> "하지만 당신은 누가 뭐래도 내 소중한 벗이에요"라고 한 번만 더 말했다간 가만 안 있을 줄 아세요.
>
> Were Oscar Wilde's last words truly "I'm dying, do you seriously think I want to talk about the decor?"?
>
> 오스카 와일드의 최후의 한마디가 진정 "나는 죽어가. 그런데 인테리어에 대해 얘기하고 싶을 것 같아?"였을까?

아니다. 느낌표/물음표가 더 큰 효과가 있는 곳에만 쓴다(나라면 위 예문들에서 두 번째 느낌표와 첫 번째 물음표만 두는 쪽을 택하겠다). 아니면 이렇게 상충하는 일이 없도록 문장을 다시 쓰는 방법도 있다.

48.

미국 영어에서는 이 책에서 내가 줄곧 써 온 방식대로 큰따옴표를 먼저 쓴다. 인용문 안에 또 인용문이 들어갈 경우 작은따옴표로 표시한다.

> "I was quite surprised," Jeannine commented, "when Mabel said to me, 'I'm leaving tomorrow for Chicago,' then walked out the door."
>
> "나 정말 놀랐어," 지닌이 말했다. "메이블이 '나 내일 시카고로 떠나'라고 말하고 문을 열고 걸어나갔을 때 말이야."

여기에 인용문이 한 번 더 들어가면 다시 큰따옴표를 쓴다.

> "I was quite surprised," Jeannine commented, "when Mabel said to me, 'I've found myself lately listening over and over to the song "Chicago,"'" then proceeded to sing it."
> "나 정말 놀랐어." 지닌이 말했다. "메이블이 '내가 최근에 〈시카고〉라는 노래를 반복해서 듣고 있지 뭐야'라고 말하더니 그걸 불렀을 때 말이야."

하지만 흡사 마트료시카 같은 이런 용법은 피해야 한다. 볼썽사납기도 하고 머릿속도 복잡해지기 때문이다.

인용문 속 인용문을 표기할 때 한 가지 주의해야 할 사항이 있다. 한참 글을 쓰다 보면 어디서 뭘 썼는지 놓치기 일쑤라 큰따옴표를 쓴 문장 안에 또다시 큰따옴표를 넣는 일이 생긴다는 점이다. 예의 주시하자.

49.

세미콜론은 도무지 파악하기 힘들고 알쏭달쏭하며 원래 그렇게 쓰인다는 이유로 닫는 따옴표 바깥으로 빼는 반면—앞으로도 지겨우리만치 반복하겠지만—마침표와 쉼표는 항상 안쪽에 쓴다.

이건 예외가 없다.

하이픈

50.

『메리엄-웹스터 대학생용 사전』 11판 719쪽에는 다음 두 표제어가 차례로 나온다.

light-headed 약간 어지러운

lighthearted 마음이 가벼운, 걱정이 없는

위 예만 봐도 하이픈 용법에 대한 거의 모든 것을 알 수 있다. 달리 말하면 어떻게 쓰라는 건지 도무지 모르겠다는 얘기다.

lightheaded라고 쓰든 light-hearted라고 쓰든 하이픈 경찰이 여러분을 잡으러 쫓아올 일은 없을 테고 나도 눈치채지 못할 것이다.

하지만 복합 형용사, 복합 동사, 복합 명사 등 복합어의 하이픈 표기법을 정확히 알고 싶고 남이 시키는 대로 하는 게 좋다면 그냥 사전을 집어들어라. 사전에 표기된 방식이 가장 정확하다(아닐 수도 있다).

51.

그렇긴 하지만—직업병 때문이든 그 밖의 이유로든 이런 차이점에 흥미를 느낄 경우—복합어는 세월이 흐르면서 하이픈 없이 붙여 쓰는 경향이 있음을 알아챌 것이다. 나는 이 일에 몸담으면서 light bulb가 light-bulb로 진화했다가 lightbulb로 바뀌거나, baby-sit이 babysit에 자리를 내주고—이건 거물급인데—Web site가 Web-site로 바뀌었다가 다행스럽게도 website로 자리 잡는 과정을 지켜봐 왔다.[*]

이런 변화는 왜, 어쩌다 생기는 걸까? 작은 비밀을 알려 주겠다. 그건 바로 여러분 때문이다. 그렇다, 저자들 말이다. rest room을 더는 못 봐주

---

[*] 랜덤하우스에서는 별 고민 없이 website만 쓰는 쪽으로 힘을 실어 줬다. 어떤 단어를 하루에 수십 번씩 보게 되면 그 단어를 최대한 간단하게 만들고 싶은 법이다. 하지만 email로 표기하기로 한 방침을 잠자코 따른 건 뼈저리게 후회하는 중이다. e-mail이 보기에도 더 좋을뿐더러 무엇보다 발음과 더 어울린다는 생각이지만, 좋든 싫든 email이 세를 넓혀 가고 있기도 했고 세상만사가 다 그렇듯 대세를 따르거나 낙오되거나 둘 중 하나다.

겠다며("들어가서 쉬는 방a room you rest in이라는 뜻은 아니잖아요?") 그 사이에 하이픈을 끼워 넣고는 20분도 안돼 하이픈에 싫증을 내곤 보란 듯이 restroom으로 바꾸는 식이다. 하이픈을 떼어 낸 복합어가 이렇게 수백 개씩 증식하고 이런 식으로 영어가 어느새 눈앞에서 휙 하고 한참을 앞서간 뒤에야 사전이 여러분을 따라잡는다. 원래 그렇다. 사전 편찬자인 한 친구가 고백하길 사전은 용법을 본보기로 삼는다. 작가들이 아무것도 바꾸지 않으면 사전 역시 아무것도 바꾸지 않는다.

best-seller가 bestseller로 바뀌길 바란다면 여러분이 힘을 보태야 한다. video game이 아닌 videogame으로 쓰고 싶다면 그렇게 바꿔서 써라. 그렇게 자신의 위력을 실감할 수 있기를 바란다. 아무렴, 그래야 한다.

52.

이런 비밀을 만천하에 공개했는데도 아직 잘 모르겠다면 이쯤에서 몇 가지를 좀 더 자세히 살펴보자.

명사 앞에 놓여 명사를 수식하는 둘 이상의 단어를 연결할 때 하이픈을 쓰면 의미가 더 명료하게 전달된다.

first-rate movie 일류 영화

fifth-floor apartment 5층짜리 아파트

middle-class morality 중산층의 도덕성

nasty-looking restaurant 더러워 보이는 식당

all-you-can-eat buffet 무한 리필 뷔페

하지만 이런 관행(일명 '전통', 이른바 '합의', 소위 '원래 그런 거'로 통하니 토를 달 생각은 마라)에도 일부 예외가 허용되는데, 오독의 가능성이 전혀 없다면 하이픈을 쓰지 않아도 된다는 점이 그렇다.

real estate agent 부동산 중개인

high school students 고등학생들

이 구조를 가만히 들여다보고 있으면 부동산 중개인estate agent이 처한 현실reality이나 살짝 맛이 간high 학생들school students의 정신 상태가 염려될지도 모르니 이제 그만 쳐다보고 넘어가자(단어를 빤히 쳐다보는 건 별로 좋은 생각이 아니다. the를 10초 이상 쳐다보고 있으면 현실 감각이 떨어지기 시작한다).

대개의 경우—그럼 그렇지, 예외가 왜 없겠나—독자가 불필요하게 망설일 틈을 주지 않기 위해서 이들 명사 앞에 오는 형용사에 하이픈을 쓴다.

가령 a man eating shark상어를 먹는 남자/a man-eating shark사람을 잡아먹는 상어의 경우 하이픈은 누가/무엇이 무엇을 먹는지 명확하게 알려 준다. 비슷하게 a cat-related drama는 '고양이와 연관된 극'을 뜻하고, a cat related drama는 '고양이가 극에 대해 이야기해 줬다'를 뜻한다.

그러고 보니 나도 다음 문장을 접하고 느꼈던 당혹감이 떠오른다.

Touch averse people who don't want to be hugged are not rude.

당시 심정은 이랬다. 도대체 averse people이 어떤 사람들이란 말인가. 대관절 왜 나더러 포옹을 질색한다는 사람들을 만지라고 난리야. 그런데 어라, 가만 보니—?

이내 한 줄기 서광이 보였다. 다른 사람이 자기 몸에 손대는 걸 싫어하고 포옹을 거부하는 사람들이라고 해서 무례한 건 아니라는 말이구먼.

이렇게 난데없이 혼란에 빠졌다가 순식간에 저절로 해결되는 식이다. 여러분을 무시하려는 뜻은 전혀 없다. 여러분은 보자마자 정확한 의미를 파악했을지도 몰라도 나는 무슨 말인가 했다. 다음처럼 간단명료하게 썼다면 애초에 이런 혼란은 일어나지 않았을 것이다.

> Touch-averse people who don't want to be hugged are not rude. 접촉을 꺼려해 포옹에 반감이 있는 사람들은 무례한 것이 아니다.

지금까지 머리를 지끈거리게 하는migraine-inducing 잡학 상식과 이해 불가능한impossible-to-understand 차이, 일관성 없는inconsistently applied 규칙들을 살펴봤다. 아, inconsistently applied에는 왜 하이픈이 빠졌냐고?

-ly로 끝나는 부사 뒤에 형용사[분사]가 이어지는 복합어에서는 하이픈을 쓰지 않기 때문이다.

> inconsistently applied rules 일관성 없이 적용되는 규칙
> maddeningly irregular punctuation
> 사람을 미치게 만드는 불규칙한 문장부호
> beautifully arranged sentences 아름답게 배열된 문장들
> highly paid copy editor 고액 연봉을 받는 교열자

왜냐고?

오독의 여지가 거의 없어서 하이픈이 불필요하다는 게 그 이유라고 한다. 좀 더 간단히 설명해 달라고?

그냥 그렇게 쓴다.*

53.
현대 표기법에서는 접미사와 핵심 단어(명사/동사/형용사)가 합쳐질 경우 하이픈 없이 붙여 쓴다.

    antiwar 전쟁 반대의

    autocorrect (컴퓨터 프로그램의) 자동 수정 기능

    codependent 상호의존의

    extracurricular 정규 수업 외의, 과외의

    hyperactive 지나치게 산만한, 과잉 행동을 보이는

    interdepartmental 부처간의, 여러 부처가 관련된

    intradepartmental 부서 내의

    nonnative 비원어민의

    outfight 격파하다[무찌르다]

    preexisting 기존의

    pseudointellectual 사이비 지성의

    reelect† 재선하다, 다시 선출하다

    subpar 성적이 기대 이하의

    unpretentious 꾸밈없는

---

* 여기서 퀴즈 하나. scholarly-looking teenagers(학자처럼 보이는 십 대 청소년들)나 lovely-smelling flowers(향긋한 냄새가 나는 꽃들)에서 하이픈을 쓴 이유는 뭘까? -ly로 끝나는 모든 단어가 부사는 아니기 때문이다. 형용사인 경우도 있다. 뭐, 미안하게 됐다.

† 어떤 잡지는 유명하게도—나로서는 '악명높게도'라고 말하고 싶다—똑같은 모음이 연달아 나오면 preëxisting, reëlect처럼 '움라우트'라고도 부르는 점 두 개짜리 분음부호를 찍는다. 그런데 청소년들을 가리킬 때는 teen-agers라고 쓴다. 자사 고유의 표기법을 정하려거든 남들이 알아볼 수 있는 기준을 세워라.

이처럼 간소화한 표기를 권하는 이유는—벌써부터 이를 가는 사람들이 보인다—하이픈을 쓴 표기법이 구식처럼 보이기도 하지만 더 나쁘게는 뭣도 모르는 풋내기가 쓴 것처럼 보이기 때문이다.‡

단, 복합어가 무슨 뜻인지 도무지 이해가 안 되거나 볼썽사납다면 하이픈을 그냥 두는 것도—그래도 사소한 데 목숨 걸지 말고 웬만하면 드문드문 써라—괜찮다.§

54.

하지만 몇 가지 예외는 있다.

뭐 안 그런 적이 있던가.

이를테면 동사 recreate는 '휴양하다, 기분 전환을 하다'를 뜻하고, re-create는 '다시 만들다, 개조하다, 재현하다'를 뜻한다. reform은 '행실을 교정하다'를 뜻하고, re-form은 '재개편하다, 재편성하다'를 뜻한다. resign은 '직무에서 물러나다'를 뜻하고, re-sign은 '한 번 서명한 문서에 재서명하다, 계약을 갱신하다'를 뜻한다.

55.

접미사를 쓰는 방법도 접두사와 같다. 우리는 enchroaching잠식하기의 -ing, Darwinism다윈주의의 -ism, hopelessness절망의 -less/-ness 같은 접미사

‡ 곧 다룰 테니 기다려라.
§ 이제는 말할 수 있다. 하이픈 없는 복합어 coworker가 투박해 보인다는 이유로 조롱받는 처지라 co-worker를 쓰는 경우가 많다. 나 역시 coauthor에 알레르기—어쩌면 이 단어만 유일하게—가 있어서 랜덤하우스 책 표지에는 co-author로 표기한다. 이제 실컷 손가락질해도 좋다. 제 허물은 모르고 남의 허물만 탓한다고 말이다.

를 하이픈으로 연결할지 말지 고민하지 않는다. 하이픈을 안 쓰는 게 익숙해서다. 다만 rubelike_{촌뜨기같은}처럼 접미사가 쓰인 신조어가 별로 마음에 안 든다면—러시아 화폐와 관련된 말인가? 알고 보면 위험한 큐브 장난감의 일종인가?—차라리 접미사가 없는 다른 말을 쓰길 권한다. 그럼 접미사는 이만 끝내자.

56.

자녀의 나이를 표현할 때 실수를 자주 범하는데, 다음처럼 써야 옳다.

> My daughter is six years old. 내 딸은 여섯 살이다.
>
> My six-year-old daughter is off to summer camp.
> 내 여섯 살짜리 딸은 여름 캠프에 가 있다.
>
> My daughter, a six-year-old, is off to summer camp.
> 여섯 살인 내 딸은 여름 캠프에 가 있다.

이를테면 a six-year old girl이라고 틀리게 쓰거나, 막 돌이 지난 여섯 쌍둥이도 아닌데 six year-olds_{여섯 명의 한 살배기들}라고 표기하는 경우가 흔하다.

57.

구강 성교_{fellatio}를 뜻하는 속어_{58 참조}의 올바른 표기법을 고민하는 통에—교열자가 원고에서 번번이 보는 비속어다—수많은 교열자의 노동시간_{man-hours}*이 지난 수십 년간 늘어났다는 사실을 알게 되면 놀랄지도—안 놀랄

*person-hours 또는 work-hours를 쓰는 게 바람직하며 그렇게 써야 한다는 것도 알지만 그럴 수 없으니 그러지 않겠다. 용서 바란다.

지도—모르겠다. 띄어 쓰는 건가, 하이픈을 써야 하나, 붙여 쓰나?

붙여 써라. 하이픈으로 연결한 비속어는 웃기면서도 묘하게 우아하다.

58.

설마 blowjob^{구강 성교}이라는 말을 차마 못 쓸 거라고 생각했나?

대시

59.

대시는 엠대시와 엔대시, 두 가지가 있다. (대다수가 '대시'라고 부르는) '엠 대시'는 통상 어떤 글꼴을 막론하고 대문자 M의 폭을 가리킨다는 뜻에서 붙은 명칭이다. 이와 비슷하게 엔 대시는 소문자 n의 폭을 가리킨다.

'—' 부호가 엠 대시다.

엠 대시보다는 짧지만 하이픈보다는 긴 '–' 부호가 엔 대시다.

다들 줄기차게 쓰고 있는 걸 보면 엠 대시의 용법은 익히 알고 있으리라 생각하지만 그래도 새삼스레 설명하자면 대화체 문장의 중간이나 끝에 놓여 말의 끊김을 나타내는 부호다.

> "Once upon a time—yes, I know you've heard this story before—there lived a princess named Snow White."
> "옛날 옛적에—맞아, 이 얘기는 전에 들었을 텐데—백설이라는 이름의 공주가 살았단다."
>
> "The murderer," she intoned, "is someone in this—" A shot rang out.
> "그 살인마는" 그녀는 낮게 읊조렸다. "이 안에 있는 있—" 순간 총소리가 울렸다.

특정 어구를 서술 중간에 매끄럽게 끼워 넣고 싶은데 쉼표로는—바로 이런 식으로 삽입된 말을 쉼표로 나타내고 싶지 않을 때—그런 효과를 기대할 수 없는 경우에 쓰이기도 한다.

> He packed his bag with all the things he thought he'd need for the weekend—an array of T-shirts, two pairs of socks per day, all the clean underwear he could locate—and made his way to the airport.
> 그는 가방에 주말 동안 필요할지도 모를 소지품들을 전부—여러 벌의 티셔츠, 하루 두 켤레씩 신을 양말, 찾아낼 수 있는 깨끗한 속옷이란 속옷은 모두—챙겨서 공항으로 향했다.

교열 전통—적어도 내가 전수받은 교열 전통—에 따르면 한 문장 내에서 엠 대시는 두 개까지만 허용되는데, 바람직한 조언이라는 생각이다. 예외가 있긴 하지만 말이다.

엔 대시는 교열협회의 비밀이다. 저술가가 아닌 대다수 일반인은 쓸 일이 없거니와 그게 뭔지도 잘 모르고 심지어 자판에서 어떤 키를 쳐야 하는지도 모르기 때문이다.* 내가 여기 그 비밀을 기꺼이 누설해 주겠다.

엔 대시는 하이픈을 대신해 둘 이상의 단어를 한 덩어리로 묶을 때 쓴다. 둘 이상의 단어로 된 고유 명사를 둘 이상의 단어로 된 다른 고유 명사나 기타 다른 말과 합칠 때는 엔 대시가 그럭저럭 통하는 편이다. 무슨 말인지 도통 모르겠다면 다음 예를 보자.

> a Meryl Streep–Robert De Niro comedy
> 메릴 스트립과 로버트 드니로의 코미디 영화

---

* 맥에서는 'option+(숫자 키패드의) 하이픈'을 누르면 엔 대시를 입력할 수 있다. 아이폰에서는 하이픈 키를 지그시 누르면 엠 대시, 글머리 기호와 함께 엔 대시가 나타난다. PC에서는 'control+(숫자 키패드의) -(마이너스)'를 치면 된다.

a New York-to-Chicago flight 뉴욕발 시카고행 비행편

a World War II-era plane 2차 세계대전 시기의 비행기

a Pulitzer Prize-winning play 퓰리처 수상에 빛나는 희곡

쉽게 말해 하이픈이 가진 결합력보다 약간 더 강한 결합력이 필요할 때엔 대시를 쓴다.

두 번째 예를 눈여겨보자. 다른 단어들과 달리 Chicago는 한 단어인데도 왜 엔 대시와 하이픈을 쓰지 않고 엔 대시 두 개로 연결한 걸까? 시각적 균형 때문이다. 엔 대시와 하이픈을 쓰면 이렇게 된다.

a New York-to-Chicago flight

한쪽으로 약간 치우친 것처럼 보인다(내 눈에는 그런데, 지금이나 앞으로나 여러분도 그 정도 감식안은 갖추길 바란다).

마지막 예의 경우 두 개의 하이픈으로 표기된 적도 있었다.

a Pulitzer-Prize-winning play

한마디로 볼썽사납다.

그래도 엔 대시에 큰 기대를 걸지는 마라. 시각적으로는 그럴듯해 보이지만 의미 전달에는 한계가 있기 때문이다.

the ex-prime minister 전 총리

위 예시는 원칙에도 부합하고 단번에 이해도 된다. 하지만 다음처럼 써도 별 문제는 없다.

    the former prime minister

다음은 어떨까.

    an anti-air pollution committee

이건 이렇게 표기하는 게 낫다.

    an anti-air-pollution committee 대기오염방지 위원회

아니면 아예 다른 방식으로 쓰는 게 나을지도 모르겠다.
참조 쪽수, 경기 득점, 재판 결과 등을 표기할 때도 엔 대시를 쓴다.

    pp. 3–21 3쪽부터 22쪽까지

    The Yankees clobbered the Mets, 14–2.
    양키가 메츠를 14대2로 완패시켰다.*

    The Supreme Court upheld the lower court's ruling by a 7–2 vote. 대법원은 7대2로 하급심 판결을 확정했다.

물음표와 느낌표

60.

만일—이 조언은 다소 가벼운 글이나 대화체에만 해당된다—문장의 형태

---

* 원래는 The Mets clobbered the Yankees.라고 썼지만 한 친구가 이를 보곤 정반대가 더 '현실성'이 있지 않겠느냐고 우기는 바람에 수정했다. 하마터면 야구라고는 쥐뿔도 모른다는 사실이 탄로날 뻔했다.

가 의문문이지만 의미상 의문문이 아니라면 물음표가 아닌 마침표로 문장을 종결해라. That's a good idea, don't you think?_{그거 좋은 생각인데요, 안 그래요?}는 That's a horrible idea, isn't it._{별 끔찍한 생각을 다 하네}과는 의미가 완전히 다르다.

61.

느낌표는 적당히 써라. 느낌표가 과하면 윽박지르며 완장질하는 느낌이 들고 종국에는 질리는 법이다. 책 한 권당 느낌표를 열두 개 이내로 쓰라고 하는 작가가 있는가 하면, 평생 열두 개 이내만 쓰라고 주장하는 작가도 있다.

62.

그렇긴 하지만 Your hair is on fire!_{당신 머리에 불이 붙었어요!}처럼 격한 어조를 나타낼 때 느낌표를 붙이지 않는 것도 무책임한 일이다. 머리카락이 활활 불타고 있는 사람이 그 **말**을 안 믿을 테니 말이다. What a lovely day!_{날씨가 어씨나 화창한지!} 같은 감탄문에도 감탄부호_{bang, 느낌표의 별칭}가 아닌 마침표를 찍으면 비꼬는 말처럼 들리거나 침울한 분위기를 풍길 수도 있다.

63.

열 살이 넘었고 만화 작가로 왕성한 활동을 하지 않는 이상 문장을 종결할 때 느낌표나 물음표를 두 번씩 쓰지 마라.

64

!? 또는 ?!은 거론하지 말자. 절대로 쓸 일이 없을 테니.†

---

† 아니, 어쩌면 쓸지도 모르겠다. 내가 여러분의 담당 교열자라면 쓰지 말라고 말렸을 텐데,

65.

감탄의문부호interrobang, 감탄부호와 의문부호를 합친 비표준 문장부호도 거론하지 말자. 우리 모두 양식 있는 성인들이니.

66.

I wonder로 시작하는 문장은 의문문이 아니므로—그냥 궁금증을 표명하는 것뿐이다—물음표를 쓰지 않는다.

> I wonder who's kissing her now.
> 그녀가 지금 키스하는 사람이 누굴까.
>
> I wonder what the king is doing tonight.
> 왕께서 오늘 밤은 어떻게 지내실지 궁금하군.
>
> I wonder, wonder who—who-oo-oo-oo—who wrote the book of love.
> 그 사랑의 서를 쓴 사람이 대체 누굴까.

67.

Guess who 또는 Guess what으로 시작하는 문장은 의문문이 아니다. 엄밀히 따지면 명령문이다.

> Guess who's coming to dinner.
> 저녁 식사 때 누가 오는지 한번 맞혀 봐.

그러면 여러분은 내 충고를 따르거나(만세!) 반대로 고집을 꺾지 않을 수도 있을 것이다(그럼 나는 짜증이 나 인상을 찌푸리겠지만 뭐, 내가 저자는 아니니까.)

CHAPTER 4
영어로 숫자 표기하는 법

대체로 비기술·비과학 텍스트는 숫자 1_{one}부터 100_{one hundred}까지 글자로 풀어 쓴다. 그 이상의 숫자는 쉽게 읽히는 경우에만 글자로 풀어 쓴다. 가령 200은 two hundred로, 250은 아라비아 숫자 250로, 1800은 eighteen hundred로, 1,823은 아라비아 숫자 1,823로 표기한다. 정기간행물의 경우 지면을 차지한다는 이유로 흔히 숫자 9(또는 10)까지만 글자로 풀어 쓴다는 제약을 두긴 하지만, 공간이 넉넉하다면 대체로 글자로 풀어 쓰는 편이 눈에 더 잘 들어온다.

그렇긴 하지만—숫자가 큰 비중을 차지하고 대개 아라비아 숫자로 표기하는 재무 관련 텍스트 등은 물론 제외다—특히 한 단락 안에 숫자가 여러 번 들어가는 경우 가독성과 심미성을 고려해 융통성을 발휘해야 한다. 뻔한 소리라는 건 알지만 원칙에 맞게 교열했는데도 교정지로 확인했을 때 눈에 거슬리거나 잘 이해가 되지 않는다면 표기법을 재고해 봐야 한다.

몇 가지 유용한 팁을 전하자면 다음과 같다.

1.

한 단락 내에서(때에 따라 한 면을 기준으로 보기도 한다) 특정 숫자를 아라비아 숫자로 표기할 경우 그와 '관련된' 모든 숫자도 아라비아 숫자로 표기한다.

가령 다음처럼 쓰지 않고,

> The farmer lived on seventy-five fertile acres and owned twelve cows, thirty-seven mules, and 126 chickens.

다음처럼 쓴다.

> The farmer lived on seventy-five fertile acres and owned 12 cows, 37 mules, and 126 chickens.
> 그 농부는 75에이커의 비옥한 땅에서 살며 소 12마리, 당나귀 37마리, 닭 126마리를 키웠다.

가축의 수는 아라비아 숫자로 표기한 반면, 면적의 단위를 나타내는 숫자는 글자로 풀어 썼다. 작은 차이지만 후자가 보기에 더 좋을 뿐 아니라 여러 단락에 걸쳐 비교 대상들이 뒤섞여 나올 경우에는 비교 대상들을 한눈에 파악하기도 쉽다.

2.

대화체에서는 아라비아 숫자를 쓰지 않는다. 가령 다음처럼 쓰지 않고,

> "I bought 16 apples, 8 bottles of sparkling water, and 32 cans of soup," said James, improbably.

다음처럼 쓴다.

> "I bought sixteen apples, eight bottles of sparkling water, and thirty-two cans of soup," said James, improbably.
> 제임스는 "사과 열여섯 개랑 탄산수 여덟 병, 수프 서른두 캔을 샀어"라고 말했지만, 그런 것 같지 않았다.

첫 번째 문장은 숫자가 여러 번 등장해서 그런지 꼭 수학 문제의 도입부처럼 보인다.

그렇다고 아라비아 숫자를 무조건 피하라는 말은 아니다. 다음처럼 오락가락하는 문장을 쓸 수도 있기 때문이다.

> "And then, in nineteen seventy-five," Dave recounted, "I drove down Route Sixty-six, pulled in to a Motel Six, and stayed overnight in room four-oh-two, all for the low, low price of forty-five dollars and seventy-five cents, including tax."
> "그러고 나서 1975년에 말이야" 데이브가 구구절절 늘어놓았다. "66번 국도로 차를 몰고 가서 '모텔 6'라는 곳에 차를 세우고 402호에서 하룻밤을 보냈지. 세금까지 포함해서 45달러 75센트라는 말도 안 되게 싼 가격에 말이야."

2a.

등장인물의 대사가 "나는 4시 32분에 도착했다"라면 I arrived at four thirty-two.로 써야 할까, I arrived at 4:32.로 써야 할까?

코츠월드_{전원 마을로 유명한 영국의 구릉 지대}의 어느 고풍스러운 마을에서 일어난 미제 연쇄살인 사건의 발생 시각을 법의학적으로 재구성하는 상황이 아니라면 그냥 I arrived just after four-thirty._{4시 30분 좀 넘어서 도착했어.}라고 써라.

또 "나는 4시 45분에 떠났다"라면 I left at 4:45._{나는 4시 45분에 떠났어.}라고 써도 깔끔하겠지만 (그래도 기필코 써야겠다면 I left at four forty-five.라고 풀어 써

라) I left at a quarter to five. 나는 5시 15분 전에 떠났어 라고 쓰는 게 더 낫다.

3.

아라비아 숫자로 문장을 시작하는 건 예의가 아니다.

절대 불가인 예
1967 dawned clear and bright. 1967년이 밝았다.

좀 낫지만 그렇다고 썩 좋은 건 아닌 예
Nineteen sixty-seven dawned clear and bright.

그보다 낫지만 동어 반복인 예
The year 1967 dawned clear and bright.

훨씬 좋은 방법은 이거다
Recast your sentence so it needn't begin with a year. It shouldn't take you but a moment.
연도로 시작하지 않는 문장으로 다시 써라. 1분이면 된다.

4.

나는 시간을 표기할 때 산만해 보이는 a.m./p.m.이나 다소 커 보이는 A.M./P.M.보다 다음처럼 비교적 작아 보이는 대문자('작은 대문자*small caps'라는 애칭으로도 불린다)로 표기하는 걸 선호한다(AM/PM과 am/pm은 어림도 없다).

five A.M. 오전 5시
4:32 P.M. 오후 4시 32분

---

*MS 워드에서는 소문자를 블록 지정한 후 'Command+Shift+K'를 누른다. 단축키를 외우는 게 귀찮다면 소문자를 블록 지정한 후 '서식' 메뉴의 '글꼴'에서 '모든 대문자'에 체크한다.

말이 나왔으니 말인데 부지기수로 등장하는 6 a.m. in the morning 등은 동어 반복이니 쓰지 마라.

5.
연대도 마찬가지다.

> 53 B.C. 기원전 53년
> A.D. 1654 기원후 1654년

B.C._{기원전}(다들 알고 있겠지만 before Christ_{예수 탄생 이전}의 줄임말이다)는 항상 연도 뒤에 오고 A.D._{기원후}(다들 알고 있겠지만 굳이 짚고 넘어가자면 in the year of the Lord_{주님의 해}를 뜻하는 라틴어 annon Domini의 줄임말이다)는 연도 앞에 온다는 점을 눈여겨보자.

학창 시절에 비非기독교인 중심의 B.C.E.(Before Common Era_{공동 연대 이전})와 C.E.(Common Era_{공동 연대})를 쓰라고 배웠을 텐데, B.C.E와 C.E.는 둘 다 연도 뒤에 쓴다.

> 53 B.C.E. 기원전 53년
> 1654 C.E. 기원후 1654년

적어도 내 경험상 작가들은 여전히 B.C.와 A.D.를 압도적으로 선호하며, 적어도 미국에서는 여전히 B.C.E.와 C.E.가 미터법만큼이나 인기가 없다.

연도와 날짜는 순서대로 썼는지 제발 확인하길 바란다. 행여라도 내가 달†을 여행할 일이 생긴다면 열 일 제쳐 두고 빨간펜으로 인류가 달에 착륙

---
† Moon/moon(위성이 아닌 '달'을 가리킬 때), Sun/sun(항성이 아닌 '태양'을 가리킬 때),

한 날짜가 적힌 명판(JULY 1969, A. D.)부터 교열하겠다.*

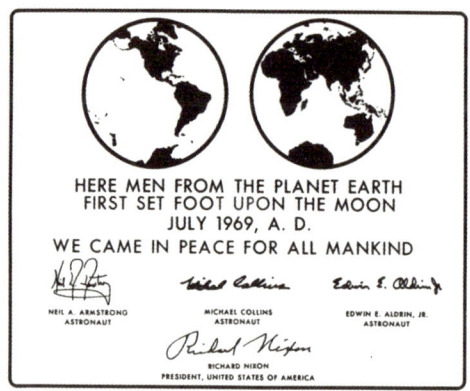

6.

나는 1960년부터 1969년까지†는 the sixties_{60년대}라고 쓰고(여차하면 '60s) 60번가_{Sixtieth}부터 69번가_{Sixty-ninth}에 이르는 맨해튼 거리는 the Sixties _{60번대 거리}라고 쓴다. 반대로 쓰는 사람도 있는데, 그렇다고 싸울 것까지야. 아니면 덤벼 보든지. 내가 이긴다.

7.

날짜를 미국식으로 표기한다면 다음처럼 연도 앞뒤로 쉼표를 찍어야 한다.

> Viola Davis was born on August 11, 1965, in St. Matthews, South Carolina.
> 비올라 데이비스는 1965년 8월 11일 사우스 캐롤라이나 주 세인트 매슈스에서 태어났다.

>> Earth/earth(땅이 아닌 '행성'을 가리킬 때)처럼 책마다 다르게 표기하기도 한다. 그럴 땐 문맥을 보고 판단한다.
>> *이 명판에는 이외에도 틀린 곳이 더 있지만 다음을 기약하겠다.
>> †the years from 1960–1969라고 쓰면 안 된다. from을 쓰면 to도 함께 써야 한다(the years from 1960 to 1969).

그 외 국가의 날짜 표기법을 따를 경우 쉼표는 아껴 두자.

> Viola Davis was born on 11 August 1965 in St.Matthews, South Carolina.

8월 11일은 August eleventh로 들리더라도 August 11th라고 쓰지 않는다는 것도 알아 두자. 나도 그 까닭은 모르니 그냥 그러려니 해라.

8.

555로 시작하는 전화번호_{미국에는 영화·노래 등에 등장하는 전화번호가 555로 시작해야 한다는 규정이 있음}는 영화나 TV에서는 물론 인쇄물에서 봐도 실없어 보인다. 이 문제는 다음처럼 머리를 조금만 굴려도 피할 수 있다.

> "What's your phone number?"
> I jotted it down on a scrap of paper and handed it to her.
> "전화번호가 뭐죠?"
> 나는 종이 쪽지에 전화번호를 적어 그녀에게 건넸다.

9.

그 외 잡다한 숫자 표기법은 다음과 같다.

- 경도/위도(38°41'7.8351"처럼 쓴다. 매끈하게 굽은 따옴표(" ")와 달리 짧게 수직으로 떨어지는 프라임 기호(")와 온도 기호(°)를 함께 쓴다는 데 유의한다)와 온도 단위는 (a balmy 83 degrees 훈훈한 83도처럼) 아라비아 숫자로 쓴다.
- 성경의 장과 절도 아라비아 숫자로 표기한다.(Exodus 3:12 출애굽기 3장 12절)
- 백분율은 대화체가 아닌 이상 아라비아 숫자로 표기하는데, 백분율 기호

대신 percent라고 글자로 풀어 쓴다. 단, 백분율이 많은 비중을 차지하는 글이라면 95 percent처럼 쓰지 않고 95%처럼 쓴다.

∞ 구기종목 경기의 득점(The Yankees were up 11-2.양키스가 11대2로 앞섰다.)이나 대법원 판결(the 7-2 decision in the Dred Scott case7대2로 나뉜 드레드 스콧 판결)처럼 숫자를 전면에 내거는 경우 아라비아 숫자로 표기해야 눈에 더 잘 띈다. 더불어 신통방통한 엔 대시도 이때 써먹는다.

10.

나는 육군 사단 번호, 사건 번호한 사건에 부여되는 고유 번호, 쾨헬이 모차르트의 작품에 붙인 번호모차르트의 작품을 연대별로 정리해 번호로 표시한 '쾨헬 카탈로그'를 일컬음 같은 클래식 음악의 작품 번호를 마주치면 흔쾌히 걸음을 재촉해 벽돌책을 뒤적인다. 여러분도 기꺼이 그래 주길 바란다.

11.

어떤 원칙을 따르든 숫자를 표기할 때 중요한 건 정확해야 한다는 점이다.

가령 저자가 "취업 시장에 뛰어든 대졸자를 위한 열두 가지 유용한 수칙을 전한다"라는 문장을 썼다면 교열자는 개수부터 센다. 열두 가지를 열거하겠다고 말해 놓고 막상 세어 보면 열한 가지만 있는 경우가 예사기 때문이다. 간과하기 쉬우니 주의해야 한다. 안 그러면 '문장부호 사용법 67가지'라고 써 놓고 66가지만 나열한 것도 모른 채 그냥 넘어갈 테니. 3장에서 38번째 항목은 일부러 빠뜨렸는데, 누구 알아챈 사람?

CHAPTER 5

외국어와 외래어 표기하는 법

1. 외국어 단어 및 어구는 일반적으로 이탤릭체로 표기하는 것이 관행이다. 외국어에서 유래한 단어 및 어구가 『메리엄-웹스터 대학생용 사전』 11판에 표제어로 수록돼 있다면 외래어로 인정한다. 사전 맨 뒤에 딸린 '외국어 단어 및 어구' 부록에 포함돼 있다면 (또는 아무리 뒤져도 찾을 수 없다면) 외래어가 아니다.

가령 다음 표현들은 영어로 인정된다.

    bête noire (프랑스어) 몹시 싫어하는 사람[것], 질색인 것

    château (프랑스어) 프랑스 시골의 대저택[성]

    chutzpah (이디시어) 배짱, 당돌함, 저돌성, 후안무치

    façade (프랑스어) 건물의 정면

    hausfrau (독일어) 가정주부

    karaoke (일본어) 가라오케, 노래방

    mea culpa (라틴어) 내 탓(이로소이다)

ménage à trois   (프랑스어) 삼자 동거
non sequitur   (라틴어) 불합리한 추론, 그릇된 결론
retsina   (그리스어) 소나무 향이 첨가된 그리스산 포도주
schadenfreude   (독일어) 남의 불행을 즐기며 느끼는 쾌감
weltschmerz   (독일어) 세계의 고통, 감상적인 염세, 비관적 세계관*

반면 다음 표현들은 외래어로 인정되지 않는다.

concordia discors   (라틴어) 불협화음
dum spiro, spero   (라틴어) 살아 있는 한 희망은 있다
n'est-ce pas?   (프랑스어) 안 그래?
und so weiter   (독일어) 기타 등등†

2. 발음 구별 부호―'악센트강세 부호'라고도 한다―는 외국에서 들어온 단어에 장식처럼 붙은 작은 표지를 말한다. 주로 글자(대체로 모음) 위에 붙지만, 글자 밑에(façade의 ç처럼) 붙을 때도 있고 일부 동유럽어에서는 글자를 관통하기도 한다. 문어체에서는 간혹 누락되기도 하고 『메리엄-웹스터 대학생용 사전』 역시 없어도 무방하다고 설명할 때가 있지만, sojourning in a château성에 유숙하는 것를 sojourning in a chateau라고 쓰면 그만한 여흥이 느껴지지 않고, 여러분이 내게 résumé이력서가 아닌 resume라고 써 보내면 취업은 물건너갔다고 봐야 할 것이다.‡

---

*독일어의 명사는 대문자로 시작하지만 독일어의 보통 명사가 표준영어로 유입됐다면 일반적인 보통 명사처럼 소문자로 표기해야 한다고 본다.
† 실제로 and so on(기타 등등)을 그대로 옮긴 표현이다.
‡ 탐탁지 않더라도 악센트 부호는 무조건 써야 한다. resume라고 쓰고 rezz-ooh-may로 읽는다고 해서 통할 거란 생각은 마라. 둘을 적당히 절충해 resumé라고 쓰는 건 있지도 않은 중부 다코타나 중부 캐롤라이나에 산다고 우기는 것과 마찬가지다.

3. 말이 나왔으니 말인데 n'est-ce pas?(미국인들의 병적인 말버릇 you know 에 필적하는 프랑스어 표현으로, 영국식 영어로 따지면 innit isn't it의 변형에 해당한다)를 굳이 써야겠다면 철자를 정확하게 표기해라. 그리고 프랑스어로 표기하지 않을 거라면 애초에 쓰지를 마라.

4. 한 가지 팁을 알려 주겠다. 영어와 스페인어를 자연스럽게 섞어 쓰는 인물들이 등장하는 소설을 쓴다고 치자. 이 경우 외국어인 스페인어는 이탤릭체로 표기하지 않는 게 좋다. 이질감을 불러일으키기 때문이다. 외국어를 막힘없이 구사하는 능력을 표현하고 싶다면 로마체로 써야 자연스럽게 읽힌다(수년 전에 타갈로그어 필리핀의 공용어를 간간이 섞어 쓰는 필리핀계 미국인들에 관한 책을 교열하면서 터득한 요령이다. 그 후로 많은 작가들에게 권하고 있는데, 제법 기발하다고 여기는 모양이다. 눈에 피로감을 주는 이탤릭체를 줄일 수 있다는 건 덤이다).§

한편 파리에 살면서 현지 관습과 현지인들, 현지 언어에 익숙지 않아 소외감을 느끼는 젊은 영국 여성을 주인공으로 소설을 쓰는 경우라면 어떨까. 대화체가 됐든 화자의 서술이 됐든 이 여성이 마주치는 프랑스어는 당연히 이탤릭체로 표기하는 게 이치에 맞는다. 독자도 번번이 마주치는 프랑스어가 낯설게 느껴져야 할 테니까.

5. 십 대 시절, 독자가 고대 그리스어와 라틴어에 유창할 거라 넘겨짚는 19세기 소설들을 읽으며 느낀 좌절감을 떠올리면 (많은 작가들이 그렇게 여기는 듯한데) 이를테면 프랑스어를 모르는 사람이 없다는 듯 외국어를 남발하지

---

§ 이탤릭체는 여러 단락에 걸친 '장황한 내적 고백' 내지 '별로 읽고 싶지 않은 부분'이라는 인상을 풍기므로 독자가 여러분의 글을 읽다가 훌쩍 건너뛰길 바란다면 이탤릭체로 써라.

말라고 당부하고 싶다. 글을 쓸 때는 분별력과 배려심을 발휘해라. 프랑스어를 모르는 사람은 많다.

6. 자잘한 외국어 표현들을 어떻게 표기하든 간에 외국어 고유 명사만큼은 다음처럼 로마체로 표기해야 한다.

> Comédie-Française 코메디 프랑세즈(프랑스 국립 극장)
>
> Déclaration des Droits de l'Homme et du Citoyen
> 「인간과 시민의 권리 선언」*
>
> Galleria degli Uffizi 우피치 미술관
>
> Schutzstaffel 나치 친위대

요즘은 프랑스 화폐인 프랑franc과 이탈리아 화폐인 리라lire를 표기할 일이 별로 없긴 하지만 혹 그럴 경우 이탤릭체로 표기하지 않는다.

---

*「잃어버린 시간을 찾아서*À la recherche du temps perdu*」 같은 대하소설이나 『레미제라블 *Les Misérables*』 같은 작품이라면 제목을 당연히 이탤릭체로 표기했을 테지만, 이 선언문은 이를테면 미국 독립선언문과 같은 경우이므로 이탤릭체로 표기하지 않는다. 사실 영어만 할 줄 아는 미국인들은 프랑스어 제목 표기법이 혼란스러울 수 있다. 프랑스어에서는 제목의 첫 번째 단어만 대문자로 쓰는데, 그 제목의 첫 번째 글자가 관사일 때는 두 번째 단어의 첫 글자도 대문자로 쓰고, 그 외 단어가 첫 번째나 두 번째 단어만큼 중요하다면 마찬가지로 첫 글자를 대문자로 쓰고…… 뭐, 그런 게 있다는 것만 알아 두자. 교열자인 나는 이런 표기 문제에 맞닥뜨리면 각각의 제목에 맞는 지침을 찾아 일일이 인터넷을 뒤진다. 단어의 첫 글자를 대문자로 표기하는 미국식 관행—즉 명사, 동사, 형용사 등의 첫 번째 글자는 대문자로 쓰고 관사, 전치사 등은 소문자로 표기하는 것—을 적용한다 해도 일단 프랑스어를 알아야 할 뿐 아니라 *À la Recherche du Temps Perdu*처럼 미국식으로 표기한다면 정통 프랑스어처럼 보이지도 않을 것이다. 단, 관행상 대문자의 강세 부호는 생략 가능하므로 *A la recherche* ~로 써도 된다. 말이 길어졌는데, 아무튼 이래서 내가 영문 교열을 선호한다.

7. 주와 참고문헌에서는 다음과 같이 라틴어에서 가져온 약어를 쓴다.

et al. (공저자의 이름을 나열할 때 마지막에 쓰는) 그 외 다른 사람들
ibid. (바로 앞에서 언급한 것과) 같은 책[글]에서
op. cit. 앞서 언급한 책[글]에서
etc. ~등

약어는 로마체로 표기한다.

외국인 얘기가 나와서 말인데, 지금이야말로 다음 주제를 다루기에 딱이다.

영국식 영어와 미국식 영어

대서양 건너편에 사는 우리 사촌들은 한때 세상을 호령하며 자신들의 언어를 세계 곳곳에 퍼뜨렸다. 어느 시점에선가—영국 의회가 인지세를 부과하자 미국 식민지 주민들이 홍차 상자를 바다에 버린 사건_{보스턴 차 사건}이 벌어질 무렵일 텐데—우리 미국인들은 제 갈 길을 가기로 결심했고, 독립된 정치 체계뿐 아니라 결연한 노아 웹스터의 공로에 힘입어 독립적인 언어를 세우는 데도 착수했다.

이웃 나라에 살면서 영국식_{British}[†] 어휘를 갖다 쓰며 죄책감을 느끼는

[†] 아일랜드 동쪽에 있는 섬인 영국은 Great Britain 또는 Britain이라고 부르며, 스코틀랜드(맨 위쪽), 웨일즈(왼쪽 아래), 잉글랜드(그 사이에 자리한 땅덩어리)로 이루어져 있다. 스코틀랜드와 웨일즈 사람들은 자신들을 British라고 불러도 너그러이 봐줄 것이다. 하지만 Englishpeople(잉글랜드인)이라고 부르는 실수는 절대 하지 마라.

만큼이나 쏠쏠한 재미를 느끼지만, 그래도 정도껏 갖다 써야지 도를 넘으면 나조차도 발끈하게 된다. 미국인들은 flat에 살지 않고 apartment에 산다. 영국인들이 말하는 jumper는 미국에선 sweater라고 한다. 미국인이 말하는 jumper는 (영국인들은 pinafore dress라고 부르는) 소매 없는 원피스를 가리킨다. 미국인들은 elevator를 타지만 영국인들은 lift를 탄다. 영국인들은 자동차에 petrol을 넣지만 미국인은 gasoline을 넣는다. 미국에서 chip(s)는 감자칩을 말하지만 영국에서는 fish and chips^{생선 튀김과 감자 튀김}의 프렌치프라이를 가리킨다. 영국인들은 감자칩을 crisp(s)라고 부른다. zucchini^{애호박}, eggplant^{가지}, arugula^{루콜라}는 각각 courgetti, aubergine, rocket이라고 부른다(솔직히 말해 샐러드용 채소를 rocket이라고 부르는 건 좀 야단스럽다). 영국인들은 do maths^{계산하다}라고 하지 않고 do math라고 하는 미국인들을 대놓고 비웃는다. 이런 사례를 열거하자면 끝도 없다.*

물론 미국으로 흘러들어와 어엿하게 뿌리를 내리는 단어도 있다. 1980년대에 twee라는 단어를 처음으로 본 기억이 난다. 당시엔 사전을 아무리 뒤져도 찾아볼 수 없었지만 지금은 우쿨렐레 연주가 빠지지 않는, 사랑스러움을 쥐어짜내는 팝 음악 twee pop 장르를 가리키는 말로 도처에서 쓰이고 있다. 미국인들은 queue도 다양한 의미로 쓴다. 투철한 애국심을 자랑하는

아일랜드인도 British라고 부르지 않는 게 신상에 좋을 것이다. 아일랜드인은 Irish라고 해야 한다.

잉글랜드, 스코틀랜드, 웨일즈, 그리고 이 글을 쓰는 시점에는 정치적으로 북아일랜드에 속한 아일랜드 북쪽 지방을 통틀어 the United Kingdom of Great Britain and Northern Ireland(그레이트 브리튼 및 북아일랜드 연합왕국)이라고 한다.

*특히 pissed(미국 영어-열 받은/영국 영어-취한), fanny(미국 영어-엉덩이/영국 영어-여성의 성기), fag(미국 영어-남성 동성애자를 비하하는 말/영국 영어-담배)가 미국과 영국에서 다른 의미로 쓰이는 통에 웃지 못할 촌극이 자주 빚어진다. pants(미국 영어-바지/영국 영어-속옷)는 더 말할 것도 없지만, 웃음을 선사하는 두 영어의 차이는 이쯤 해 두자.

미국인은 queue up'줄을 서다'를 뜻하는 영국식 표현이라고 하지 않고 get in line을 끝까지 고수하긴 하지만(특정 연령대의 뉴요커들은 get on line이라고 한다).

하지만 미국식 영어에 권태를 느낀다고 해서 영국식 영어를 한없이 갖다 쓸 수는 없는 노릇이다. 미국에서는 z를 zed로 발음하는 것이 용납되지 않고영국인들은 zed로 발음함 같은 미국인과 대화를 나누면서 cock-up어처구니 없는 실수이라는 영국식 표현을 제아무리 흘리고 싶다 해도 그랬다간—내 영국 영어 용어집에 따르면—cockwomble재수없는 바보처럼 보일 것이다.

그 외에 미국식/영국식 영어 사용법 및 철자, 문장부호 관련 주의사항을 알려 주면 다음과 같다.

- 미국에서는 Random House is publishing a book.랜덤하우스는 책을 출판한다이라고 쓰는 반면, 영국에서는 Random House are publishing a book.이리고 쓴다. 영국인들은 대개 (항상 그런 건 아니지만 그래도 대체로) 집합 명사를 복수 취급한다.
- 영국인들은 get의 과거분사형인 gotten이 우스꽝스럽게 들린다고 생각하며 그런 생각을 스스럼없이 밝힌다.
- 미국에서는 travelled, cancelled, marvellous라고 쓰지 않고 traveled, canceled, marvelous로 쓴다. l은 아꼈다가 다른 때나 요긴하게 써먹어라.
- 미국에서는 neighbour, colour, harbour, labour처럼 ou가 들어가는 영국식 철자는 피하고 neighbor, color, harbor, labor처럼 간결하게 써라(하지만 고유 명사는 그 나라에서 통용되는 형태로 표기한다. 영국에서는 Pearl Harbor진주만가 아닌 Pearl Harbour로, Labor Party영국 노동당가 아닌 Labour Party로 써라).

화합을 추구하는 사람이라면 대서양을 사이에 둔 이 두 나라 사람들이 똑같이 glamour라고 표기한다는 사실이 반갑게 느껴질 것이다. 미국에서 간혹—매우 드물지만—glamor라고 쓰는 경우가 보이는데, 설마 내 눈에만 매력 없어 unglamorous 보이는 건 아니길 바란다. 참, 형용사형은 어디서든 glamorous로 쓴다. glamourous라는 말은 없다.

솔직히 외형만 보면 미국식 표기인 armor보다 영국식 표기인 armour가 더 마음에 들긴 하지만—u가 철그렁대는 금속성의 느낌을 더해 주는 듯하다—원칙은 따라야 한다(각종 편육 및 발라먹는 육류 제품을 판매하는 미국 육가공 업체 Armour & Company—여기서 Armour는 성姓이다—와 그 명칭과는 달리 몸매를 한껏 드러내는 보드라운 재질의 운동복을 제작하는 스포츠 용품 업체 Under Armour는 예외다).

[8] mitre, sceptre, fibre, centre 등에 붙는 영국식 철자법 -re는 미국식 영어의 -er에 해당하므로 미국에서는 miter, scepter, fiber, center로 쓴다.

자주 눈에 띄는 건 아니지만 미국인이 sepulchre무덤[묘]라고 표기하는 경우가 있더라도 그냥 넘어가기도 한다. 실상 sepulcher보다 더 음침해 sepulchral 보이기도 하고, 『메리엄-웹스터 대학생용 사전』 역시 그래도 좋다고 적극 밀어 줄 것이다.

이와 관련된 진정한 논쟁거리는 theatre다. 미국 극장 대다수가 이 표기를 따를 만큼 역사가 오래되기도 했고, 재차 말하지만 고유 명사는 존중해야 한다. Shubert Theatre슈버트 극장, St. James Theatre세인트 제임스 극장 등 대다수 브로드웨이 극장들은 Theatre라고 표기한다. 하지만 -re로 표기하지 않는 경우도 있으니 주의가 필요하다. 가령 맨해튼 업타운에 있는 Lincoln Centre Theater링컨 센터 극장와 다운타운에 있는 Public Theater퍼블릭 시어터가 그렇다(『뉴욕타임스』에 단단히 따질 일이 하나 있는데, 이 신문사는 미국과 영국을 가리지 않고 극단이든 극장이든 자기네 입맛에 맞게 전부 theater로 고집스레 표기한다. '런던국립극장'마저 집요하게 National Theater라고 표기하는 행태는 여러모로 말이 안 되는 처사다. 이름을 제멋대로 바꾼 셈 아닌가).

연극은 theatre에서 상연되고 영화movie는 theater에서 상영된다거나 (그렇다. 미국에서는 cinema라고 하지 않는다) 극장 건물은 theater, 공연예술은 theatre로 표기한다고 우기며 요지부동으로 theatre를 사수하는 미국인들도 있는데, 그럴 때마다 나는 이렇게 응수한다. -re를 쓰면 더 고급스럽게 들릴 거라 생각하는 모양인데, 이제 그만 좀 하지?

∞ 백과사전에서 '태아'를 찾으려면 영국인은 foetus, 미국인은 fetus 항목을 들춰 볼 것이다. 한편 '고고학'과 '미학'은 미국에서도 각각 archaeology와 aesthetic으로 표기한다._{미국에서는 archeology와 esthetic도 허용함}

∞ 영국 기동대manoeuvre는 타의 추종을 불허한다고 하지만, 발음은 왠지 고양이가 헤어볼을 토해 내려고 캑캑 대는 소리처럼 들린다._{미국식 표기는 maneuver임}

∞ 영국에서는 learnt, burnt, spoilt, smelt로 쓰고 미국에서는 learned, burned(burnt sienna_{짙은 적갈색(안료)}는 예외다), spoiled, smelled라고 쓴다.*

∞ 미국에서는 zero라고 하고 영국에서는 nought라고 한다.

∞ whilst, amidst, amongst는 우리 영국 사촌들이나 쓰게 내버려두자. 미국에서는 while, amid, among이라고 써도 충분하다.

∞ 영국인들은 move backwards/forwards/towards라고 쓰고 미국인들

*그렇다. He who smelt it dealt it.(방귀 뀐 놈이 성낸다)은 예외다.

은 move backward/forward/toward로 쓴다.*

- 이 외에도 많다. 영국인은 analyse, 미국인은 analyze라고 쓴다. 영국인은 enquire, 미국인은 inquire라고 쓴다. 영국인은 prise, 미국인은 pry(어떨 땐 prize)라고 쓴다. 영국인은 plough, 미국인은 plow라고 쓴다. 영국인은 practise를 동사로 쓰고 명사형은 practice를 쓰지만 미국인은 명사와 동사 둘 다 practice로 쓴다. 영국인은 licence, 미국인은 license라고 한다(당연히 고유 명사는 존중해야 하므로 제임스 본드 영화 《007 살인면허》는 *Licence to Kill*이라고 쓴다). 영국인은 judgement/judgment 둘 다 쓰고 미국인은 judgment를 쓴다.

- 참, 제일 재밌는 단어는 gray다. 잿빛이나 아테나 여신의 눈동자 색을 묘사할 때 쓰는 '회색'을 영국에서는 grey로 표기한다. 미국에서는 gray를 선호하지만, 어디 한번 gray라고 고쳐 보라. 저자가 길길이 날뛰며 가만있지 않을 테니. 다른 사람이 쓴 철자를 고치는 일을 하며 적잖은 세월을 보냈지만 이 문제에서만큼 극심한 반발에 부딪힌 적은 없었던 듯하다. 내가 오랫동안 견지해 온 설―좋을 대로 생각하길―은 사랑받는 고전 아동 도서에서 본 grey라는 표기가 머릿속에 남아 있다 보니 정서적으로 애착을 느끼게 된 게 아닐까 하는 것이다.

  아니면 뭐, 순전히 고집이 센 걸지도.†

- 3장에서 언급한 대로 미국에서는 큰따옴표로 인용문을 표시하고, 인용문

---

*미국 출판물에서 -s로 끝나는 경우를 아예 볼 수 없다고는 할 수 없지만 대다수 미국인 교열자들은 -s를 냅다 떼어 낼 것이다.

†술 한두 잔 대접해 준다면 gray는 은색에 가깝게 번쩍거리는 광택이 나고 grey는 그보다 묵직하고 탁하며 푹 젖은 느낌이 나는 별개의 색이라는, 내가 생각해도 터무니없는 소리를 술술 늘어놓으며 여러분을 즐겁게 해 주겠다.

안의 인용어는 작은따옴표로 표시한다.

> "Mabel," I said, "whether you spell the word 'armour'
> or 'armor' is of no consequence to me."
> 나는 말했다. "메이블, armour라고 쓰든 armor라고 쓰든 제겐 아무 차이가 없어요."

영국인들은 흔히 반대—늘 그런 건 아니지만—로 쓴다.

> 'Mabel,' I said, 'whether you spell the word "armor" or
> "armour" is of no consequence to me.'

영국인들은 작은따옴표를 역콤마inverted commas라고도 부르는데, 일리 있는 말이라 토를 달진 않겠다.

∞ 영국인들은 주로 닫는 따옴표 바깥에 쉼표나 마침표를 찍는다.

> **영국** When it comes to Beatles songs, Queen Elizabeth is particularly fond of 'Eleanor Rigby', but her absolute favorite is 'Drive My Car'.
> 엘리자베스 여왕은 비틀즈 노래 중 〈엘리너 릭비〉를 유달리 좋아하지만 최고로 치는 곡은 〈내 차를 몰아〉이다.
>
> **미국** When it comes to Beatles songs, Queen Elizabeth is particularly fond of "Eleanor Rigby," but her absolute favorite is "Drive My Car."

영국인이 유독 우습게 보는 미국식 용법이 있다면 바로 이거다. 그들은 "노래 제목에는 쉼표나 마침표가 들어가지 않는다"라고 으르렁댄다. "왜 당신네 미국인들은 따옴표 안에 쉼표나 마침표를 집어넣는 거지?"라고 묻는 말에 "그게 미국식이야"라고 답해 봤자 영국인들의 성에 찰 리 없겠지

CHAPTER 5 외국어와 외래어 표기하는 법 117

만 그거야말로 미국식이다. 머리로는 영국식 표기법의 원리를 이해하지만 나는 미국식 관행을 뒤집는 사람이 되고 싶은 생각은 추호도 없다. 게다가 따옴표 바깥에 쉼표나 마침표가 매달린 모습이 애처롭게 느껴진다. 사랑받지 못하는 신세가 서글퍼 보인달까.

∞ 영국에서 출간된 책을 보면 – 이런 식으로 – 애매하게 앞뒤로 간격을 떨어뜨려 힘없어 보이는 대시를 쓴 경우가 많은데, 미국에서는 흐름을 끊을 때—이렇게 확실한—정통 대시를 쓴다. 이게 더 낫다.

CHAPTER 6
문장을 해치는 문법 오류

사소한 비밀 하나를 털어놓자면, 나는 문법이 싫다.

정확히 말하면 문법을 싫어하는 게 아니라 문법 용어를 싫어한다.

여러분이 이 장을 읽고 있다면 나처럼 학창 시절에 문법에 빠삭하지 못했다는 뜻일 터다. 나는 햇병아리 교열자 시절에 내가 아는 영문법은 본능적으로 내재된 지식임을 깨달았다. 문법 원리는 거의—물론 다는 아니고—깨쳤지만 그걸 뭐라고 부르는지는 몰랐던 것이다.

지금도 주격 독립nominative absolute의 개념을 설명할 때 진땀을 흘리고 genitive소유격의 발음이 살짝 음란하게 들리며 genital(생식기)과 철자 및 발음이 비슷함 문장 구조를 분석하는 방법도 모르고 딱히 알고 싶지도 않다.

충격받은 건 아닌지 모르겠다.

하지만 어느 시점엔가 문장을 고치는 일로 먹고살 거라면 조금은 배워두는 편이 나으리라는 생각이 들었고 말 그대로 조금, 딱 필요한 만큼만 익혔다. 지금도 모르겠다 싶으면 벽돌책을 냉큼 찾아본다. 아마 앞으로도 계속 그러기 싫다.

작가답게 글을 쓸 줄 아는 사람이라면 문법 용어를 알아 두는 게 그다지 중차대한 일은 아닐 것이다. 그런 의미에서 내가 가장 자주 마주치는 문법 오류를 소개한 이 장에서는 문법 용어는 건너뛰고 쉽게 써먹을 수 있는 요령을 최대한 간결하게 설명하려 한다.

1.

Here's one of those grammar rules that infuriate people.
사람들을 격분시키는 문법 규칙을 하나 알려 주겠다.

이 문장 자체가 사람들을 격분시키는 문법 규칙을 보여 준다. 주어와 동사의 수를 일치시켜야 한다는 규칙 말이다. 여러분은 여기서 one이 3인칭 단수 명사이므로 infuriate를 3인칭 단수 현재형인 infuriates로 고쳐야 한다고 생각했을지도 모르겠다.

이런 때를 대비해 내가 두고두고 참고하는 『글쓰기와 교열』 355쪽에 포스트잇을 붙여 뒀다. 사람들은 내가 아무리 단호하게 말해도 순순히 믿질 않고 다른 책에 실린 말을 인용해야 더 설득력이 있다고 생각하기 때문이다. 이 책은 수 일치에 대해 이렇게 설명하고 있다. "관계절의 동사는 관계대명사의 선행사, 즉 one of those who/one of the things that에서처럼 전치사의 목적어_{전치사 뒤에 나오는 (대)명사}이자 가장 가까이에 있는 (대)명사와 수를 일치시켜야 한다." 여기서 선행사는 복수 명사인 those grammar rules임

나처럼 '관계절' 같은 문법 용어에 알레르기가 있다면 다른 방법을 동원

해 암기하는 수밖엔 없겠다(내 방법은 one of those/one of the 등이 눈에 띌 때마다 『글쓰기와 교열』 355쪽을 펼쳐 보는 것이다).

작곡가 콜 포터는 "one of those bells that now and then rings/ just one of those things이따금씩 울리는 종들 중 하나/그저 그런 일 중 하나"라는 가사를 쓴 바 있는데, 절묘하게 운율을 맞추긴 했어도 문법적 오류를 범한 셈이었다. 이후 레나 혼이 "one of those bells that now and then ring"으로 고쳐 부르면서 오류를 바로잡긴 했지만 운율은 망치고 말았다.

이 규칙을 적용해 교열할 때만큼 거센 반발에 직면하는 경우도 없는 듯한데—단순히 "진짜예요?"라고 놀라는 사람부터 "뭐, 그건 미국식인가 보죠."라고 답한 사람까지 반응이 다양했다—이쯤 되면 비전문가인 일반인들을 헷갈리게 하는 것이 유일한 존재 이유인 문법 규칙이 아닌가 싶다.

2.

> I'm listening to a wonderful singer whom I saw on stage repeatedly and who I didn't realize had died twenty years ago.
> 나는 공연하는 모습은 여러 번 봤지만 20년 전에 사망한 사실은 모르고 있었던 어느 훌륭한 가수의 노래를 듣고 있다.

마크 트웨인이 한 말*을 약간 수정하면, whom의 종언이 코앞에 닥쳤다는 건 심히 과장된 말이다. 그러니 칼같이 정확한 사용법을 알아 두든지 아

---

*그가 한 말—정확히 말하면 편지로 써 보낸 내용—은 다음과 같다. "사촌 제임스 로스 클레멘스가 런던에서 2~3주 전에 몹시 위독했던 일이 있었으나 지금은 호전됐습니다. 그의 투병 사실이 와전돼 내가 중병에 걸렸다는 보도가 나왔습니다. 내 죽음에 관한 보도는 과장된 것입니다."

니면 적어도 틀리게 쓰지 않을 정도라도 알아 두는 게 현명하겠다.*

whom의 기본 용법은 별로 어렵지 않다. who를 I/he/she/they(이른바 '주어'라고 부르는 동작의 주체)의 사촌뻘로, whom을 me/him/her/them(이른바 '목적어'라고 부르는 행위의 대상)의 사촌뻘로 생각하면 거의 다 배운 셈이다.

> The man whom Shirley met for lunch was wearing a green carnation in his lapel.
> 셜리가 점심 때 만난 그 남자의 옷깃에는 녹색 카네이션이 꽂혀 있었다.

(위의 경우 whom을 빼도 된다. 앞서 나온 예문도 마찬가지다.)

> To whom did you give the shirt off your back?
> 입고 있는 옷이라도 벗어줄 것처럼 네가 도와준 사람이 누구였지?

to whom it may concern(공식적인 편지의 수신자를 지칭하며) 관계자 분께과 *For Whom the Bell Tolls* 누구를 위하여 종을 울리나에서도 목적격 whom을 쓴다.

단, 고상한 체하다 순간적으로 당황해 who 자리에 whom을 쓰는 일은 없도록 해야 한다. 이럴 때 범하는 오류를 '과잉 교정'이라고 하는데, 썩 마음에 들지도 않고 사람들도 혼란스러워하는 명칭이다. 언어를 오류 없이 정확하게 구사했다는 의미가 아니라 정확하게 쓰려고 애를 쓰다가 오히려 오류에 빠지는 것을 뜻하기 때문이다. 더 적절한 명칭을 붙이기 전까지는 꼼짝없이 쓰는 수밖엔 없겠지만.

---

*내 분야는 입말이 아닌 글말이다. 따라서 It is I.라고 하지 않고 It's me.라고 말하거나 Whom do you love?라고 하지 않고 Who do you love?라고 말하는 경향이 있다 하더라도 내 책에서뿐만 아니라 평범한 사람처럼 영어를 구사하고자 하는 거의 모든 사람들의 책에서도 전혀 문제 될 게 없다.

whom 과잉 교정—whomever 과잉 교정도 마찬가지다—은 두 가지 진영으로 나뉘는데, 하나는 삽입어구로 생각해 오류에 빠지는 유형이고 다른 하나는 동사를 잘못 보는 바람에 오류에 빠지는 유형이다.

첫 번째 유형이 오류에 빠지는 과정을 다음 예문을 통해 살펴보자.

> Viola, the heroine of Shakespeare's *Twelfth Night,* and her brother, Sebastian, whom she believes has drowned in a shipwreck
>
> 셰익스피어 희곡 『십이야』의 여주인공 비올라와 그녀가 난파선에서 익사했다고 생각하는 오빠 세바스찬

이 유형은 여기서 she believes가 쉼표로 묶을 수 있는 삽입어구, 즉 없어도 되는 말이므로 다음처럼 고칠 수 있다고 생각한다.

> her brother, Sebastian, whom has drowned in a shipwreck

틀렸다. 다음처럼 써야 한다.

> her brother, Sebastian, who she believes has drowned in a shipwreck

말하자면 이들은 she belives, he says, it is thought 유의 삽입어구가 등장할 때마다 과잉 교정 오류에 빠지고 만다.

whom을 쓴 올바른 문장으로 고치려면 어떻게 써야 할까. (다소 길고 복잡하지만) 다음과 같이 쓰면 된다.

> her brother, Sebastian, whom, supposedly drowned in a

shipwreck, she mourns 난파선에서 익사한 것으로 보이는 오빠를 애도하는 그녀

한편, 동사를 잘못 보고 오류에 빠지는 유형은 다 된 밥에 코를 빠뜨린다.

I gave the candy to

보통은 여기까지 보고 당연히 목적어가 올 거라 생각해 이렇게 쓴다.

I gave the candy to whomever wanted it the most.

틀렸다. 바로 뒤에 오는 동사 wanted의 주어가 필요하므로 다음처럼 써야 한다.

I gave the candy to whoever wanted it the most.
나는 누가 됐든 가장 절실하게 원하는 사람에게 그 사탕을 줬다.

물론 gave the candy to whomever you like라고 써도 된다.
그런데 여기까지 잘 쓰다가 관계대명사 뒤에 새로운 동사가 나오면 과잉 교정 안테나가 가동돼 오류를 범하고 마는데, 이 경우 동사는 대체로 is다.

I will give the candy to whoever is most deserving.

말하자면 위의 whoever 자리에 whomever를 쓰는 식이다. 문법 용어를 써서 다시 설명하자면 (『글쓰기와 교열』에서 다시 인용해 보겠다) "관계대명사는 바로 뒤에 나오는 동사의 주어이며 앞에 나온 전치사나 동사의 목적어가 아니다."

3.

I wrote a note to myself not only to write about "not only X but Y" constructions but to write about "either X or Y" constructions.

나는 not only X but Y 구문을 써야 할 뿐 아니라 either X or Y 구문도 써야 한다는 메모를 써 놓았다.

I wrote a note to myself to write not only about "not only X but Y" constructions but about "either X or Y" constructions.

나는 not only X but Y 구문뿐 아니라 either X or Y 구문에 대해서도 써야 한다는 메모를 써 놓았다.

I wrote not only a note to myself to write about "not only X but Y" constructions but a note to myself to write about "either X or Y" constructions.

나는 not only X but Y 구문에 대해서 써야 한다는 메모뿐 아니라 either X or Y 구문에 대해서 써야 한다는 메모도 써 놓았다.

일만 하고 놀지 않으면 바보가 된다더니 All work and no play makes* Jack a dull boy. 미국 속팀이자 공포영화 《샤이닝》의 주인공인 작가 잭 토렌스가 타자기로 친 문상 내가 그 꼴이 된 긴 아니냐고? 아니다. not X but Y/not only X but Y/either X or Y/neither X nor Y/both X and Y 구문에서는 X와 Y의 문법적 형태가 반드시 같아야 한다는 말을 하려는 참이다. 다른 말로는 병렬 구조라고 한다.

(not only X but Y 구문에 not only X but also Y처럼 also가 꼭 들어가야 된다고 생각하는 이들이 많은데, 이는 also를 낭비하는 처사다. 나라면 다음처럼 나에 대해 말하는 경우에만 also를 쓰겠다. Not only did I write a note to myself to write about 'not only X but Y' constructions; I also wrote a note to

---

*여기서 잭 토렌스가 택한 동사는 makes다. 나라면 make를 썼겠지만 둘 다 맞다. 왜냐고? 잭은 all work and no play를 하나의 명사 덩어리—이를 '개념적 단수'라고 하며 law and order(법질서) 또는 peas and carrots(아주 친한 사이)도 같은 경우다—로 이해했고 따라서 단수 동사를 썼다. 반면에 나는 all work and no play를 복수 동사가 필요한 두 개의 명사로 본다. 둘 다 전적으로 합당한 선택이다.

myself to write about 'either X or Y' constructions. 물론 이런 식으로 나를 표현할 일은 없겠지만.)

교열 경험상 틀리기 쉬운 구문이다. 가령 무의식적으로 이렇게 쓰는데,

> She achieved success not only through native intelligence but perseverance.

아래처럼 고쳐 써야 올바른 문장이 된다.

> She achieved success not only through native intelligence but through perseverance.

> She achieved success through not only native intelligence but perseverance. 그녀는 타고난 지성과 끈기를 발휘해 성공을 쟁취해 냈다.

말이 나온 김에 아래도 참고하자.

이렇게 쓰지 마라

I can either attempt to work all afternoon or I can go buy a new shower curtain.

이렇게 써라

I can either attempt to work all afternoon or go buy a new shower curtain.

이것도 괜찮다

Either I can attempt to work all afternoon or I can go buy a new shower curtain. 나는 오후 내내 일을 해 볼까 싶기도 하고, 새 샤워 커튼을 사러 가 볼까 싶기도 하다.

T. S. 엘리엇에게도 하고픈 말이 있다. "토머스, Not with a bang but a whimper.T. S. 엘리엇의 시 「텅 빈 사람들」의 한 구절가 아니라 With not a bang but a whimper 또는 Not with a bang but with a whimper일시에 폭발하듯 끝나는 것이 아니라 흐느끼면서라고 쓰셔야죠. 그건 바로잡읍시다."

참, 한 가지 더 있다.

neither X nor Y 구문에서 X가 단수, Y가 복수면 동사는 복수형을 쓴다. X가 복수, Y가 단수면 단수형을 쓴다. 쉽게 말해 Y의 사인을 기다려라.

> Neither the president nor the representatives have the slightest idea what's going on.
>
> Neither the representatives nor the president has the slightest idea what's going on.
> 대통령도 의원들도 도대체 무슨 일이 벌어지고 있는 건지 영문을 모른다.

4.

Q. It is I who is late. / It is I who am late. 중 뭐가 올바른 표현인가요?

A. 그냥 I'm late.라고 써라. 쓸데없이 일을 복잡하게 만들지 말고.

5.

> If someone were trying to kill you, how do you think they'd go about it?
> 누군가가 당신을 죽이려고 한다면 어떻게 죽일 것 같은가?

혹시 위 문장이—섬뜩한 내용 말고 문법적인 면에서—듣기 거북하다거나 심기를 불편하게 하는가? 아니라면 이 항목은 건너뛰고 다음으로 넘어가도 좋다. 아니라면 좀 더 있어라. 대화가 필요하니까.

they를 단수형 대명사로 쓰면—즉 성별을 특정하지 않거나 당장은 성별이 중요한 문제가 아니라서 한 명의 개인을 대명사 they로 지칭하는 것—내 연배의 독자층은 대부분 눈살을 찌푸릴 것이다. 그렇게 쓰면 틀리다고 배웠거나 틀렸으리라고—책이나 잡지, 또는 신문에서 그렇게 쓴 예를 본 적이 없으므로—미루어 짐작하기 때문이다.

가령 우리는 다음과 같은 문장을 지겹도록 봐 왔다.

> [A] beginning writer . . . worries to think of his immaturity, and wonders how he ever dared to think he had a word worth saying.
> 초보 작가들은 (중략) 자신의 설익은 글솜씨를 걱정하며 어떻게 감히 자신의 말을 글로 남길 가치가 있다고 생각했던 건지 의아해한다.
>
> —도로시아 브랜드, 『작가 수업 Becoming a Writer』(1934)

1934년에 교열자로 일한 사람이라면 위 문장에서는 대명사 he가 더없이 적절하다고 말할 것이다. 그 시절에는 he가 성별 구분 없는 '사람'을 의미했기 때문이다.

하지만 21세기 교열자로서 그런 기준은 21세기 사람 대다수에게 불쾌감 내지 소외감을 불러일으킨다는 점을 지적하고 싶다. 그런 기분을 느끼는 것도 당연하고 또 정당하며, 비단 여성들만 그런 생각을 하는 것도 아닐 터다.

1990년대 초 내가 교열을 맡은 원고들에서는 표면상 성별 구분이 없는 he에 대해 불만을 제기하는 진중한 목소리들이 맹렬하게 그 존재감을 드러내던 중이었고 몇몇 작가들은 여러 차선책을 시험하고 있었다.

내가 기억하기론 가장 많이 쓰던 방법은 다음과 같다.

- he or she 쓰기: A student should be able to study whatever he or she likes.학생은 자기가 원하는 학문을 공부할 수 있어야 한다. 어설퍼 보이기도 하고 금세 피로감을 느끼겠지만 누구의 심기도 건드리지 않는다.
- 단락이나 문장별로 he와 she 번갈아 쓰기: If your child is reluctant to eat vegetables, don't force him. But neither can you give in to a child's whims, because this may lead her not only to malnutrition but to a belief that she's the master of her own destiny.자녀가 야채 섭취를 거부한다면 강요하지 마라. 동시에 아이의 변덕에 장단을 맞춰서도 안 된다. 안 그러면 영양 부족에 걸릴 수도 있고 아이 스스로가 자기 운명의 주인이라고 굳게 믿을 수 있기 때문이다. 선의는 느껴지지만 다소 어지러울 수 있다.
- 첫 페이지부터 마지막 페이지까지 대명사 she로 도배하기
- s/he 쓰기: 그렇게 자주 보진 못했지만, 솔직히 그래서 다행인 듯싶다. 볼썽사납지 않나.

그럼에도 단수형 they 금지령에는 깊이 통감한 탓인지 they를 쓴 경우는 가뭄에 콩 나듯 했고, 있다 하더라도 나는 그 시절 자존심 강한 교열자라면 누구나 할 만한 일을 했다. 단수형 they를 없애 버린 것이다.

어떻게 없앴냐고? 교열자도, 작가의 글도 곤경에 빠뜨리지 않고 단수형 they를 쓰는 일 없이 어떻게 남녀 구분 없는 대명사 he도 피할 수 있을까?

손쉬운 해결책은 애초에 단수 대명사를 쓸 필요가 없도록 단수 명사를 복수 명사로 바꿀 틈을 엿보는 것이었다. 이를테면 A student should be able to study whatever he likes.라는 문장을 Students should be able to study whatever they like.로 교열한 것이다.

그게 여의치 않으면 대명사를 아예 쓰지 않고도 문장의 의미가 통하는 방법은 없을지를 궁리했다. 생각하는 것만큼 그리 어렵진 않았고—여기서 잘라내 저기에 끼워 넣는 식이니까—자기합리화인지도 모르지만 내 기준에서는 결과적으로 군더더기 없고 짜임새는 더 탄탄한, 힘 있는 문장이 될 때가 많았다.

이쯤에서 2010년대로 돌아가 보자. 이 무렵 사전 편찬자와 언어 전문가들은 대명사 they가 산문에서* 수백 년간 단수로 쓰였다는 사실을 열과 성을 다해 환기시켰고 위대한 문학 작품에 쓰인 용례를 의기양양하게 제시했으며† 단수형 they 금지령은 별안간 떠안겨진 예의 그 빅토리아 시대 문법 규칙 중 하나에 불과하므로 단수형 they가 가장 효과적인 대명사임을 받아들이라고 적극 장려하는 것으로 대미를 장식했다. 차선책도 아니요, 문제의 해결책도 아닌, 원래부터 존재했다는 얘기다.

단수형 they는 미래의 신경향이 아니라 현 추세다. 유감스럽게도 나는 이 추세를 따라가기엔 너무 나이를 먹었고 성별을 구분하지 않는다는 he를 쓸 것인가 단수형 they를 쓸 것인가를 고민하면서도 검증된 요령들을 동원해 이 대명사를 없앨 생각에 여전히 골몰하는 중이다.

넘어가기 전에 몇 가지 더 일러둘 게 있다.

---

* '산문에서'라고 강조한 이유는, 대체로 입말에서는 저도 모르게 단수형 they를 무심코 사용한다는 사실을 일러두기 위해서다. 이를테면 이런 식이다. Once you've hired a copy editor, please remind them not to allow the singular 'they,' OK?(교열자를 쓰기로 했으면 단수형 they는 쓰지 말라고 주지시켜 주세요, 알았죠?)

† 글깨나 쓴다는, '제인 오스틴이 썼으니까 괜찮겠지'파의 입장이라고 보지만 내가 속한 파는 아니다. 나는 문장부호를 제인 오스틴처럼 쓰지 않는다. 그 외의 문제에서도 제인 오스틴처럼 영어를 쓰지 않지만 추호도 양심의 가책을 느끼지 않는다. 변화무쌍한 영어가 제 영역을 더욱 넓혀가면서 거듭 탈바꿈한다면 정확성과 명료성을 지키기 위해서라도 가끔씩은 제약을 가하는 것이 더 유익할 수도 있고, 수백 년이 흐르면서 한 단어에 필요 이상의 의미가 축적되면 잘 쓰이지 않는 오래된 정의들까지 전부 간직할 필요도 없다고 보기 때문이다.

- le professeur교사, le livre책, la bibliothèque도서관, la pomme사과처럼 단수형 남성 정관사 le와 단수형 여성 정관사 la로 성별을 구분하는 프랑스어를 썼다면 이런 논의도 애초에 불필요했을 것이다. 타협의 여지가 없는 문제이기 때문이다. 하지만 깊이 파고들면 프랑스어 역시 성별을 두부 자르듯 명확하게 구분하기 어려울 때도 있긴 하다.

- Every girl in the sorority should do what they like.여학생 클럽에 속한 모든 이들은 자신들이 원하는 대로 할 수 있어야 한다. 또는 A boy's best friend is their mother. 남자아이의 절친은 엄마다. 같은 문장은 그저 한심하다.‡

- 단수형 they를 떠들썩하게 옹호하는 명문장가 중 대다수는 자기가 그렇게 쓰는 건 죽어도 싫어한다. 그들이 쓴 수많은 글들이 그 증거다. 그러니 알아서 판단해라.

- 300페이지가 넘는 이 책에서 성별을 특정하지 않은 경우에는 대명사 he/she를 쓰지 않았다(악의 없는 예문은 제외하고). he or she 역시 단 한 번도 쓰지 않았다.

- 교열을 하면서 알게 된 건 적절한 대명사를 찾기가 가장 까다로운 책이 바로 자녀양육서라는 점이다. 저자들은 막 이가 나기 시작한 아기와 제멋대로 구는 유아, 골을 부리는 여섯 살짜리 아동을 저마다 개별화하고 싶어 하기 때문이다(쌍둥이를 주제로 하지 않는 이상 그렇다. 여담이지만 쌍둥이 양육법에 관한 책은 생각보다 많다). 따라서 단수형 they를 쓰지 않기란 어렵다. 내 말이 도움이 될진 모르지만 내가 아끼는 보물 중 하나인, 다 떨어져 너덜너덜해진 1923년판 『보그 예법 교과서 *Vogue's Book of Etiquette*』에는 성별을 특정

‡ 훌륭한 글에서는 이런 유의 만행을 본 적이 없지만 온라인에서 점점 더 눈에 띄는 게 현실이라 여기서 선제공격을 하는 것이다.

하지 않은 유아·아동을 가리킬 때 대명사 it을 썼다.

한 가지 더 일러두자면, 내가 이 장의 초고를 쓸 무렵만 해도 제삼의 성별을 지닌 nonbinary 사람—여성/남성이라는 이분법적 성별 구분을 거부하는 사람—을 칭하는 대명사들(ze/zir가 가장 많이 쓰이는 대명사인 듯하다. 그 외에도 다양한 표기법이 있다 보니 사실상 보급이 정체되고 있다)과 단수형 they를 사용하는 경우가 점차 늘고 있는 현상이 비교적 최근에 등장한 대안적 용법이라고 판단해 관련 논의는 주석으로 간단히 처리하려 했다. 교열의 문제라기보다 문화적인 현상이라고 태평하게 단정하고는 더 깊은 논의는 뒷전으로 미뤄 둘 생각이었다.

한마디로 잘도 외면해 온 것이다.

하지만 지금은 자신을 대명사로 칭할 때 they를 쓰는 동료가 생긴 터라 더는 관념적인 문화 현상이 아니라 피부에 와닿는 개인적인 문제가 되었고, 나와 상관없다며 애써 외면할 문제가 아니라 포용해야 할 기본적인 인권 문제로 변했다(내 문제가 될 때까지 고집스레 회피해 온 스스로를 돌아볼 수 있게 돼 기쁘다. 알 만한 사람이 그러면 안 되지만 누구나 가끔은 못난 짓을 한다).

이 동료가 랜덤하우스에 입사한 뒤로 대화를 나누거나 이메일로 소통할 일이 있으면 you를 제외한 대명사는 어떻게든 피해 볼 요량으로 딱딱하게 이름으로 호명하거나 사서 고생하면서 수 개월간 이 문제를 회피했다. 그렇게 진을 빼는 게 지긋지긋하기도 하고 민망하기도 하던 차에 하루는 대화를 나누던 중 부지불식간에 내 입에서 they라는 말이 불쑥 튀어나왔고, 그렇게 상황이 싱겁게 종결됐다.

6.

나는 최근에 다음 문장을 세상에 내보낼 뻔했다.

> I think of the Internet as a real place, as real or realer than Des Moines.

이 문장의 오류가 뭔지 즉각 눈치챘다면 병렬 개념을 익히 알고 있는 사람이다. 잘 모르겠다면—그렇다고 자학할 것까지는 없다. 내가 지금껏 봐 온 거의 모든 작가들과 한 배를 탄 셈이니—바르게 교열한 아래 문장을 보자.

> I think of the Internet as a real place, as real as or realer than Des Moines.
> 나는 인터넷이 데모인만큼 현실적이거나 그보다 더 현실적인 공간이라고 생각한다.

여기서 중요한 건 세 번째 as다. 왜냐고? 『글쓰기의 교열』에 나온 정의를 빌리면 '병렬'은 "의미상 대등한 요소는 문법 구조도 대등해야 한다는 원칙"이다. 첫 번째 문장에서는 의미상 대등한 요소를 연결하는 or 앞뒤로 문법적으로 대등한 구조가 아닌 as real과 realer than이 나왔다. 다음처럼 둘의 위치를 바꿔도 틀린 문장이 된다.

> I think of the Internet as a real place, realer than or as real Des Moines.

병렬 원칙에 어긋나는 문장을 쓰기란 너무나 쉽다. 가령 다음 문장은,

> A mother's responsibilities are to cook, clean, and the raising of the children. 어머니의 임무는 요리하고 청소하고 양육하는 것이다.

다음처럼 교열해야 한다.

> A father's responsibilities are to cook, to clean, and to raise the children. 아버지의 임무는 요리하고 청소하고 양육하는 것이다.

이제 보기 좋게 딱딱 맞아떨어진다.
병렬 구조로 채워진 문장에는 산뜻한 매력이 있다.

> He was not beholden to, responsible for, or in any other way interested in the rule of law.
> 그는 법치주의에 신세를 진 일도, 책임질 일도, 관심도 없다.

7.

살면서 문득, 아니 어쩌면 바로 지금 aren't I가 골칫거리라는 생각이 들지도 모른다. 그럴 땐 am I not?과 amn't I? 둘 중 하나를 골라 평생 그것만 쓰고 살거나, 슬며시 영어에 스며들어 한자리 꿰차더니 추방 위기를 모면해 다행이라는 듯 키득거리고 있을 괴짜 문법 구조를 받아들이는 수밖에 없다.

8.

> Flipping restlessly through the channels, John Huston's *The Treasure of the Sierra Madre* was playing on TCM.
> 채널을 이리저리 돌리는데 마침 존 허스튼의 《시에라 마드레의 황금》이 TCM에서 방영 중이었다.

허스튼, 한 가지 문제가 있소만.
이 문장에서처럼 주어 John Huston's *The Treasure of the Sierra*

Madre 앞에 Flipping restlessly through the channels가 잘못 붙은 구문을 교열계 사람들은 '현수懸垂 구문'이라고 부른다.

정식 명칭은 '현수분사'인데, 매달린 구문이 예외 없이 분사인 건 아니다. 어찌 됐든 현수분사가 뭔지 알고 싶다면 분사가 뭔지부터 알아야 한다. 현수수식어바로 옆에 있는 명사를 수식하는 것이 아니라 그보다 떨어져 있는 명사를 수식하는 말—간혹 '잘못 붙어 있는 수식어' 또는 '잘못 들어간 수식어'라고 부르기도 한다—가 더 포괄적인 명칭이긴 하지만 여기서는 이해하기 쉽게 그냥 현수분사라고 부르자. 명칭이야 어떻든 현수분사는 단연 가장 많이 등장하는 문법 오류로 버젓이 인쇄까지 되는 경우가 많은데, 퍽 괜찮은 글을 망치는 제일 어처구니없는 오류 유형이다. 작가들은 현수분사를 쓰고 교열자는 미처 못 보고 넘어가며 교정자는 서두르다가 놓친다. 그리 보기 좋은 광경은 아니다.

쉽게 말하면 문장의 주어와 분사구문의 주어가 다른 분사를 현수분사라고 한다. 여기서 현수분사 구문인 Flipping restlessly through the channels에서는 주어—올바른 문장이라면 바로 옆에 나오는 단어(뒤에 이어지는 문장의 주어)가 분사의 주어다—즉 리모컨을 쥔 사람이 누구인지가 생략됐다. I일 수도 있고 he일 수도 있고 제삼자일 수도 있지만 바로 옆에 나오는 John Huston's *The Treasure of the Sierra Madre*는 아니다.

이렇게 쓰지 마라
Strolling through the park, the weather was beautiful.

이렇게 써라
The weather was beautiful as we strolled through the park.
우리가 공원을 산책하는 동안에는 날씨가 화창했다.

이렇게 쓰지 마라
Arriving at the garage, my car was nowhere to be found.

이렇게 써라
When I arrived at the garage, my car was nowhere to be found. 내가 차고에 도착했을 때 내 차는 코빼기도 안 보였다.

이런 오류는 눈에 뻔히 보이긴 하지만—이렇게 보면서 얘기하고 있으니 당연한 소리다—그래도 주의를 기울이지 않으면 모르고 지나치기 쉽다.

다음은 노먼 메일러의 1991년 소설 『할롯의 유령』의 도입부다.

> On a late-winter evening in 1983, while driving through fog along the Maine coast, recollections of old campfires began to drift into the March mist, and I thought of the… Algonquin tribe who dwelt near Bangor a thousand years ago.

1983년 어느 늦겨울 저녁, 나는 안개가 자욱하게 낀 메인 주 해안선을 따라 차를 몰고 있었다. 순간 모닥불을 지피던 아득한 옛 기억이 3월의 안개 속으로 어렴풋이 스며들었고 (중략) 천 년 전 뱅고어 근처에 살았던 알곤퀸 부족이 떠올랐다.

자, 안개를 뚫고 차를 모는 주체가 '회상recollections'이라면 모를까 그게 아니라면 이 문장에는 문제가 있다.

어떻게 고치면 될까. 식은 죽 먹기다.

> On a late-winter evening in 1983, as I drove through fog along the Maine coast, recollections of old campfires began to drift into the March mist…

화자는 운전 중이다. 옛날 생각이 난다. 만사 이상무다.

출간 당시 현수분사를 지적받자 작가는 이렇게 해명했다. "현수분사는

(중략) 그대로 두자고 했어요. 그 문장은 고치고 싶지 않았거든요. 몇 달 동안 고민하고 또 고민했지만 리듬감이 느껴지는 게 마음에 들었죠. 오류를 바로잡자니 더 나은 문장을 못 쓰겠더군요. 의미는 애매할 게 없어요. (중략) 현수분사를 보고 심기가 불편할 독자도 있겠지만, 그로 인한 손해라고 해 봤자 비문을 고치고 좋은 분위기를 망쳐서 엉망이 되는 편보다는 적었을 겁니다."

흠, 내가 이렇게 표현해 보겠다.

> Having read that defense, Mailer is utterly unconvincing.

이런, 다시 써 보겠다.

> Having read that defense, I find Mailer to be utterly unconvincing.*
> 해명을 읽고 보니 메일러의 말은 전혀 설득력이 없다.

나는 헌수분사를 늘상 미주친다. 다른 작가의 글에 아낌없이 보내는 찬사—즉 추천사—에 자주 등장하기 때문이다.

> "An intoxicating mix of terror and romance, Olga Bracely has penned her best novel yet!"
> "눈을 뗄 수 없는 로맨스와 공포의 조합, 올가 브래이슬리는 그녀 최고의 작품을 썼다."

저렇게 쓰지 마라.

---

*메일러의 해명이 있기 전, 『할롯의 유령』 초판 출간 당시 그 상태로 담당자의 손을 떠나게 내버려두지 말았어야 할 책임자가 야비하게도 문제의 현수분사를 담당 교열자가 놓치고 넘어갔다는 소문을 공공연하게 퍼뜨린 일이 있었다. 그 말도 과언은 아니겠지만 박봉에 시달리는 교열자를 공개적으로 저버리는 행위도 적절하진 않다. 혹시 그 교열자가 나 아니었냐고? 아니다. 내가 그 교열자는 아니었다. 하지만—이제는 말할 수 있다—그 책의 프리랜서 교정자 중 한 명이었다. 내가 용케도 그 실수를 잡아내 용감하게 나서서 지적했지만 무시당한 거냐고? 당시 기억은 전혀 없다. 하지만 잠자코 있었을 게 분명하다.

9.

문장 성분을 잘못 배열해 무심코 코믹한 효과를 거둔 문장이 일종의 현수 구문일 수도 있지만, 대개는 그저 실수로 문장 성분을 잘못 배열해 무심코 코믹한 효과를 거둔 문장이다.

그루초 막스_{미국의 희극배우}도 이 효과를 노리고 다음 대사를 읊은 바 있다. "One morning I shot an elephant in my pajamas. How he got into my pajamas, I'll never know."_{어느 날 잠옷 차림으로 코끼리를 쐈다. 코끼리가 내 잠옷에 어떻게 들어온 건지 죽었다 깨도 모를 일이다.} in my pajamas가 I를 수식하면 '잠옷을 입은 채로'로 읽히지만 an elephant를 수식하면 '내 잠옷 안에 있는 코끼리'로 읽힘

《메리 포핀스》에도 이런 대사가 나온다. I know a man with a wooden leg named Smith._{나는 스미스라는 나무 의족을 찬 남자를 알고 있지.} named Smith가 a man을 수식하면 '스미스라는 이름의 남자'로 읽히지만 a wooden leg를 수식하면 '스미스라는 이름의 나무 의족'으로 읽힘

10.

가정법이 뭔지 몰라도 지금까지 잘 살았다는 사실이 대견스럽겠지만—문법 규칙이 있는 것도 모자라 '법'까지 있단 말인가?—내가 이 주제를 거론한 이상 짚고 넘어가 보자.

가정법은 실제 상황이 아닌 경우에 쓴다. 가령 뮤지컬《지붕 위의 바이올린》의 수록곡인 If I Were a Rich Man_{내가 부자라면}이나 유명 소시지 브랜드 광고 음악의 첫 소절인 I wish I were an Oscar Mayer wiener_{내가 오스카 마이어 위너라면 좋겠네}에서처럼 I가 주어라 하더라도 was가 아닌 were를 썼다면 가정법이다.

대다수는 I wish I was라고 하지 않고 I wish I were라고 자연스럽게

쓰는 듯하니 다행으로 여기고 넘어가면 되지만, 문제는 if절의 주어가 I/he/she*일 때 was/were 중 어떤 동사를 쓰는지 혼동한다는 것이다.

as if절에서는 어떤 주어든 무조건 were을 쓴다.

> I felt as if I were a peony in a garden of dandelions.
> 내 자신이 마치 민들레밭에 핀 한 송이 모란처럼 느껴졌다.
> He comports himself as if he were the king of England.†
> 그는 마치 자신이 영국의 왕이라도 되는 것처럼 굴었다.

그럼 if절에서는 언제 was를 쓰고 언제 were를 쓸까.

햇병아리 교열자 시절, 선배들은 저자가 가정법을 자유롭게 구사할 줄 모른다면 억지로 쓰게 하지 말라고 가르쳤다. 가령 If I was presient of the United States, I'd spend a bit more time in the Oval Office and a bit less time in Florida.내가 미국의 대통령이라면 집무실에서 시간을 더 보내고 플로리다에서는 시간을 덜 보냈을 텐데라고 썼다면 저자도 was도 그냥 내버려두라는 얘기다.

그후로 한동안은 그 가르침에 의지해 나아갈 수 있었다. 여러분도 더는 알고 싶지 않고 그 정도로 만족한다면 얼마든지 하산해도 좋다.

더 알고 싶어 근질근질하다면 어디 한번 끝까지 파고들어 보자. 가령 이런 경우는 어떨까. 실제로 그런 일은 없을뿐더러 일어날 법하지도 않고 개연

---

*물론 you, we, they는 항상 were를 쓴다. 따라서 씨름할 문제가 하나—아니, 세 개가— 줄어든다.

†그렇다. the King of England가 아니라 the king of England다. 직위에 존칭을 붙일 때는 President Barack Obama(버락 오바마 대통령)처럼 첫 글자를 대문자로 쓴다. 그게 아니면 the president of the United States(미국 대통령), the pope(교황) 등으로 쓴다. 지나치게 깍듯이 존대하는 작가들과 왕정주의자의 낯빛을 하얗게 질리게 하는 방식이긴 하지만, 계급적 사고와 계급적 표기법은 되도록 지양하자.

성도 낮은 데다 실현될 가능성이 전혀 없는 상황이라면? 당연히 were를 쓴다.

> If I were to win the lottery tomorrow, I'd quit my job so fast it would make your head spin.
> 내일 복권에 당첨된다면 네 머리가 핑 돌 만큼 재빨리 일을 관둘 테야.

실제로 그런 일은 없지만 앞으로 일어날 가능성이 있다면 was를 쓴다.

> If he was to walk into the room right now, I'd give him a good piece of my mind.
> 그놈이 지금 당장 이 방에 들어온다면 따끔하게 한마디 해 줘야겠어.

단, 실제로 그런 일이 분명히 있었는데도 if를 썼다면—in that(이유를 설명하며) ~라는 점에서이라는 의미로—was를 쓴다.

> If I was hesitant to embrace your suggestion yesterday, it was simply that I was too distracted to properly absorb it.
> 어제 당신의 제안을 선뜻 받아들이지 않았던 건 정신을 딴 데 두고 있어 제대로 집중하지 못했기 때문이에요.

CHAPTER 7
영문 소설 쓰기의 기본

맞춤법·문장부호·문법 등의 기초적인 문제를 처리하는 방대한 기술적 작업을 제쳐 두면, 글에 특정한 표기 원칙을 적용하는 문제는 글을 경청하는 일이나 다름없다. 경청하는 교열자란 작가의 의도를 훤히 꿰뚫어 글 속에서 대화를 나누는 경지에 이를 정도로 작가의 목소리에 열중하고 예민하게 반응하는 사람이다.

   소설만큼 작가와 교열자의 대화가 결정적인 글쓰기 분야도 없다. 소설에서는 그 모호한 개념을 뭐라고 정의하든 '예술적 기교'가 관습상 '정확한' 것으로 여겨지는 요소들보다 우선한다. 그리고 목소리—기이하고 특이하고 이상하다 할지라도—가 무엇보다 중요하다. 또한 교열자가 아무리 선의를 갖고 작업에 임한다 하더라도 작가의 의도를 파악하지 못하거나 적어도 무엇을 표현하려 하는지를 알아채지 못하면 안타깝게도 큰 문제를 일으키는

wreaked* 경우가 간혹 생긴다. 그러고 보니 내가 다 민망했던 일화 하나가 떠오른다. 한번은 내가 실력자 중의 실력자로 치는 교열자—무척 꼼꼼한 데다 섬세하고 노련해서 편집자들이 앞다퉈 자기 원고부터 봐 달라고 할 정도였다—가 원고를 망쳐 버린 적이 있었다. 당시 교열자는 뭔지 모를 이유로 작가의 글을 대체로 파악하지 못했는데, 무엇보다 농담을 이해하지 못해 증기 롤러가 아스팔트 포장도로를 밀어 버리듯 문장을 죄다 건조하게 고치고 말았다.† 다행히 이런 유의 재앙은 극히 드물다. 다른 교열자에게 넘어간 그 원고도 처음부터 끝까지 빈틈없이 손을 본 덕분에 작가의 분노를 잠재울 수 있었다.

감정을 이입해 경청하는 기술을 딱히 무어라 규정하기 어렵다 보니 여기에 조목조목 실례를 들어가며 설명하는 건 무리지만, 교열자가 소설fiction‡을 교열하는 방법들—면밀히 살펴보고 의구심을 품고 무수한 질문을 쏟아 내고 수없이 메모를 하고 수십 개의 소소한 요령들을 동원하기—을 알려 주는 건 얼마든 가능하다. 더불어 내가 지금껏 원고를 교열하면서 시도 때도 없이 마주친 만큼 여러분의 글에서도 마주칠 확률이 높은 옥에 티들도 함께 짚어 보자.

*왠지는 모르지만 wreak의 과거형이 wrought라고 주장하는 사람들이 있는데—그건 틀린 말이다. 왜 틀렸는지는 물론 알지만 그들을 부추기고 싶진 않다—wreaked가 맞다.
†그 교열자는 적어도 저자에게 주인공은 성격상 그런 행동을 안 했으리라고 누차 말하진 않았다. 내가 그렇게 말하는 바람에 저자가 노발대발한 적은 있지만.(교열자들에게: 절대 그런 짓은 하지 마라.)
‡여기서 fiction은 수년에 걸친 기록물 조사와 메모 다발을 바탕으로 쓴 정식 르포르타주가 아닌, 작가의 뇌 속 기억저장소에서 싹터 다양한 감흥을 자아내는 내러티브 논픽션이 포함됨을 양해 바란다.

사실로 이루어진 허구 세계

소설이 지어낸 이야기일지언정 논리와 일관성이 없다면 소설로 볼 수 없다.

- 등장인물이 나이를 먹는다면 달력상 날짜와 일치해야 하며—1960년 5월에 태어난 사람이라면 1985년 5월에는 25살이어야 하고 2000년 5월에는 40세가 되어야 한다—등장인물들은 같은 속도로 나이를 먹어야 한다. 각각 35세, 18세 때 만난 두 사람이 세월이 흐르고 난 뒤에 50세와 26세가 되는 식으로 각자 다르게 나이를 먹을 수는 없다는 얘기다. 조부모와 증조부모의 생애를 언급할 때 나이를 셈해 보면 정작 계산이 안 맞는 경우도 잦다.
- 시간의 경과를 잘 따져봐야 한다. 특히 사건이 며칠 또는 몇 주에 걸쳐 전개되는 경우라면 말이다. 화요일 이후로 이틀이 지났는데 금요일이 됐다거나 the next day그이튿날가 수차례 언급된 끝에 3학년 산수 시간이 일요일에 낳는다는 식의 오류가 자주 눈에 띈다.
- 키, 몸무게, 눈동자·머리카락 색깔, 코·귀·턱 모양, 왼손잡이 여부 등은 일관성이 있어야 한다.
- 공간 및 동작 연출: 다락으로 올라갔는데 이윽고 진입로로 나왔다거나 5분 동안 신발과 양말을 두 번 벗었다거나 앞 단락에서 유리컵을 다른 방에 내려놨다고 했는데 그 컵으로 음료를 마시고 있다거나§ 읽고 있던 신문이 별안간 잡지로 둔갑해 있는 경우는 없는지 확인해라.
- 말이 나왔으니 말인데 족히 절반은 되는 등장인물들의 이름이 전부 M으로

§ 음료 섭취 장면은 대다수 작가들의 생각과는 달리 대체로 재미가 없다.

시작되던 원고도 있었다. 작가의 성姓 역시 M으로 시작했다는 걸 알면 '그럼 그렇지' 싶을 것이다. 바람직한 건 아니다.*

∞ 등장인물이 식당에서 주문한 음식을 공들여 장황하게 묘사하는 이유를 알다가도 모르겠다. 더 중요한 일에 신경 쓰자.

∞ 신문 기사를 공들여 장황하게 흉내 내는 이유를 알다가도 모르겠다. 그래도 이왕 쓸 거면 적어도 학창 시절에 배운 육하원칙은 지키되 간결하게 써라. 감쪽같은 신문 기사 쓰는 요령: 연속 쉼표를 지워라.

실제 현실의 디테일도 반드시 반영해야 한다. 독자들이 그런 것까지 눈치챌까 싶겠지만 장담컨대 눈치채고도 남는다.

∞ 가령 이야기의 배경이 1865년 9월 24일 일요일이라면 1865년 9월 24일이 실제로 일요일이었는지 확인해라. 만년력은 온라인에 널려 있다(1865년 9월 24일에 무슨 일이 있었는지 알아보려고 신문 아카이브를 샅샅이 뒤질 생각이라면 당연히 1865년 9월 25일자 신문을 찾아봐야 한다).†

∞ 소설 속 주인공이 세 시간 동안 택시, 기차, 전철을 차례로 탄 후 다시 택시를 타고 이동하는 설정이 있었는데, 제한 속도를 참작해 지도와 시간표를 참고로 경로를 추적해 보니 열 시간 이하로는 절대 불가능한 여정이었다.

∞ 가령 이야기의 배경이 뉴욕시라면 목적지를 기준으로 어느 동서 도로street를 타야 하는지 어느 남북 도로avenue를 타야 하는지는 알고 쓰자.

*《다운튼 애비》시리즈에 나오는 두 명의 등장인물은—내가 보기엔 별다른 이유도 없이—둘 다 이름이 토마스(Thomas)인 데다 성도 B로 시작해서 줄곧 사람을 헷갈리게 만든다.
† 나는 timeanddate.com을 즐겨찾기로 등록했다.

- 일출과 일몰 시간은 연중 달라진다는 사실은 익히 알고 있을 텐데, 글을 쓸 때도 유념해라.†
- 모든 나무와 꽃이 어디서나 생장 가능한 건 아니다.
- 대다수 작가들이 그렇듯 등장인물의 영화 관람 및 TV 시청 습관을 세심하게 설정하고 싶다면, 가령 《사운드 오브 뮤직》이 1965년 여름에 상영됐다거나§ 《그 여자*That Girl*》가 매주 수요일에 방영됐다는 정보를 반드시 확인해야 한다.¶ 그런 수고를 들이고 싶지 않다면 자세한 정보를 제시하지 않고 지나치듯 언급하는 방법도 있다. 있음직한 영화나 TV 프로그램을 지어내도 상관없는데, 이편이 훨씬 흥미롭긴 하다.
- 다섯 자리 우편번호는 1960년대에 쓰였다(추가 네 자리도 1980년대에야 등장했다). 현행 표기법상 마침표를 찍지 않고 두 글자로 쓰는 주州 약어도 마찬가지다. 즉 1950년대에는 다음과 같은 주소지가 없었다는 얘기다.

　　Boston, MA 02128

당시에는 1940년대에 고안된 우편번호 체계를 이용했을 테니 주소지는 다음처럼 표기했을 것이다.

　　Boston 28, Mass.　매사추세츠 주 보스턴 28번가

시간적 배경이 수십 년에 걸치는 서간체 소설을 쓴다면 당연히 이런 디테일을 반영해야 한다.**

　‡ 구글에서 '일출 일몰'을 검색하면 유용한 사이트가 수도 없이 뜬다.
　§ 그렇다. IMDb에서 확인할 수 있다.
　¶ 아니다. 목요일마다 방영됐다. 이런 정보를 찾을 때는 위키피디아가 제격이다.
　** 요점은 전달했으니 전화번호의 역사와 환전, 지역코드, 미국 국가번호에 대해서는 알아서

∞ 시대물의 경우 기술이나 사회상이라는 측면에서 개연성이 있어야 한다. 여기에는 전화 응답기의 발명 및 노후화부터(특히 자리를 뜨려는 찰나 다른 사람에게 온 메시지가 자동응답기에 녹음되는 소리를 엿듣게 되는 난처한 상황이 벌어지면서 줄거리가 급반전되는 설정일 때) 아이폰 시리즈의 변천과 기능, 9/11 이전과 이후로 나뉘는 공항 및 사무용 건물의 보안 수준, 특정 의약품의 유무와 상용화 여부*에 이르는 온갖 사항들이 해당된다.

∞ 현역 역사 소설가들이 유용하게 써먹을 만한 잡학 상식을 알려 주자면, 음반 기술이 태동하던 초창기에는 왁스를 바른 원기둥에 소리를 기록하는 방식으로 음반을 만들었는데, 주로 다음과 같이 사회자가 음반을 소개하는 말도 함께 녹음되었다. "'All Going Out and Nothing Coming In,' by Mr. Bert Williams, of Williams and Walker, Edison Records!"_{에디슨 음반사에서 발매된, 윌리엄스-워커 콤비의 버트 윌리엄스가 부른 노래 〈버는 돈 없이 쓰기만 하는 무일푼 신세〉입니다!}

∞ 시대물에서는 어휘 자체가 문제가 될 수 있다. 가령 18세기 런던을 배경으로 소설을 쓴다면 당대의 낱말(또는 당대의 문법과 문장부호)에만 국한해 생각하면 안 된다. 시대상에 맞지 않은 말이 들어가지는 않았는지도 유의해야 한다. 사뮤엘 A. 매버릭이 태어나기도 전인 수백 년 전을 배경으로 한 소설에서 이 이름에서 따온 말인 maverick_{이단아(적인)}이 등장하거나 1920년대 맨해튼을 배경으로 한 소설에서 여성의 복장을 묘사하며 matchy-matchy_{깔맞춤한}라는 형용사를 쓴 경우도 있었는데, 안 될 말이다.

단어가 처음 등장한 시기는 사전에 나와 있으니 십분 활용하자.

_{조사하리라 믿는다.}
*현대 소설에 영향을 미친 최악의 사건은 핸드폰의 발명과 항우울제 복용이라고들 한다. 나도 일리가 있다고 생각하지만, 이 주제는 다른 책에서 다루기로 하자.

∞ **취미 삼아 혼성모방**다른 작품에서 내용이나 표현법을 차용해 창작하는 것 역사물을 쓰는 경우라면—즉 이야기의 배경이 되는 당대의 언어 관행을 일부러 모방하고 싶다면—취미를 즐기는 수준에 따라 언어의 수위도 알아서 결정하면 된다. 배경이 20세기 초반인 소설이라면 현행 표기법대로 lightbulb라고 쓰지 않고 light bulb나 light-blub로 쓰는 게 나은 경우도 있을 것이고, telephone은 'phone, omnibus는 'bus, influenza는 'flu로 표기해도 되고 안 해도 상관없는 경우도 있을 것이다.

∞ 어쩔 수 없이 타협해야 할 때도 있다. 눈 깜짝할 사이에 모든 지식이 눈앞에 펼쳐지는 시대가 아니었던 먼 옛날, 인터넷이 등장할 날이 아득했던 그 시절에 작중 배경이 1960년대 초반으로 설정된 소설을 교열한 적이 있다. 얼핏 버거킹을 언급한 대목을 보고 여백에 '저자께: 1960년대에 버거킹이 있었던 게 확실한지 확인 바랍니다'라는 메모를 남겨 놓았다. 그러자 작가는 마지못해 Grilled Sandwich Shack 어쩌구 하는 명칭을 새로 지어냈는데, 나중에 털어놓길 버거킹의 역사를 꼼꼼하게 조사한 것도 사실이고 1960년대에 버거킹이 있었던 것도 사실이지만 나보다 먼저 이 원고를 읽은 사람마다 같은 질문을 하는 통에 사소한 일로 공연히 문제를 일으킬 필요는 없다는 생각이 들어 업체명을 바꾸었다는 것이다.

훌륭한 스토리텔링의 기초

대체로 작가들은 내가 권하는 수준보다 더 과하게 대명사에 의존한다. 대명사 교열 요령은 '글쓰기는 말하기가 아니라는 사실을 유념하라'로 요약된다. 입말에서는 모호한 he와 she가 빗발쳐도 의사를 제대로 전달할 수 있지만 글의 경우 대명사가 지나치게 많으면 혼란을 주기 쉽기 때문이다. 나는 한 문장 내에서 두 사람을 똑같은 대명사로 지칭하는 건 피하라고 강권하는 편이다. 아니, 툭 까놓고 말하면 한 문장이 아니라 한 단락 내에서 그런 일은 없어야 한다(내가 아는 퀴어 로맨스 소설 작가 몇몇은 이 문제 때문에 실랑이를 벌이다 자주 눈물까지 쏟는다). 물론 등장인물을 이름으로 지칭하는 방법이 한 가지 차선책이 될 수 있다. 일견 저자 입장에서는 일곱 문장에 걸쳐 예컨대 Constance라는 이름을 세 번이나 호명하는 건 과하다고 생각할 수 있다. 하지만 교열자 입장에서는 대명사 she가 누구를 가리키는 건지 독자가 혼란스러워하는 것보다는 낫다는 생각이다. 개인적으론 대명사를 남용하지 않는 것이야말로 작법의 토대라고 생각하며 이 기초 작업은 되도록 독자의 눈에 띄지 않아야 한다. 한 단락이 온갖 이름과 대명사로 도배돼 좀 지나치다 싶다면 태세를 전환해 둘 중 하나라도 덜어 낼 수 있도록 문장을 수정해라. 까다로운 작업이긴 하지만 군더더기 없이 깔끔하고 힘 있는 글로 다듬을 수 있으니 그만한 가치가 있다.

∞ 그다지 중요하지 않은 무명의 등장인물들을 구분하겠다고 '첫 번째 여자'나 '두 번째 여자' 등으로 지칭해서는 안 된다. 이런 경우 한 발 양보해 이름까지는 아니더라도 빨간 머리, 나이가 더 많은 여성 등 최소한 한두 단어로 표현할 수 있는 신체적 특징을 부여해라.

∞ 내가 아끼는 지인인 어느 작가는 수량을 두루뭉술하게 제시할 때면 오로지 a couple만 쓴다. a couple of둘의도 아니다. 일관되게 a couple hours, a couple days, a couple cookies, a couple guys라고 쓴다. few, several, some 등의 다른 수량 표현을 권해 봤지만 대체로 시큰둥한 반응이었고, 나도 더는 잔소리를 늘어놓지 않았다. 여러분은 다채로운 표현들을 부단히 구사해라.

∞ 전율을 느낄 정도로 적확하고 독창적이며 이거면 완벽하다 싶은 형용사를 떠올렸을 때 너무 흡족한 나머지 부지불식간에 곧바로 반복해 쓰는 경우가 있다. 가령 27쪽에서 묘사하는 말로 형용사 benighted^{무지몽매한}를 썼다면 31쪽에서 한 번 더 쓰는 식이다.* 허세 가득한 단어를 한 번 써먹었다면 노트에 따로 목록을 만들어 두고 한 페이지에 두 번 등장하는 일은 없도록 해라.

∞ 그다지 튀지 않는 평범한 명사/동사/형용사/부사라도 자주 반복하지 않도록 주의한다. 일부러 의도한 거라면 몰라도 웬만하면 가까운 곳에서 반복하지 않는 게 좋다.

여기 탁월한 예 하나를 제시한다. 나는 이 글을 예전부터 애지중지하면서 기회 있을 때마다 사람들에게 소개하는데, 그다지 인정받지 못한 이 작가의 글솜씨를 유감없이 보여 주기 때문이다.

> When Dorothy stood in the doorway and looked around, she could see nothing but the great gray prairie on every side. Not a tree nor a house broke the broad sweep of flat country that reached the edge of the sky in all directions. The sun had baked the plowed land into a gray mass, with little cracks running through it. Even

---

* 최근에 내가 교열한 소설에서 spatulate라는 단어—나도 처음엔 못 알아봤다. '주걱처럼 생긴'이라는 의미의 형용사다—가 두 페이지에 걸쳐 두 번 등장했다는 사실을 누가 알려 준 적이 있다. 그것도 전혀 상관 없는 두 개의 명사를 묘사하면서 말이다. 아뿔사.

the grass was not green, for the sun had burned the tops of the long blades until they were the same gray color to be seen everywhere. Once the house had been painted, but the sun blistered the paint and the rains washed it away, and now the house was as dull and gray as everything else.

When Aunt Em came there to live she was a young, pretty wife. The sun and wind had changed her, too. They had taken the sparkle from her eyes and left them a sober gray; they had taken the red from her cheeks and lips, and they were gray also. She was thin and gaunt, and never smiled, now. When Dorothy, who was an orphan, first came to her, Aunt Em had been so startled by the child's laughter that she would scream and press her hand upon her heart whenever Dorothy's merry voice reached her ears; and she still looked at the little girl with wonder that she could find anything to laugh at.

Uncle Henry never laughed. He worked hard from morning till night and did not know what joy was. He was gray also, from his long beard to his rough boots, and he looked stern and solemn, and rarely spoke.

It was Toto that made Dorothy laugh, and saved her from growing as gray as her other surroundings. Toto was not gray; he was a little black dog, with long silky hair and small black eyes that twinkled merrily on either side of his funny, wee nose. Toto played all day long, and Dorothy played with him, and loved him dearly.

문간에서 주위를 아무리 둘러봐도 눈에 보이는 거라곤 한없이 펼쳐진 잿빛 들판뿐이었다. 나무 한 그루, 집 한 채 보이지 않는 허허벌판에는 하늘과 잇닿는 지평선만이 사방으로 끝없이 펼쳐져 있었다. 쟁기질한 땅은 땡볕에 바짝 말라 군데군데 쩍쩍 갈라진 잿빛 덩어리로 변했다. 풀잎조차 초록색이 아니었다. 긴 풀잎 끝이 햇볕에 다 타 버려 주변과 똑같은 잿빛이 되었기 때문이다. 집에 페인트칠을 한 적이 있지만 불볕에 여기저기 페인트가 들뜨고 빗물에 씻겨 내려가 이제는 집도 다른 것들처럼 칙칙한 잿빛이 되고 말았다.

엠 아주머니가 처음 이곳에 와서 살았을 때는 젊고 고운 새댁이었다. 하지만 해와 바람이 아주머니도 바꾸어 놓았다. 아주머니의 두 눈은 광채를 잃고 탁한 잿빛으로 변해 버렸다. 발그레했던 양쪽 볼과 입술도 잿빛이 되었다. 아주머니는 마르고 수척했으며, 이제는 웃음도 사라졌다. 고아였던 도로시를 처음 데려왔을 때 아주머니는 도로시의 명랑한 웃음소리가 들릴 때마다 깜짝 놀라 비명을 지르며 가슴에 손을 얹곤 했다. 그러고는 웃을 일을 찾아냈다는 게 신기하다는 듯 이 어린 소녀를 쳐다보곤 했다.

헨리 아저씨도 웃는 법이 없었다. 아저씨는 밤낮으로 부지런히 일만 했고 즐거움이 뭔지 몰랐다. 아저씨도 긴 수염부터 꾀죄죄한 장화까지 전부 잿빛이었다. 표정은 늘 엄하고 딱딱했다. 말도 거의 하지 않았다.

도로시가 웃을 수 있었던 것도, 주위 환경처럼 잿빛으로 변하지 않을 수 있었던 것도 다 토토 때문이었다. 토토는 잿빛이 아니었다. 보드라운 털을 가진 작고 검은 개였다. 조그맣고 새까만 토토의 눈망울은 우습게 생긴 작은 코 양쪽에서 반짝거렸다. 토토는 하루 종일 뛰어다니며 놀았다. 도로시도 토토와 함께 놀았다. 도로시는 토토를 몹시도 사랑했다.

gray가 네 단락에 걸쳐 아홉 번 등장한다. 눈에 심히 거슬리지 않으면서도—눈여겨보라고 하지 않았다면 아마 알아차리지 못했을 것이다—제 임무를 완수한다.*

He walked up the stairs and hung up his coat.그는 계단을 올라가 코트를 걸었다. 에서 반복되는 up은 어떻게 처리하면 될까? 이 경우는 쉽다. walked up을 climbed로 고치기만 해도 문장이 한결 깔끔해진다.† 이와 유사하게 비슷한 발음의 단어도 되풀이하지 않는 게 좋다. 가령 twilight과 light는 되도록 멀찍이 떨어뜨려 놓아야 한다.‡

∞ Rob commuted to his job.롭은 직장까지 통근한다. 또는 Make sure that tonight

---

*L. 프랭크 바움 만세!『오즈의 마법사』중 (거의) 도입부에 나오는 대목이다.
†up이 반복되는 문제를 해결하는 것도 한 가지 방법이지만 전치사구 자체를 더 정확한 한 단어 동사로 대체하면 더 깔끔한 문장이 된다.
‡독자의 눈높이에서 보면 이런 작은 반복들이 뭐 그리 짜증스러울까 싶을 텐데, 수십 년간 일반 독자로 지냈다고는 할 수 없는 입장이라 뭐라 말할 순 없지만 교열자의 눈으로 보면 단번에 눈에 띌 수밖에 없으니 앞으로도 줄곧 지적하게 될 것이다. 그 외에는 작가의 몫이다.

is all right.오늘밤은 아무 일도 없어야 해.처럼 우연히 운율이 맞아떨어지는 일이 없도록 주의한다. '주의하라'는 건 쓰지 말라는 말이다.

- 저자가 자칫 한눈이라도 팔면 뇌가 농간을 부리는 경향이 있어서인지 원고를 교열하다 보면 어설프고 사소한 언어유희나 동어 반복, 무의식적인 말장난이 자주 눈에 띈다. 나로 말하자면 셜리 잭슨의 「제비뽑기」를 읽을 때마다 다음 대목에서 흠칫 멈추게 된다.

> She watched while Mr. Graves came around from the side of the box, greeted Mr. Summers gravely, and selected a slip of paper from the box.
> 그녀는 그레이브스 씨가 상자 옆을 돌아 나와 서머스 씨에게 엄숙하게 인사하고 제비를 뽑는 모습을 지켜봤다.

저렇게나 어설픈 농Mr. Graves와 gravely를 병치시킨 것을 일부러 던져 넣는 셜리 잭슨이라니, 어쩐지 상상이 되지 않는다.

- 현대 소설에 등장하는 인물 절반은 그토록 고개를 가로젓고 끄덕여 대는데도 몸 어딘가가 탈구되지 않는다는 게 놀라울 뿐이다. 그나저나 등장인물이 '고개를 끄덕인다'고 굳이 말할 필요도 없다. 고개가 아니면 끄덕일 신체 부위가 없기 때문이다. 어깨를 으쓱하는 것도 마찬가지다. 어깨 말고 어디를 으쓱하겠는가? 팔꿈치라도?

- 여러분의 등장인물들이 시도 때도 없이 콧잔등의 안경을 치켜올린다면 부디 안경점에서 점검을 받아보게 하길 바란다.

- 여러분은 중경middle distance을 응시할 일이 얼마나 있는가? 나도 없다.

- 현명한 작가라면 두 번 다시 쓰지 말아야 할 행위들을 간추려 제시한다.

the angry flaring of nostrils 화가 나서 콧구멍이 벌렁대는 것

the thoughtful pursing of lips 입술을 오므리며 생각에 잠기는 것

the quizzical cocking of the head 의아한 듯 고개를 갸우뚱하는 것

the letting out of the breath you didn't even know you were holding 저도 모르게 참고 있던 숨을 내뱉는 것

다음도 과대평가된 행위들이다.

blinking 눈 깜빡이기

grimacing 얼굴 찡그리기

huffing 씩씩대기

pausing (for "a beat") (bit을 beat으로 잘못 써서) 잠시 멈추기

smiling weakly 힘없이 미소 짓기

snorting 콧방귀 뀌기

swallowing 침 꿀꺽 삼키기

doing anything wistfully 아쉬운 기색을 나타내는 일체의 행위

∞ after a moment, in a moment, she paused a moment, after a long moment 등등 moment는 왜 그리 남발하는지 모를 일이다.

∞ 이건 특히나 개인적인 불평일지도 모르지만 내 책이니까 언급하겠다. 특정 등장인물이 진가를 인정받지 못한 소설을 읽거나 난해한 외국 영화를 보거나 아끼는 인디 밴드의 음악을 듣는 장면을 묘사하며 순전히 과시할 목적으로 제목을 거명하는 건 눈에 거슬린다. 소설은 '내가 좋아하는 것'을 소개하는 블로그 게시물이 아니다.* 꼭 넣어야겠다면—정녕 그래야겠나?—전후

*물론 이 책도 그렇다만.

CHAPTER 7 영문 소설 쓰기의 기본   153

맥락과 깊이 연관시켜라.

∞ 과거형으로 쓰인 소설에서 회상 장면을 처리하는 요령을 알려 주겠다. 수년 전에 어쩌다 터득하게 된 이 방법을 공유하자 작가들은 흥분을 감추지 못했다. 우선 기본적으로 두세 개의 「had+과거분사형」을 쓴다(Earlier that year, Jerome had visited his brother in Boston.그해 초, 제롬은 보스톤에 있는 형을 만나러 갔다). 그런 다음 had를 눈에 잘 띄지 않는 'd로 축약시켜 한두 번 더 쓴다(After an especially unpleasant dinner, he'd decided to return home right away.유난히 불편했던 저녁 식사 후 그는 곧장 집으로 돌아가기로 했다). 그리고 나서 아무도 신경 쓰지 않는다 싶을 때 과거분사형을 전부 과거형으로 슬그머니 고쳐 놓는다.(He unlocked his front door, as he later recalled it, shortly after midnight.나중에 기억하기로 그는 자정 직후에 현관문을 잠갔다) 신통하게도 잘 먹힌다.

∞ 작가들은 And then에 지나친 애착을 보이는데, 대개는 then만 써도 무방하거나 아예 없애도 아무 상관이 없다.

∞ 작가들은 suddenly도 과하게 애용한다.

∞ He began to cry.는 He cried.와 똑같다. began to는 죄다 없애라.

∞ 내게 악몽과도 같은 문장은 이거다. And then suddenly he began to cry.그러더니 갑자기 그는 울기 시작했다.

어느 교열자의 황홀한 추억

수년 전,* 나는 업무와 관련된 꿈에서나 나올 법한 뜻밖의 영광을 누린 적이 있다. 내가 가장 좋아하는 작가인 셜리 잭슨의 작품을 교열하게 된 것이다. 작가는 내가 초등학교 1학년일 무렵 고인이 됐으니 나로서는 협업의 기쁨을 만끽할 기회가 없었는데, 때마침 랜덤하우스에서 셜리 잭슨의 미발표 작품들을 출간하기로 계약을 맺은 참이었다. 나는 필요하다면 원고의 먼지를 털어내고 광을 내는 일이라도 하겠다고 기꺼이 자청하고 나섰다.

예상대로 기존 출간 작품에는 많은 시간을 들일 필요가 없었다. 이미 작가에게 짭짤한 정기 수입원이 돼 준 잡지들─『우먼스 데이 Woman's Day』, 『굿하우스키핑 Good Housekeeping』, 『맥콜스 McCall's』, 그리고 믿기 어렵겠지만 『뉴요커』도 물론 포함돼 있었다─의 극진한 보살핌을 받은 터라 공연히 수선을 피우며 수정한 몇 군데를 빼고는 작가의 생전 원고 그대로 재출간되었다.

다만 내가 건네받은 대다수 미출간 원고들은 작가 특유의 습관대로 전부 소문자로 쓰인 초교지의 사본이었고─타자기 앞에 앉아 SHIFT를 구태여 누르지 않고도 결연한 창의력을 유감없이 발휘하며 단숨에 자판을 두드려 대는 작가의 모습이 그려진다─고인이 됐든 생존한 작가든 간에 작품이 최소한의 검토도 없이 언론사에 던져지는 일은 없어야 마땅하다. 하물며 대문자는 말할 것도 없었다.

나는 편집자이자 유작 관리자이기도 한, 작가의 장성한 자녀들에게 단언했다. 어머니의 작품을 수십 년간 읽고 또 읽은 열혈 독자로서 교열자라면 으레 염원하듯 작가의 목소리를 익히 알고 있다고 말이다. 그리고 원고가 믿을 만한 사람의 손에 맡겨졌으니 안심해도 된다고, 이상한 오자 외에는 손댈 일이 없을 것이라고 약속했다.

---

*기록을 확인해 보니 '수년 전'은 정확히 말해 2014년이다. 굳이 언급하는 이유는 대체로 정보는 적을수록 좋다는 사실을 단적으로 보여 주는 예라고 보기 때문이다. (a) 이 일이 2014년에 일어났다는 사실은 별반 흥미를 끌지 못한다. (b) 작가가 어떤 사실을 원자 수준으로 자세히 서술할수록 일부는 부정확할 가능성이 크다. 하지만 '수년'이라고 하면 틀릴 가능성이 거의 없다.

그런데 막상 교열 작업에 착수하고 보니 타의 추종을 불허하는 글솜씨임은 분명했지만—문장이 작가의 머리에서 손가락으로, 다시 원고지로 그대로 옮겨간 듯 수정한 흔적 없이 단번에 써 내려간 것처럼 보였음에도 놀라울 만큼 정갈했다—아주 살짝, 털끝만큼은 도움의 손길이 필요하다는 사실을 알게 됐다.

생존 작가 중에는 물어볼 만한 사람이 없었던 터라—물론 어떻게든 손을 대려면 상속인들에게 먼저 알리는 게 절차였지만—나는 다음과 같은 기본 원칙을 정해 둠으로써 이 난제를 해결할 수 있었다. 문장부호는 재량껏 쓸 것, 모호한 대명사는 좀 더 명확한 명사로 바꿀 것(반대로 불필요한 명사가 있으면 대명사로 바꿀 것), 한 번에 세 단어 이상—the, that, which, and 같은 사소한 단어라도—은 절대 삭제하거나 추가하지 말 것.

나는 이 원칙들을 충실하게 지켰다. 이 외에 복잡하게 얽힌 대여섯 개의 문장들을 찾아내 무난하게 간결한 문장으로 고치기도 했다. 장담컨대 작가 자신이었더라도 두세 번 들여다봤다면 손쉽게 수정하고도 남았으리라. 작가가 suddenly와 and then을 꽤 빈번하게 썼다는 것도—최종 출간본에서는 두 단어 모두 빈도가 훨씬 줄었다—이따금씩 세미콜론을 과하게 썼다는 것도 금세 알아챘다.

한번은 장장 이십 분 동안 한 단락만 뚫어지게 쳐다본 적도 있었다. 해당 단락의 마지막 문장을 맨 처음으로 옮기고 싶었는데, 아니, 그 반대였던가? 작가가 옳았고 내가 틀렸음을 깨닫고 나서는 그대로 두기로 했다.

딱 한 번, 문장의 운율이 영 마음에 걸려 명사 두 개*를 추가하는 게 좋겠다는 의견을 감히 내놓은 적이 있었는데, 결국 그 두 단어가 작품에 실렸다. 그때쯤에는 이미 셜리 잭슨의 세계에 깊숙이 들어앉아 있었던 상태라 이 두 단어가 내 손을 빌린 작가의 말이었다고 자부하고 싶다. 불길하게 사기 그릇이 깨져 있다거나 세찬 바람에 창문이 벌컥 열리는 일은 아직 겪지 않았으니 작가도 만족한 게 아닐까 싶다.

• •

*이제는 말할 수 있다. garden-variety(흔한, 평범한)다.

대화체 교열하는 법

∞ 내가 세미콜론을 좋아하긴 하지만 대화체에서는 볼썽사납다. 피해라.

∞ 여러분은 실제로 대화를 나눌 때 상대방의 이름을 얼마나 자주 부르는가? 그렇게 자주는 아니라고?

그런데 여러분의 등장인물들은 왜 그렇게 자주 부르는 건가?

∞ 요즘 소설에는 중얼거림이 많아도 너무 많다. 나와 몇 차례 작업한 뒤로 내 교열 방식을 파악한 한 작가는 등장인물들이 중얼거리는 버릇을 내버려두겠다고 내게 다짐한 적도 있다. 내가 지적할 게 뻔하다는 걸 알고 있었기 때문인데, 지적을 받고 나면 작가는 해당 부분을 순순히 쳐내곤 했다. 중얼대는 말이 안 그래도 너무 많은데 그중 대다수는 하필 또 듣기 싫은 쉰 목소리다. 목이 쉰 등장인물에게 차 한 잔이나 목캔디라도 챙겨 드리는 건 어떨지.

∞ 대화체 문장을 이탤릭체로 표기하는 방식이 유용하긴 하지만 그래도 어쩌다 한 번씩만 써야 한다. 우선 독자들은 이런저런 방식으로 읽으라고 대놓고 지시받는 걸 달가워하지 않는다. 꼭 이탤릭체를 써야 대화문을 강조할 수 있는 건 아니다. 문장을 약간만 고쳐도 충분히 강조 효과를 거둘 수 있기 때문이다. 강조할 대목을 대화 중간에 넣어 다른 말과 뒤섞기보다 문장 끝으로 빼는 것도 한 가지 방법이다.

한 번은 수백 페이지에 달하는 어느 대가의 소설을 교열하면서 조심스레 열두 번 정도 이탤릭체를 적용한 적이 있었다. 내 딴은 뜻을 명료하게 드러내려는 의도였는데 저자는 매번 정중하게 거부했다(그녀가 옳았다. 저자들이 대체로 옳다. 탁월한 글을 교열할 때 따르는 위험 요소 중 하나는 저도 모르게 밥값은 해야 된다는 생각으로 쓸데없는 제안을 한다는 점이다).

∞ 대화체에서는 느낌표를 적당히 써라. 아니, 그 정도론 어림도 없다. 지우고 보니 다 없어졌다고? 그럼 됐다.

∞ 오웬 미니_{존 어빙의 소설 『오웬 미니를 위한 기도』의 주인공}의 대사는 전부 대문자로 표기하긴 했지만 여러분의 등장인물들은 대문자 없이도 충분히 의사 전달을 할 수 있다. 그리고 이탤릭체를 꼭 써야겠다면 고함 소리에만 써라. 참, 느낌표는 한 번에 하나씩만 써라. 볼드체는 부디 쓰지 마라.

∞ 대화체와 관련해 유독 많은 사람들이 따르는 지침이 바로 제일 고급스러워 보인다는 (s)he said로 시작하라는 것이다. 질리게 봐 온「동사+부사」같은 간결한 형태로 쓰라는 권유에는 어느 정도 공감하지만 그렇다고 엄격하게 지킬 필요는 없다. 대신 적당히 쓰자.

> he asked helplessly   그는 속수무책으로 물었다
> she cried ecstatically   그녀는 넋을 잃고 울었다
> she added irrelevantly   그녀는 엉뚱한 말을 덧붙였다
> he remarked decisively   그는 단호하게 말했다
> objected Tom crossly   톰이 언짢아하며 쏘아붙였다
> broke out Tom violently   톰이 격하게 내뱉었다

위 예문들을 보고 있자니 영 심란하다. 전부『위대한 개츠비』의 1장에 등장하는 걸로 봐서 F. 스콧 피츠제럴드와 대화를 좀 해야 할 것 같다.

∞ 분노를 삭이지 못하는 등장인물들을 묘사할 때 꼭 hiss_{쉬익[쉿] 하는 소리를 내다, 쉿 하고 불만[비난/경멸/노여움]의 소리를 내다}를 써야겠다면—정녕 그래야겠나?—정말 hiss를 쓸 만한 일인지 확인해라.

"Take your hand off me, you brute!" she hissed.
"나한테 손대지 말라고, 이 야만인 같으니!" 하고 그녀가 쉭쉭거렸다.
— 찰스 개비스, 『삶보다 좋은 것 Better Than Life』 (1891)

이런, hiss는 이럴 때 쓰는 게 아니다. 다음 예는 어떠냐고?

"Chestnuts, chestnuts," he hissed. "Teeth! teeth! my preciousss; but we has only six!"
그는 "다 케케묵은 거야, 케케묵은 거" 하고 쉭쉭댔다. "이빨! 이빨이야! 내 소중한 보물아. 그런데 여섯 개가 전부지."
— J.R.R. 톨킨, 『호빗』 (1937)

바로 이거다. 이제 말이 좀 통하는 것 같다.

쥐어짜듯 겨우 새어 나오는 속삭임 소리는 hiss로 표현해도 된다는 주장도 있다. 등장인물의 발화에 특징을 부여하는 약 430만 가지 방법이 있는데도 s 발음이 없는 대사에 구태여 hiss를 쓰겠다는 건 그리 안전한 해결책은 아니라는 말만 해 두겠다. snarl 으르렁거리다, grumble 툴툴대다, susurrate 속삭이다 등 다른 단어도 많은데 말이다. 뭐, susurrate는 부적절한 것 같지만.: '바스락거리다'라는 뜻도 있음

내 기준에서는 치찰음이 없으면 hiss를 쓰지 않는 게 낫다.

∞ 등장인물이 여섯 문장에 걸쳐 마구 떠들고 난 후에야 (s)he said를 끼워 넣는 건 별 도움이 안 된다. 대사가 시작된다는 표지를 미리 달아 줄 게 아니라면 초반에, 아니면 적어도 맨 처음 끊어 읽는 시점에 삽입하는 게 낫다.

∞ 등장인물이 다른 사람에게 자신의 생각을 투영할 수 있는 능력자가 아닌 이

상―텔레파시가 가능하다는 얘기다―당장 she thought to herself._{그녀는 마음속으로 생각했다!}에서 to herself를 삭제해라.

∞ 옛날에는 머릿속에 떠오르는 생각을 대화인 양 따옴표로 표기하는 경우―대사는 발화되지 않고 등장인물의 머릿속에 남아 있는데도―가 많았다. 그러다 한동안은 (따옴표가 없는) 이탤릭체가 인기를 누렸다. 지금은 다음과 같이 주로 로마체로 표기한다.

I'll never be happy again, Rupert mused.
나는 두 번 다시 행복해질 수 없을 거야, 하고 루퍼트는 생각에 잠겼다.

그래도 문장을 이해하는 데는 전혀 문제가 없다. 한없이 이어지는 이탤릭체를 읽고 싶어 하는 사람은 아무도 없으니 나도 찬성이다.*

∞ 생각을 말로 표기하는 법에 대한 얘기가 나와서 말인데, 머릿속 생각을 따옴표로 표기하는 방식이 나로서는 별로 납득이 안 된다.

머릿속 생각을 말해 놓고 닫는 따옴표로 묶듯 흠칫하며 손으로 자기 입을 막는 모습이 그려지기 때문이다.

∞ 다음 예문을 보자.

"Hello," he smiled. "안녕" 하고 그는 미소 지었다.
"I don't care," he shrugged. "난 상관 안 해" 하고 그는 어깨를 으쓱했다.

말도 안 된다.

대사를 말하거나_{say} 소리쳐 말하거나_{shout} 씩씩거리며 말하거나_{sputter}

* 교열자: "앞에서 한 말이잖아요." 나: "내가 자주 하는 말이에요."

버럭 외치거나bark 악을 쓰며 말하거나shriek 속삭이는whisper 건 가능해도—심지어 중얼댈murmur 수도 있다—대사가 미소를 짓거나 어깨를 으쓱하는 건 가당치도 않다.

다음처럼 쓰는 경우도 간혹 보이는데,

"That's all I have to say," he walked out of the room.
"내가 할 말은 그게 다야" 그는 방에서 나갔다.

이 문제를 해결하는 가장 손쉬운 방법은 이렇게 고치는 것이다.

"Hello," he said with a smile. "안녕" 하고 그가 미소를 지으며 말했다.
"Hello," he said, smiling. "안녕" 하고 그는 웃으며 인사했다.

아니면 문장을 분리하는 것도 가능하다.

"Hello." He smiled. "안녕." 그는 미소를 지었다.

작가답게 해결하는 최선의 방법은 애초에 이렇게 쓰지 않는 것이다.

인삿말 표기를 둘러싼 소동

이야기의 발단은 이렇다.
"저자가 본인 고유의 표기 원칙을 갖고 있다면 되도록 손대지 마시오."
1930년대 중반 『뉴요커』의 The New Yorker's[†] 편집자였던 월콧 깁스가 설파한

[†] 명사가 이탤릭체로 표기된 경우 소유격을 표시하는 아포스트로피나 s까지 이탤릭체로 표

편집 좌우명이다. 나는 토마스 쿤겔이 쓴, 『뉴요커』 공동 창립자* 해롤드 로스의 매혹적인 전기 『복면 천재 Genius in Disguise』를 읽다가 권말에 실린 이 경구를 우연히 마주쳤다.

깁스의 이 금언이 마음에 쏙 들었던 나는 이 글귀를 타이핑해서 대문짝만하게 인쇄해 내 사무실 문에 붙여 두었다. 그것도 복도 쪽을 향해서 말이다.

그러고 보니 때는 1995년, 비록 청춘은 저물고 있었지만 랜덤하우스에 갓 입사한 풋내기 교열자이자 제작편집자로서 치기 어린 오만함에 취해 글깨나 읽을 줄 안다고 착각하던 시절이었다. 그리고 어찌된 일인지 양날의 검인 깁스의 경구를, 존중하는 마음으로 손대지 말라는 주문이 아니라 고칠 수 있는 권한으로 자주 오독했고, 내가 터득하고 배우고 연마한 규칙들을 내 지식과 전문성의 축복을 받지 못한 작가들에게 강요했다.

작가들은 내가 얼마나 밉살스러웠을까.

그 좌우명을 문에 붙여 둔 당시만 해도 십수 권의 책을 제작 지휘하고 있었는데, 그중에는 『제국의 붕괴 Empire Falls』로 2000년대 초반 퓰리처상을 수상한 유명 작가인 리처드 루소의 소설 『스트레이트 맨 Straight Man』도 포함돼 있었다(이 작품도 마땅히 그만한 명성을 누려야 한다. 넋을 잃을 만큼 재미난 책이니 꼭 한번 읽어 보길 바란다).

프리랜서 교열자에게 원고를 막 송부했을 때 웬일로 작가가 회사에 들러 친절하게도 내 사무실까지 찾아왔다. 가물가물하지만 우리는 소소한 이야기를 나눴고 작가는 온화한 성품을 지닌 사람이었으며 예상대로 내게 감사의 말을 건넸던 걸로 기억한다. 나도 공손하고 정중하게 응대했던 듯싶다. 그러고는 헤어졌다.

그로부터 몇 주 뒤, 교열이 완료된 교정지를 작가에게 전달해 검토 겸 의견을 요청했다. 나는 다른 업무에 정신을 쏟는 바람에 그 원고는 까맣게 잊어버리고 있었는데, 바로 그때 전화가 울렸다.

"벤자민, 저 리처드 루소입니다."

기하는 일이 없도록 주의하자.
*또 다른 창립자는 누구냐고? 로스의 아내인 제인 그랜트다. 어쩐 일인지 언급되지 않고 넘어가는 경우가 허다하다.

의례적인 인사가 오고갔다.

"벤자민, 저를 저자로 생각하시는 거 맞지요?

이 양반이 무슨 소릴 하려는 건가. "그야 물론이죠."

"그리고 제 고유의 표기 원칙이 있다고 생각하시는 거지요?"

머릿속에 조금씩 서광이 비치지만 아직은 어두컴컴하다. "그야 물론이죠." 나는 경계를 늦추지 않으며 앵무새처럼 대답했다.

알고 보니 교열자―작가는 곧바로 그 교열자의 충실하고 모범적인 작업을 칭찬하며 나를 안심시켰다―가 통상적인 수준에서 글을 교열한 모양이었는데, 예를 들면 다음과 같은 문장을

"Hello," he smiled.

아래와 같이 수정하는 식이었다.

"Hello," he said with a smile.

또는 다음 문장이나

"Hello," he said smilingly.

혹은 아래 문장처럼 더 간결하게 고치기도 했다.

"Hello." He smiled.

눈치챘겠지만 여기서 문제는 say hello(안녕, 하고 말하다)나 smile(미소를 짓다)은 가능해도 smile hello는 불가능하다는 점이다. hello는 smile의 목적어가 아니라 say의 목적어라는 말이다. 기본 중의 기본인 교열 원칙이다.

작가가 이어서 말했다. "교열자가 옳고 제가 틀리다고, 눈에 거슬려서 도저히 참고 봐줄 수 없는 데다 절대 용납할 수 없다고 제가 전적으로 인정할 테니, 다만 저자가 선호하는 방식이라는 이유로 그대로 둬도 좋다고 허락해 주겠소?"

이럴 땐 뭐라고 답해야 할까. 그는 저자고 매력이 넘치는 사람이다. 나를 휘어잡은 수많은 작가들이 지난 세월 동안 이미 간파했듯 나는 매력 공세를 펼치는 사람 면전에서는 호락호락하게 져 주는 사람이다. 무엇보다 나는 누가 주연이고 누가 조연인지 잘 알고 있다.

"물론이죠" 하고 나는 미소를 지으며 말했다.

그런 연유로 작가의 뜻대로 수정 없이 『스트레이트 맨』이 출간되었고, 부러 저

문제적 표기를 찾아내 비난하는 서평은 단 하나도 없었던 것으로 기억한다. 나는 예의 그 문제적 표기가 또다시 책에 실리는 일이 없도록 갖은 애를 쓰는 본연의 소임으로 돌아갔는데, 왜냐하면 당시도 그렇고 지금도 그렇고 진심으로 볼썽사납다고 생각하기 때문이다. 하지만 내게 다음과 같은 소중한 교훈을 깨닫게 해 준 작가에게는 한없는 감사를 표한다.

교과서나 글쓰기 지침서에서 통상 주장하는 규칙에도 불구하고, 월콧 깁스가 깨달았듯 그리고 이제는 내가 절감하듯 작가에게는 지켜 내야 할 고유의 글쓰기 원칙이 분명히 있으며 교열자의 역할은 문장을 고치는 것이 아니라 작가의 문장이 더 나아질 수 있도록 조언하고 보조하는 것이다. 좋은 책이란 자고로 이러저러 해야 한다는 교열자의 관념에 부합하도록 글을 탈바꿈시키는 것이 아니라, 작가가 통찰력을 발휘해 그 책을 가장 이상적인 버전으로 만들어 낼 수 있도록 겸손한 자세를 견지하면서 도와야 한다는 말이다.

또 다른 교훈이라면, 루소가 당시 일절 입 밖에 내진 않았지만 누군가의 사무실 문에 뭐가 붙어 있는지 기억할 만큼 비상한 관찰력을 지녔다는 점이겠다.

말줄임표 쓰는 법

∞ 한 등장인물이 말하는 도중에 다른 등장인물의 말이나 행동이 끼어들어 대사가 끊어지는 경우 대시로 표기한다.

"I'm about to play Chopin's Prelude in—"
Grace slammed the piano lid onto Horace's fingers.
"쇼팽의 〈전주곡〉을 막 틀려던 참이었는데—"
순간 그레이스는 호러스의 손가락 위로 피아노 뚜껑을 쾅 하고 닫았다.

∞ 대사 도중 행동이 끼어들면 그 행위를 묘사하는 구절 앞뒤에 대시를 쓴다.

> "I can't possibly"—she set the jam pot down furiously—
> "eat such overtoasted toast."
>
> "그렇게 바싹 탄 토스트는"—그녀는 화를 삭이지 못하고 잼병을 내려놓았다—"도저히 못 먹어."

다음과 같이 표기하는 작가들도 있는데,

> "I can't possibly—" she set the jam pot down furiously
> "—eat such overtoasted toast."

여러분의 눈에도 불안하게 떠 있는 서술자의 말이 섬뜩해 보일 것이다.

∞ 대사 도중 꿈속에 잠기듯 말이 끊어질 경우 대시가 아닌 말줄임표를 쓴다.

> "It's been such a spring for daffodils," she crooned kittenishly.* "I can't recall the last time . . ." She drifted off dreamily in midsentence.
>
> "수선화가 만개하는 봄 날씨예요." 그녀는 애교 넘치는 목소리로 잔잔하게 말했다. "언제였는지 기억은 잘 안 나지만……" 그녀는 꿈속에 잠기듯 잠시 말을 멈췄다.

∞ 등장인물이 말을 하려다 곧바로 생각이 바뀌었음을 나타낼 경우 엠 대시를 쓰고 한 칸 띄운 후 대문자로 시작한다.

> "Our lesson for today is— No, we can't have class outside today, it's raining."†
>
> "오늘 수업은— 안 되겠네요, 비가 와서 오늘은 야외 수업을 못하겠어요."

---

* 원래 ~ such a summer for daffodils라고 썼지만 교열자가 정정해 주었다.
† 화자는 슬쩍 쉼표 오용으로 처리했는데, 이 정도는 무방하다. 쉼표를 이상하게 썼다고 해서 누가 죽는 건 아니니까. 대시 뒤의 문장을 둘로 나눌 수도 있겠지만 그렇게 하면 어감이 살지 않는다.

- "더욱이" 그가 강조했다. "등장인물이 말을 끊지 않고 여러 단락에 걸쳐 말을 이어가는 버릇이 있다면 마지막 단락 전까지 이어지는 단락들에서는 닫는 따옴표를 쓰지 않는다는 데 유념한다.

 "닫는 따옴표는 마지막 단락에 써서 대사를 종결한다.

 "이런 식으로 말이다."

그 외 잡다한 표기 요령

- 영어 소설이지만 작중 배경이 프랑스라 등장인물들이 프랑스어를 쓴다고 전제할 경우 등장인물들의 대화에 학창 시절에 배운 초급 프랑스어—maman엄마, oui예, 그렇습니다, n'est-ce pas 등등—로 양념을 칠 생각은 마라. 우스꽝스럽고 저급한 데다 너무 뻔하다. 아니, 이런 짓을 두 번 다시 못하게 할 수 있다면 어떤 말이라도 동원하겠다(이국적인 정서를 드러낸답시고 구사한 이런 표현들을 볼 때마다 등장인물들이 일순 영어로 말하는 듯한 착각을 하게 된다).

- 반대로 생각해 보라. 현실에서 비영어권 화자가 내내 영어를 쓰다가 고작 '네, 아니오, 고맙습니다'를 내뱉을 때만 돌연 자기 모국어를 쓰는 경우가 과연 얼마나 될까.

- 부탁인데 요즘 같은 21세기에 방언을 사용하는 등장인물의 발화에 특색을 부여하겠다고 사투리 특유의 발음 현상을 철자로 나타낸다거나 -ing 형태의 g를 집요하게 아포스트로피로 바꿔 쓸 생각은 하지도 마라. 장담컨대 마크 트웨인, 조라 닐 허스튼, 윌리엄 포크너가 아닌 이상 안 통한다. 기껏해야

계급주의자나 잘난 체하는 사람처럼 보일 테고 최악의 경우 자칫 지역감정을 조장하는 걸로 보일 수 있다.

특이한 발음은 어휘와 어순만으로도 무난하게 표현할 수 있다.*

∞ 고어 비달의 『마이라 브레켄리지*Myra Breckinridge*』에서 불멸의 마이라 브레켄리지가 언급한 다음 지침을 따르는 것도 나쁘지 않겠다. "나는 다른 사람들의 특이한 말투를 글로 살리는 재주가 없다는 점을 다행으로 여긴다. 그래서 글을 쓸 때는 모든 등장인물들의 말투를 전부 내 말투로 바꾸는 편을 선호한다."

∞ 앞서 언급한 대로 소설을 소리 내어 읽으면 어떤 강점이 두드러지는지 어떤 약점이 드러나는지 알 수 있다. 모든 글쓰기에 두루 통하는 요령이지만 글을 쓰는 작가가 됐든 글을 고치는 교열자가 됐든 특히나 소설 분야에서 유효하다는 게 내 생각이다. 이 방법을 충심으로 권한다.

---

*언어 장애를 음성학적으로 표기하는 방식도 피해라. "And if the truth hurtth you it ithn't my fault, ith it, Biff?"(그리고 당신이 진실을 알게 돼서 상처를 받는다 해도 그게 내 탓은 아니잖아요, 안 그래요, 비프?)"처럼 발음 장애를 흉내 낸 대사(역시나 『속옷 살인』의 한 구절이다)가 언뜻 웃길지 몰라도—과연 그럴까—비위에 거슬릴 뿐 아니라 무례하기 짝이 없다.

Part 2 ≫≫≫≫≫≫≫≫≫≫≫≫≫≫≫≫≫≫≫≫≫≫≫≫≫≫≫≫≫≫≫≫≫≫≫≫≫≫≫

≫≫≫≫≫≫≫≫≫≫≫≫≫≫

The Stuff in the Back

영어 글쓰기의 기초 2

CHAPTER 8
누구나 한 번쯤 잘못 쓰는 영단어

2016년 12월 어느 아침, 당시 미국 대통령 당선자는 예의 그 못말리는 습관대로 트위터로 쫓아가 미군 드론을 막 압수한 중국의 시시한 도발 행위를 두고 unpresidented act_{unpresidented(전례 없는)를 unpresidented로 잘못 표기함}라고 비난했다. 그 일로 나는 맞춤법의 중요성을 절감하게 됐다.

    사실 자동 수정 기능이나 맞춤법 검사기를 켜 두고 자판을 두드리는* 사람은 별로 많지 않다. 아니, 켜 놓는다 해도 별 신경을 안 쓰는 듯하다. 켜 둔다 한들 철자를 틀리지 않는 이상 자동 수정 기능도, 맞춤법 검사기도 문맥에 어울리지 않는 엉뚱한 단어까지 잡아내지는 못하기 때문이다.† 이에 대

---
*꾸준히 육필로 쓰는 사람들에게 무례하게 굴 의도는 없지만, 나로 말하자면 생일 축하 카드 메시지보다 더 긴 글은 손으로 쓰지 않은 지가 한참 됐고 이제는 글쓰기 하면 키보드 자판을 치는 일로 여기게 됐다. 그래서 write과 type을 혼용하는 습관이 있다.
†초등학생 때 달달 외우고 다녔던 i before e, except after c(무조건 ie, c 뒤에서만 ei)는 철자 암기 연상기억법을 이용한 The principal is your pal(교장 선생님은 여러분의 친구)와 더불어 잘못 배운 대표적인 헛소리라는 게 내 생각이다(뒤이어 'neighbor나 weigh 같이 a처럼 들리면'이라는 가사가 나오는데, 그때쯤엔 모두들 귀를 닫았을 것이다). 영어에는 foreign, heist, seizure, weird처럼 앞에 c가 없는데 ei로 쓰는 단어가 흔해 빠졌다.

해서는 10장에서 더 자세히 알아보자.

　나로선 이렇게 말하게 돼 다행인지만 불규칙적이고 쉽게 외워지지도 않는 것으로 악명 높은 영단어의 철자를 여러분이 다 알고 있으리라고 기대하는 사람은 아무도 없다. 내 교열계 동료 대다수나 내가 업무용으로 참고하는 사전은 ('웹 11'이라는 애칭으로 불리는) 『메리엄-웹스터 대학생용 사전』 11판이다. 내 곁에 놓인 책꽂이에는 주로 고이 모셔 두는 용도의 벽돌책 『웹스터 신新 국제영어사전 제3판Webster's Third New International Dictionary』이 위엄을 풍기며 꽂혀 있다. 1961년에 초판이 나왔으니 지금은 '신新'이라는 말이 그다지 어울리진 않지만. 게다가 메리엄-웹스터 사전merriam-webster.com을 비롯한 최고급 사전들은 온라인 사이트에서도 쉽게 찾아볼 수 있다(트위터 사용자라면 까불거리며 유식함을 자랑하는 @Merriam-Webster 계정을 팔로우하는 게 당연한 의무). 빽빽한 내용으로 많은 도움을 주는 Free Dictionarythefreedictionary.com도 있다(구글에서 'definition뜻'이라는 단어와 자신이 찾으려는 단어를 나란히 입력해 검색할라치면google‡ 만나게 되는 구글 사전은 장인의 솜씨가 느껴질 정도로 믿음이 가지만 생기가 느껴지지 않는다).

　그럼에도 이런 도움 없이 철자를 제대로 쓸 줄 안다는 건 마땅히 칭찬해야 할 능력이라고 생각한다. 그런 의미에서 초등학교로 돌아가 복습한다는 마음으로 가장 자주 눈에 띄는 오자를 엄선해—얼굴을 붉히면서까지 굳이 고백할 일은 아니지만, 이중 일부는 나도 자주 놓친다는 지적을 받는다—올바른 맞춤법을 구사하는 기술과 거기에 놓인 함정들에 대한 개인적인 의견

---

　albeit와 deify는 말할 것도 없다.
‡ 상표명을 동사로 쓰는 것은 부적절한 교열 관행으로 여겨지지만(뭐, 여러분이야 어쩔 수 없다고 항변하겠지만) 꼭 써야겠다면 소문자로 표기하길 권한다. 제록스사(Xerox Co.)에게는 미안하지만, 하나도 안 미안하다.

을 덧붙여 이 장에 소개한다. 이미 그만한 능력을 지녔든 이 장을 읽은 이후에 그만한 능력을 갖추게 되든 이 목록을 완벽하게 통달한 사람은 스스로에게 '참 잘했어요' 스티커라도 붙여 주길.

accessible 접근 가능한, 쉽게 얻을[이용할] 수 있는

-ible로 끝나는 단어와 -able로 끝나는 단어는 혼동하기 쉽지만 안타깝게도 어떤 단어에 어떤 형태가 붙는지 단번에 구분할 수 있는 요령은 없다. (passable, manageable처럼) -able로 끝나는 대다수 단어는 -able을 없애도 홀로 쓰일 수 있고 (tangible, audible처럼) -ible로 끝나는 대다수 단어는 -ible 없이 홀로 쓰일 수 없다는 건 사실이긴 하지만 예외는 있는 법이다. 우리가 즐겨 쓰는 accessible만 해도 그렇다. confusable 혼동하기 쉬운도 -able을 떼면 -e 없는 confus만 남으니 말이 안 된다.

accommodate 수용하다, **accommodation** 거처, 숙소

c가 연달아 나오는 것도 골치 아픈데 m까지 연달아 나오다니, 파국을 부르는 단어다.

acknowledgment 인정, 시인, 감사의 표시

미국식 철자는 이렇다. 영국인들은 (그렇게 많지는 않지만 비교적 최근 들어서는) acknowledgement를 선호한다.*

---

* 우리 영국 사촌들 중 일부는 그렇게 알고 있고 또 그렇게 주장하는 것처럼 judgement의 철자를 별로 좋아하지 않는다는 증거도 있다. 이에 대해서는 구글 엔그램 뷰어(Google Books Ngram Viewer)를 살펴보길 바란다(들어가 보면 이유를 알게 될 것이다). 이 검색 엔진은 치명적인 중독성을 지닌 장난감임을 미리 경고해 둔다.

ad nauseam 지겹도록

ad nauseum이 아니다.

aficionados (복수형) 애호가, 마니아

영문 교열 FAQ

Q. -o로 끝나는 명사 중 복수형을 표시할 때 s를 붙이는 경우와 es를 붙이는 경우를 어떻게 구별하나요?

A. 알 수 없다. 일일이 사전을 찾아볼 수밖에.

anoint (종교 의식 중 머리에) 성유[성수]를 바르다

사람들이 잘 모르는, 이제는 퇴물이 된 구식 철자법인 annoint로 표기해도 틀린 건 아니지만 그렇다고 그렇게 써야 한다는 말은 아니다. bannister난간도 마찬가지다. banister가 옳은 표기임

antediluvian 구시대적인, 태곳적의

수시로 쓰는 단어는 아니겠지만 쓸 일이 생기면 이렇게 표기해야 한다.

assassin 암살범, assassinate 암살하다, assassinated 암살당한, assassination 암살

s를 아낌없이 써라.

barbiturate 바르비투르산염(진정제·수면제의 일종)

발음을 잘못 알고 있는 상태에서 철자를 틀린 발음에 맞춰 쓰는 일이 비일비재하다 보니 barbituate로 알고 있는 게 아닐까 한다.

battalion (군대의) 대대

t는 연달아 두 번, l은 한 번만 쓴다. 그 반대가 아니다. battle전투을 떠올리면 기억하는 데 도움이 되려나.*

bookkeeper 회계 장부 담당자, 기장계(記帳係), 경리 사원

내가 아는 한 이중 철자가 연달아 세 번 나오는 유일한 단어다.† 철자를 쓸 때 두 번째 k를 빼먹는 경우가 왕왕 있다.‡

buoy 부표(浮標), **buoyancy** 부력, **buoyant** 부력이 있는

저 괴상한 uo가 왠지 잘못된 표기처럼 보여 거꾸로 쓰기 쉬운데, 그래서인지 bouy, bouyancy, bouyant라고 틀리게 쓴 경우를 자주 본다.

bureaucracy 관료제, 관료주의

우선 bureau의 철자부터 제대로 쓸 줄 알아야 하는데, 이것부터 쉽지 않다. bureau를 마스터하면 bureaucrat, bureaucratic까지는 그럭저럭 잘 쓰지만, 나처럼 잘 나가다가 끝에 가서 bureaucracy를 bureaucrasy로 잘못 쓰는 경우가 많다.

cappuccino 카푸치노(커피)

p가 연달아 두 번, c가 연달아 두 번이다.

---

*내 경우 연상기억법의 문제라면 그 연상기억법 자체가 도통 기억나지 않는다는 것이다.
†그렇다, bookkeeping(장부 기입, 부기)도 여기 속한다. 아니다, sweet-toothed(단것을 좋아하는)는 다른 경우다.
‡아니면 첫 번째 k를 빼먹거나.

espresso에는 x가 없다. 이미 알고 있겠지만.

centennial 100주년 (기념일)

사촌뻘인 sesquicentennial 150주년§, bicentennial 200주년도 함께 알아 두자.

chaise longue 등받이가 뒤로 젖혀지는 긴 의자

말 그대로 '긴 의자'를 뜻하는 프랑스어이므로 철자도 이렇게 프랑스어 그대로 써야 한다. 하지만 chaise lounge라는 틀린 표기가 유독 미국 영어에만 뿌리를 내린 지 오래인 데다 앞으로도 딱히 달라질 이유가 없어서인지 더는 철자 오류라고 말하기가 난감한 지경에 이르렀는데, 특히 소설 속에서 등장인물들이 chaise lounge라고 틀리게 말할 때가 그렇다.

commandos (복수형) 특공대원, 게릴라 부대원

내가—그리고 대다수가—선호하는 commando의 복수형(commandoes라는 표기를 보면 왠지 모르게 기관단총을 들고 있는 암사슴 떼가 떠오르는데, 사전에 따르면 앞서 다룬 aficionadoes와는 달리 꼭 틀렸다고 볼 순 없다고 한다).

consensus 의견 일치, 합의

concensus가 아니다.

---

§ 영어에 150주년을 뜻하는 단어가 왜 필요한지는 의문이지만 '뒤에서 셋째의'를 뜻하는 단어 (antepenultimate)와 '창 밖으로 뛰어내리거나 내던져짐'을 뜻하는 단어(defenestration) 도 있는 마당에 안 될 것도 없다.

dachshund 닥스훈트(몸통이 길고 다리가 짧은 개)

h가 두 개다.

daiquiri 다이커리(칵테일)

i가 세 개다.

dammit (감탄사) 빌어먹을, 젠장

빌어먹을, damnit이 아니란 말이다. 그만 좀 틀리게 써라.

de rigueur (관습·예절상) 요구되는, 꼭 필요한

'(예의상) 필수의, 관례의'를 뜻하는 럭셔리 형용사. 따라서 이 철자를 틀리게 쓰는 건 실패한 허세의 극치다.

dietician, dietitian 영양사

두 철자법 다 맞지만 dietitian을 훨씬 더 많이 쓴다. 아득한 초등학교 시절 급식 아주머니의 머리망과 위생복을 떠오르게 하는 데는 왠지 몰라도 dietician이 제격이지만.

dike 도랑, 둑, 제방

네덜란드가 침수되지 않도록 막아 주는 것. 설명은 이쯤 하자. '여자 동성애자'를 가리키는 dyke의 또 다른 철자법임

dilemma 딜레마

살면서 이 단어의 철자가 dilemna라고 생각한 적은 없었는지 적잖은 사람들에게 한번 물어 보자. 제법 많은 이들이 그렇다고 떠들썩하게 대꾸할 것이다. 하지만 올바른 표기는 아니다. 그렇게 표기된 역사도 없다. 그런데 왜 dilemna를 떠올린 걸까? 아직도 풀리지 않는 수수께끼다.

diphtheria (급성 전염병) 디프테리아

diptheria가 아니다. h가 두 개다.

doppelgänger 도플갱어, 분신, 자신과 판박이인 유령

흔히들 el을 le로 바꿔 쓴다.

dumbbell 아령

b를 연달아 두 번 쓴다. 흔히 filmaker, newstand, roomate로 잘못 쓰는 것처럼 이 단어도 제멋대로 쓰게 내버려두면 dumbell로 잘못 표기할 가능성이 상당하다. 그러지 말자.

ecstasy 황홀경

ecstacy가 아니다. 혹시 bureaucracy와 헷갈린 건 아닌지.

elegiac 애가[비가]의, 애조를 띤, 서글픈

elegaic이 아니다. 이 오타가 그대로 인쇄되는 서글픈 경우가 꽤 많다.

enmity 원한, 증오, 적대감

이 단어가 emnity로 발음되지도, 그렇게 표기되지도 않는다는 사실을 스무 살을 훌쩍 넘기고서야 알게 됐다. 그런 뒤로 그렇게 오해해서 피해를 본 사람이 그때나 지금이나 나만이 아니라는 사실도 알게 됐는데, 그래서 적이 위로가 된다.

fascist 파시스트 당원, 파시즘 신봉자, 독재자, 극우파 인사

무솔리니의 파시스트당, 영국 파시스트 연합, 파시스트를 자칭하는 단체에 속한 사람을 가리킬 때는 첫 글자를 대문자로 쓰고, 그게 아닌 경우에는 소문자로 쓴다.*

filmmaker 영화제작자, **filmmaking** 영화제작

앞선 dumbbell에서 언급하긴 했지만 filmaker, filmaking으로 표기된 경우가 곧잘 눈에 띈다는 사실을 감안하면 당연히 재차 언급할 만하다.

flaccid 축 늘어진, 흐느적거리는

발음이 내 전문 분야는 아니지만—발음할 일 없이 철자만 제대로 쓰면 되는 게 내 일이다—이 단어는 flaksid(원래 발음) 또는 flassid(최근 들어 더 많이 통용되는 발음)로 발음한다.

어떻게 발음하든 c는 연달아 두 번 쓴다.

---

*A. 변덕을 피우는 것처럼 보이겠지만 나는 Nazi의 경우 나치당 당원이든 순전히 자생적인 강성 지지자든 간에 예외 없이 대문자로 쓴 Nazi로 표기한다. B. 독자 제위와 내가 친하게 지내려면 부탁인데 나를 비롯한 그 누구도 '문법 나치(grammar Nazi)'라고 부르지 마라. 참을 수 없이 모욕적인 데다 '나치'라는 말을 사소하게 치부하는 것처럼 보이기 때문이다.

fluorescence 형광 발광, fluorescent 형광을 발하는
괴상한 uo가 또다시 등장한다.

fluoride 불소
또 나왔다, uo.

forty 40
단독으로 쓸 때는 좀체 틀리지 않는데 뒤에 four가 나오면 으레 fourty-four로 잘못 쓰게 되니 희한한 일이다.

fuchsia 후크시아, 자홍색, 바늘꽃과 소관목
흔히들 fuschia로 잘못 쓰는데, 이 꽃의 이름(과 색깔명)을 따온 식물학자 레온하르트 푹스Leonhard Fuchs에게는 큰 실례가 아닐 수 없다.

garrote 교수형틀
철자를 제대로 쓴 게 분명한데도 왠지 garotte으로 써야 될 것만 같다.

genealogy 계보[족보](학), 가계도
한번은 geneology로 잘못 쓴 걸 고치지도 않고 인쇄소에 넘긴 적이 있는데 (geology로 착각했던가?) 수십 년이 지난 지금도 여전히 뼈아픈 기억으로 남아 있다.

glamour 화려함, 매력, 귀티, glamorous 화려한, 매혹적인

19세기에 노아 웹스터가 미국 영어의 표준을 세우기 위한 사전 집필에 착수하면서 neighbour를 neighbor로, honour를 honor 등으로 간소화해 표기할 때 glamour를 glamor로 바꾸는 건 잊고 말았다. 희한한 일이지만 초기 1828년판 사전에도, 그 후속판에도 이 단어를 아예 넣지 않은 것이다. 간혹 glamor로 표기하는 경우가 눈에 띄긴 하지만 영 매력glamour이 없다. 하지만 형용사형인 glamorous매력 넘치는는 glamourous라고 쓰지 않는다. glamorize미화하다 역시 glamourize라고 표기하지 않는다.

gonorrhea 임질

r을 연달아 두 번 쓴다. syphilis192쪽를 참조 바람.

graffiti 그래피티(담벼락 등에 칠한 낙서나 그림)

t가 두 개가 아니라 f가 두 개다. 그나저나 단수형은 graffito다. 하지만 단수형을 쓰는 사람은 없는 듯하다. 달랑 하나만 그려진 그래피티는 없다시피 해서 그런 건지도.

guttural 목구멍[인후]의, 쉰 목소리의, 후음의

gutteral이 아니다. 단, 발음은 그렇다. 라틴어를 구사할 줄 아는 사람이라면 이 단어가 throat목구멍, 인후을 뜻하는 라틴어 guttur에서 파생된 말이며 걸걸한 목소리나 주로 못마땅해하는 말소리를 뜻한다는 걸 익히 알 테다. 라틴어를 할 줄 모른다면 철자만 알아 두는 것만으로도 충분하다.

heroes (복수형) 영웅, 남자 주인공

용맹한 투사hero들에 대한 글을 쓴다면 복수형은 무조건 heroes로 써야 한다. 사전에 따르면 내용물을 듬뿍 채워 넣은 히어로hero 샌드위치의 복수형은 heros로 쓰는데, 교열 현장에서 마주친다 한들 자주 눈에 띈다고 하기도 어렵고 내 마음에 쏙 드는 단어라고 말하기도 어렵다.

highfalutin 허세 섞인, 호언장담의, 건방진

잘난 체하는 꼴을 가리키는 이 단어는 (사전조차 확신하지 못하지만) high와 fluting(기둥의) 장식용 세로 홈이 합쳐진 것으로 보인다. 그렇지만 릴 애브너Li'l Abner, 미국 만화가 앨 캡이 그린 연재 만화의 제목이자 동명의 주인공가 comin'이나 goin'처럼 g를 탈락시켜 발음하는 유와는 다르며, 끝에 아포스트로피도 붙지 않는다(중간에 하이픈이 들어가는 형태도 아니다).

hors d'oeuvre(s) 오르되브르, 전채(前菜) 요리

이 단어는 모두에게 악몽이다. oeu 때문이다. 일단 머릿속에 oeu를 주입시켜라, 그러면 나머지는 저절로 떠오를 테니. 복수형을 뜻하는 s는 영어의 발명품이다. 프랑스인은 단수형과 복수형 모두 hors d'oeuvre로 퉁친다.

원래 hors d'oeuvre는 한입에 먹기 좋은 분량으로 쟁반에 담아내는 것들을 통칭하는 표현이다. canapé카나페는 빵이나 토스트, 크래커, 바삭한 과자 조각 위에 토핑 또는 스프레드를 얹은 전채 요리를 말한다. amuse-bouche아뮤즈 부쉬는 셰프가 식사 전에pre-meal 무료로 제공하는 한입 요리로, 작기만 하면 어떤 재료로 만들든 상관없으며 국자처럼 생긴ladle-like 깜찍한

숟가락에 담아낸다.* 이제 감이 오려나.

hypocrisy 위선

bureaucracy 174쪽를 참조 바람.

idiosyncrasy 특이한 성격, 별스러운 점

위와 상동.

indispensable 없어서는 안 될, 필수의

MS 워드 맞춤법 검사기는 indispensible을 바른 표기로 인식하는데, 내가 아는 그 누구도 그렇게 생각하지 않고, 그렇게 인쇄되는 일도 거의 없다.

indubitably 의심의 여지 없이, 확실히

가운데에 p가 아닌 b가 들어간다.

infinitesimal 극미한, 극소의

s는 한 번만 쓴다.

---

* 현대 표기법은 접두사와 그 뒤에 오는 단어를 하이픈 없이 합친 형태를 선호하지만 (antiwar, postgraduate, preoccupation, reelect 등등) 이 형태가 읽기 어렵거나 유난스러워 보인다면 하이픈을 쓰는 게 낫다(hyphenlessly 같은 접미사도 마찬가지다). 그런 이유로 나는 premeal이 아닌 pre-meal로 표기한다(일반적으로 허용되는 premed도 대번에 읽히지 않는다고 하니 premeal은 말할 것도 없다). ladle-like도 눈여겨보자. (catlike, cakelike 유의 단어는 보기에 괜찮지만) 하이픈 없는 ladlelike는 두 눈이 얼마나 버티는지 시험하는 것 같다.(덧. dolllike는 쓸 생각도 마라. 왜냐고? 보면 모르겠나?)

inoculate 예방주사를 놓다, 접종하다

n과 c는 한 번씩만 쓴다.

leprechaun 레프러콘(아일랜드 전설에 등장하는 작은 남자 요정)

철자를 틀리게 썼을 때보다 제대로 썼을 때 더 이상해 보이는 경우가 있는데, 보시다시피 이 단어가 그렇다.

liaison 연락 (담당자)

모음이 세 번 연달아 나온다는 건 작정하고 문제를 일으키겠다는 소리다.

비교적 최근에 등장한 역성어†이자 동사형인 liaise(~와) 연락을 취하다[협력하다]가 거슬린다는 사람이 많은데, 내 눈에는 근사하고 유용해 보이기만 한다.

liqueur 리큐어(식물성 향료나 단맛 등을 가미한 알고올 음료)

이번에도 모음이 세 번 연달아 나온다! 이런 철자법을 두고 누군가를 탓하고 싶다면 프랑스인을 탓해라.

q 앞에는 c가 없다. 그럼에도 c를 붙이려는 시도가 간혹 눈에 띈다.

---

† 역성어란 기존 단어에서 파생된 신조어—즉 새로 만들어 낸 말—를 뜻하는데, 대체로 첫 부분 또는 끝부분을 없애거나 바꿔서 만든다. 흔히 쓰이는 역성어로는 (aviator에서 파생된) aviate, (burglar에서 파생된) burgle, (lazy에서 파생된) laze, (tweezers에서 파생된) tweeze 등이 있으며 이 외에도 무수히 많다. 하지만 언중에 무심코 유입돼 통용되고 있는 역성어들은 늘 분노와 원성을 산다. 가령 내 눈엔 괴상해 보이는 conversate(대화하다)와 mentee(멘토에게 상담이나 조언을 받는 사람), 그리고 내 눈엔 괜찮아 보이지만 거의 200년 전에 등장한 후로 일부 사람들에게 애증의 대상이 된 enthuse(열광하게 만들다)가 그렇다.

marshmallow 마시멜로

e가 아니라 a가 두 개다.

medieval 중세의

영국인들조차 mediaeval로 쓰는 경우가 별로 없는데 하물며 mediæval* 이라니.

memento 기억, 추억거리, 기념품

momento가 아니다. memory기억[추억]를 생각해 보면 쉽다. 우리는 주로 무언가를 기억하거나 추억하기 위해 기념품memento을 사거나 간직하니까.

millennium 천년(간), **millennia** millennium의 복수형, **millennial** 천년, 천년(간)의

모두 l과 n이 두 번 연달아 나온다. 온라인에서 기를 쓰고 밀레니얼 세대를 손가락질하는 사람이 millennial도 제대로 쓰지 못하는 광경은 늘 보는 재미가 있다.

minuscule 극소의

miniscule이 아니다. 그게 더 어울려 보이겠지만.

mischievous 짓궂은, 장난기가 넘치는

mischievious의 철자—그리고 발음—의 역사는 수백 년 전으로 거슬러 올라가지만 끈질기게 비표준어로 여겨진다. 못 견디게 앙증맞아 보이기도

*이렇게 두 개 이상의 문자가 합쳐진 글자를 합자(ligature)라고 한다.

하는데, 숲속 요정장난을 좋아하는 특징이 있음이라면 mischievious라고 틀리게 쓸지는 몰라도 인간은 그러면 안 된다.

misspell 철자를 잘못 쓰다, **misspelled** 철자를 잘못 쓴, **misspelling** 오자, 오기

극작가 테네시 윌리엄스†의 표현을 빌리면, misspell을 틀리게 쓰는 것은 '슬랩스틱 비극slapstick tragedy'비극적인 상황을 익살스럽게 극화한 것이다.

multifarious 다양한

f 자리에 v를 쓰면 안 된다.

naïve 순진한, 세상 물정 모르는, **naïveté** 순진(한 언동)

사전은 악센트 부호를 누락해도 (떨떠름해 하며) 관대하게 넘어가 주겠지만 naïve나 naïveté를 악센트 부호 없이 쓰는 건 진혀 유쾌한 일이 아니다. 또 사전은 naïveté를 naivety로 써도 좋다고 하지만 내 눈엔 청승맞아 보일 뿐이다.

newsstand 신문 (잡지) 가판대

제발 s를 두 번 써라. 연달아 두 번이란 말이다.

† 작가 테네시 윌리엄스를 the famous playwright Tennessee Williams(유명한 극작가 테네시 윌리엄스)로 지칭해서 득이 될 건 하나도 없다. 유명한 사람이면 굳이 유명하다고 덧붙일 필요가 없지 않나. the late Tennessee Williams(고인 테네시 윌리엄스)도 득 될 게 없기는 마찬가지고 the late, great Tennessee Williams(고인이 된 대작가 테네시 윌리엄스)는 더 말할 것도 없는 헛소리다. 간혹 '망자(dead)'가 아니라 '고인(late)'이라고 부르려면 그 사람이 죽은 지 얼마나 돼야 하냐는 질문을 받을 때가 있는데, 나도 알 길이 없고 보아 하니 아무도 모르는 게 분명하다.

non sequitur 불합리한 추론, 그릇된 결론

non sequiter가 아니다. 하이픈도 없다.

occurred occur의 과거(분사)형, **occurrence** 발생, 사건, **occurring** 현재분사형

거의 대부분은 occur의 철자를 제대로 쓰지만, 거의 대부분은 occurred, occurrence, occurring의 철자를 틀리게 쓴다.

odoriferous 냄새가 나는, **odorous** 냄새가 심한

둘 다 실제로 쓰이는 단어다. odiferous도 실제로 있는 말이지만 볼 일이 거의 없다. 셋 다 stinking악취가 나는, 냄새가 고약한*을 뜻한다.

ophthalmic 눈[안과]의, **ophthalmologist** 안과의사, **ophthalmology** 안과(학)

눈이 돌아갈 만큼 잘못 쓰기 쉬운 단어다.

overrate 과대평가하다

더불어 overreach도를 넘다, override기각[무시]하다, overrule기각[각하]하다 역시 r을 두 번씩 쓴다.

parallel 평행한, 평행시키다, **paralleled** 평행한, 필적한, **parallelism** 평행 (상태)

소싯적에는 parallel이 paralell 또는 parallell로 표기되길 간절히 바랐지만 그런 일은 일어나지 않았다.

---

*moist(축축한)가 사람들이 가장 혐오하는 영단어 중 1위를 차지할 때가 종종 있는데, 나로 말하자면 stinky(악취를 풍기는)와 smelly(고약한 냄새가 나는)를 1위로 꼽는다.

paraphernalia 장비[도구] 일체

두 번째 r을 빠뜨리는 경향이 있다.

pastime 취미, 오락(거리)

t는 한 번만 쓴다(past와 time이 아닌 pass와 time을 합친 단어라고 생각하면 도움이 되려나).

pejorative (말 따위가) 경멸적인[비난투의]

'경멸하는, 멸시하는'을 뜻하는 pejorative를 '위증(죄)'를 뜻하는 perjury와 혼동한 탓인지 perjorative라고 틀리게 쓰는 사람들이 있다.

pendant 펜던트(목걸이 줄에 매다는 보석)

pendant라고 써야 할 때 가끔씩 잘못 쓰는 그 pendent도 실제하는 단어다. 문제는 부적절하게 쓰는 경우가 많다는 것이다. pendant는 명사, pendent는 '걸려 있는, 대롱거리는'을 뜻하는 형용사다. 대롱대롱 매달려 있는pendulously 게 펜던트의 용도다.

persevere (끝까지) 해내다, perseverance 끈기, perseverant 인내심 강한

v 앞에 r을 슬쩍 끼워 넣는 경우가 많다.

pharaoh 파라오(고대 이집트의 왕)

몇 년 전 아가사 크리스티의 1937년작 『나일강의 죽음Death on the Nile』 초판 영인본을 읽다가 pharoah로 쓴 오타를 발견한 적이 있는데, 그전까지만 해도 요즘 들어 그렇게 잘못 쓰는 경우가 많다고 생각하던 터였다. 웬걸, 알고 보니 그게 아니었다.*

2015년 트리플 크라운triple crown(삼관마, 미국 경마에서 한 달에 세 개의 주요 대회를 휩쓴 말에 부여되는 영예)을 달성한 말의 정식 이름이 (틀린 표기인) American pharoah라는 사실이 (더 소름 돋는 사실은, 굳이 이유는 따지지 않겠지만 그 부마의 이름이 '나일강의 개척자Pioneer of the Nile'라는 점이다) 큰 화제가 된 만큼 앞으로는 제대로 표기된 단어를 자주 보지 않을까 싶다.

pimiento 서양 고추, 피망

흔히들 pimento라고 표기하는데, 꼭 틀렸다고 볼 수는 없다. 그래도 교열자들은 끈질기게 고치겠지만. 흥미롭게도 '웹스터 11판'에는 pimento cheese치즈에 피망 등을 넣어 만든 스프레드라는 표제어도 별도로 등재돼 있다. 이 요리의 재료가 바로 pimiento다.

poinsettia 포인세티아(크리스마스 장식에 쓰이는 관엽 식물)

poinsetta도, poinsietta도 아니다.

prerogative 특권

perogative가 아니다. 그렇게 잘못 쓰는—그리고 잘못 발음하는—사람이 많긴 하지만.

---

*간혹 우리 출판사가 낸 책에서 오타를 발견한 독자가 이를 갈며 '출판계는 방향을 잃었는가?' 유의 분노에 찬 편지를 보내올 때가 있다. 나도 그들 못지않게 오타를 싫어하지만—내가 좀 더 싫어할 가능성이 높지 않겠나—오타는 책의 숙명이다. 세상에 완벽한 사람은 없다.

protuberance 돌출부, 돌기, **protuberant** 돌출[돌기]한

protruberance도, protruberant도 아니다. 그렇다. protrude튀어나오다와 혼동한 탓이다. 우리 모두 긴가민가한다. 그래서 오자가 끊임없이 나오는 걸 테고.

publicly 공개적으로, 대중[일반]에게

쓰는 사람이 훨씬 적긴 해도 publically는 대체로 '비표준어'로 여겨지는데, 이는 그 어떤 웬만한 기준에서 봐도 틀렸다는 것을 좋게 표현한 말이다.

raccoon 미국너구리

또 다른 철자법인 racoon—지금은 눈에 잘 안 띄지만 한때는 꽤 잘나간—은 틀렸다고 볼 순 없지만 확실히 이상해 보일 순 있다.

raspberry 산딸기

p를 빼먹지 마라.

remunerative 보수가 있는, 이익이 되는

renumerative가 아니다. 나는 이 단어를 아예 피하는 편인데, 철자가 기억나지 않는다는 이유도 있지만 발음할 때마다 목에 탁 걸리는 느낌이 들어서다. 나라면 차라리 lucrative돈벌이가 되는를 쓰겠다.

renown 명성, **renowned** 명성이 자자한

reknown도, reknowned도 아니다.

repertoire, repertory 연주 곡목, 상연 목록, 레퍼토리

둘 다 r이 세 번 들어간다.

restaurateur 식당 주인

restauranteur가 아니다. 이건 털끝만큼도 논쟁의 여지가 없다.

rococo 로코코(양식)의

roccoco도, rococco도 아니다. 설마 그렇게 쓰진 않겠지만 roccocco도 아니다.

roommate 룸메이트

앞서 나온 dumbbell 177쪽과 filmmaker 178쪽를 참조 바람. 제대로 쓸 때까지 눈으로 익혀라.

sacrilegious 신을 모독하는

sacreligious라고 쓰고 싶은 사람도 있겠지만 안 될 말이다. religious(종교의)와 혼동해 철자를 잘못 쓰기 쉽다는 뜻

seize 꽉 붙잡다, 움켜잡다, seized seize의 과거(분사)형

'i는 e 앞에 온다'는 말도 안 되는 요령에 집착하는 이들이 걸핏하면 sieze와 siezed로 틀리게 쓰는 단어.

separate 분리하다, separation 분리, 구분
seperate도, seperation도 아니다.

shepherd 양치기
Shepard 셰퍼드는 사람 이름이고, shepherd는 '양치기'를 말한다. 개 품종 중에는 German shepherd 저먼 셰퍼드가 있다. 으깬 감자로 만든 고기 요리는 shepherd's pie 셰퍼드 파이라고 한다.

siege 포위 (공격)
seize를 간신히 제대로 써서 고비를 넘겼다 해도 실수로 siege를 seige로 잘못 쓸 여지는 있다. 안 될 말이다.

skulduggery 야바위, 속임수
적어도 미국에서는 또 다른 철자법인 skullduggery로 쓰는 경향이 최근 들어 늘고 있다. '묘지 도굴범grave robbery'이 아니라 '간음fornication'을 뜻하는 스코틀랜드어에서 파생된 말이라는 이유로 나는 l이 한 번만 들어간 skulduggery를 선호한다. l이 두 개 있으면 해골(skull)을 파내는 행위를 연상시킨다는 의미

stomachache 위통, 복통
내 눈에는 붙여 쓰면 이상해 보이는 단어인데 earache 귓병, headache 두통와 더불어 잘만 쓰인다.

straitjacket 구속복

여기서 strait는 constricted(죈, 압박된)라는 의미로 쓰였다. '굴곡이 없는'을 뜻하는 straight가 아니다. straitlaced(예의범절을 따지는, 엄격한)를 참조 바람.

stratagem 책략, 술수

strategy(전략)의 앞부분과 똑같다. 뒷부분이 strategy와 똑같지 않을 뿐.

supersede (최신 이론·신제품 등이) ~을 대체하다[밀어내다]

supercede가 아니다. 나는 살면서 이 철자를 한번에 제대로 쓴 적이 단 한 번도 없다.

surprise 놀라운 일; 놀라게 하다, surprised 놀란, surprising 놀라운

세 단어 모두 p 앞에 r이 있다는 걸 잊지 말자. 놀랄 만큼 자주 빼먹는다.

syphilis 매독

l이 한 번만 들어간다.

taillight 미등

l을 연달아 두 번 쓴다.

tendinitis 건염, 힘줄염

그렇게 쓰는 추세를 막기 어려워 보이지만 tendonitis가 아니다(MS 워드의 맞춤법 검사기도 이 철자 오류를 잡아내지 못한다).

threshold 문지방, 한계점

threshhold가 아니다. 보나마나 withhold와 헷갈린 거다.

tout de suite 곧, 즉각

toute suite가 아니다. 철자가 맞든 틀리든 5장에서 언급한 n'est-ce pas만큼이나 짜증을 유발하는 단어. now라는 좋은 말을 놔두고 도대체 왜?

underrate 과소평가하다, **underrated** 과소평가된, **underrating** 과소평가하는

(그 외 「under+r로 시작하는 단어」 형태의 합성어들도 전부 마찬가지다.)

unprecedented 전례 없는

아니, 이게 뭐가 그렇게 어렵다고.

unwieldy 다루기 어려운, 보기 흉한

unwieldly가 부쩍 눈에 띄는데, 틀린 표기다.

villain 악당, **villainous** 악랄한, **villainy** 악행

ai를 ia로 바꿔 쓰면 안 된다.

vinaigrette 비네그레트 드레싱

viniagrette가 아니다. vinegarette도 안 된다.

weird 기묘한, 이상한

wierd로 틀리게 쓰는 경우가 생각보다 훨씬 많다.

whoa (감탄사) 워워!

온라인에서 woah로 표기되는 일이 비일비재하다 보니 허용되는 철자로 잘못 알기 쉬운데, 알고 보면 틀린 철자다.

withhold 보류하다, 삼가다

threshold 193쪽를 참조 바람.

y'all 너희들[여러분] 모두(you all이라는 의미의 미국 남부 사투리 표현)

절대 ya'll이라고 쓰면 안 된다.

딱 한 사람을 가리킬 때만 y'all을 쓰는 게 올바른 용법이라는 주장에 대해(죽음도 불사하는 표현인 all y'all에 대한 논의는 나중으로 미루겠다) 남부연합주州 사이에서는 (극심한 불화와 더불어) 합의가 거의 이뤄지지 않고 있는 한편, 비남부 지역민들은 절대 이 표현을 써서는 안 된다는 의견에는 거의 만장일치로 동의했다고 한다. 북동부 뉴잉글랜드 출신인 나로서는 다소 황당한 일이다.

CHAPTER 9
영단어의 쓰임새에 대한 호불호

> 말투만 들어도 단번에 그의 계층을 알 수 있죠.
> 그가 말을 하는 순간 어떤 영국인들은 그를 얕잡아 보죠.
> ㅡ앨런 제이 레너, 〈영국 사람들은 왜 그래요?〉

작가나 언어를 다루는 사람 치고 영어에 대한 개인적인 불호와 별난 고집ㅡ분노 폭발까지는 아니더라도 지극히 이성적인 사람의 이성을 잃게 만드는 단어나 용법ㅡ이 없다는 사람은 본 적이 없다. 어찌 됐건 나로서는 남모르는 호불호 따위는 전혀 없다고 일축하는 사람은 선뜻 믿음이 안 간다.

올리브의 맛이나 오페라에 대한 취향, 리오나르도 디카프리오의 연기력을 놓고 저마다 호불호가 갈리듯, 단어나 용법에 대해서도 호불호가 갈린다. 내 경험상 호불호가 확실한 사람들은 불평불만을 깨끗이 일소해 주는 『메리엄-웹스터 영어 용법 사전』의 자세한 설명이나 수 세기 동안 식자들이 온갖 문헌에서 써 온 역사를 증거로 보여 줘도 편견을 쉽게 거두려 하지 않는다. 그들은 영어가 끊임없이 진화하고 있다는 사실에도, '상점'을 shop이라고 하지 않고 store라고 부르거나 host를 동사로 쓰다가 걸리기라도 하면 증조할머니가 비누로 손주들 입을 씻어 낸 시절이 있었다는 사실에도 꿈쩍하지 않을 게 분명하다. 영어가 불규칙적이고 비논리적인 것으로 악명이 높다면 영어를 쓰는 사람들이라고 그러지 말라는 법은 없으니 뭐 어쩌랴.

문제는 불평의 대상과 별난 고집peeves and crotchets*이 저마다 다르다는 데 있다. could care lesscouldn't care less(~에 대해 신경 쓰지 않다, 관심이 없다)의 틀린 표기는 무심하게 넘기는 사람들이 impact를 동사로 썼다 하면 비명을 질러 대고, beg the question을 '의문을 낳다'라는 의미로 쓰는 최신 용법에 대해서라면 할 말이 많다는 사람들이 comprise가 아닌 comprised of로 잘못 써도 눈 하나 깜빡이지 않고 그냥 지나친다.

교열자로서 나는 작가들이 논란을 불러일으키지 않는 수위를 유지하도록 유도한다. 독자의 심기를 불편하게 하는 글이란 (a) 애초에 그런 의도로 쓰였거나 (b) eager와 anxious를 제대로 가려 쓰지 못했다는 표면적인 차원보다 심오한 주제를 다룬다는 본질적인 차원에서 독자를 거북하게 만드는 글이라고 생각하기 때문이다. 게다가 대다수의 전언에 따르면 작가는 대수롭지 않은 문제에 대해 정당하게든 부당하게든 잔소리 듣는 걸 대체로 싫어하기 때문에 어느 정도는 보수적인 교열을 고마운 안전망으로 여긴다(물론 앞서 언급한 '분리부정사를 쓰지 마라', 'and로 문장을 시작하지 마라' 등등 되지도 않는 비원칙을 강요할 정도로 보수적이라는 얘기는 아니다).

어느 토요일 아침, 나는 이 장을 쓸 준비를 하기 위해 손마디를 꺾으며 고대 아고라의 21세기 버전인 트위터에 접속했다. 집필에 골몰하고 있어야 할 수많은 작가들과 교열에 골몰하고 있어야 할 수많은 교열자들이 한데

---

* 『더 볼티모어 선The Baltimore Sun』의 동료 교열자 존 E. 매킨타이어에게 경의를 표한다. 그는 peeververein('툭하면 신경질을 부리는 불평가'라는 뜻의 peever(peevish complainer)와 '조합, 협회'를 뜻하는 verein을 합친 말)이라는 멋진 신조어를 만들어 냈는데, 이는 '대체로 사실 무근이거나 하찮은 문법/용법 오류에 대해 불평을 늘어놓는 자칭 언어 전문가 집단'을 뜻한다. 모욕적인 말 치고는 꽤 산뜻한 표현이다. stickler(결벽증 환자), pedant(사소한 데 목숨 거는 사람), grammar Nazi(문법 나치)보다 한 단계 수준 높은 명명임은 분명하다.

어울려 노는 이곳에, 언어라면 사족을 못 쓰는 피라냐 떼를 유혹할 때 아주 효과적인 밑밥이 되는 literally('은유[비유]적으로'라는 의미로 쓰일 때)와 irregardless(혹시라도 쓴다면) 같은 예들을 툭툭 던지면서 내가 눈치껏 이름 붙인 '분노를 폭발시키는 화약고'에 해당할 만한 표현을 알려 달라고 요청했다.

한나절만에 흥미로운 답글 수백 개가 밀려들었고 이를 모아 얼마간 추려 내 목록으로 정리한 후 부득이 설명을 덧붙여 이 장에 실었다. 몇몇 표제어는 내 개인적인 불호와 별난 고집임을 시인한다. 나도 여느 사람들과 다를 바 없이 어느 정도는 비이성적인 인간이기 때문이다. 몇몇 표제어는 다른 분야에서라면 합리적인 판단을 하는 이들이 완강하게 고집하는 것들인데, 나로서는 이맛살이 찌푸려지고 눈썹이 치켜올라가며 탐탁지 않은 시선을 던지게 되는, 즉 시쳇말로 째려보게 되는 표현에 해당한다.

참, 가장 중요한 건 대개 자신의 불호와 별난 고집은 영어의 의의와 고운 말소리의 진가를 알아보는 세련된 감각이 반영된 합리적인 선택이라고 여기지만 다른 사람들의 불호와 이상한 고집은 병든 정신의 산물로 여긴다는 사실이다.

그럼 시작해 보자.

aggravate

'좋지 못한 것을 악화시키다', '짜증을 치밀게 하다'를 뜻한다. 수백 년간 그렇게 쓴 역사가 있음에도 후자의 의미로 쓴다면 적지 않은 사람들의 짜증을 치밀게 할 터. 그럴 땐 irritate를 써라. irritate에 신물이 난다거나 또다시 짜증이 치민다면 유의어—내가 특히나 좋아하는 vex를 비롯해 annoy, exasperate 등등—를 써서 부아aggravation를 가라앉히는 방법도 있다.

agreeance

이 표현을 손가락질하는 자들은 기존에 있던 표현을 비튼 신조어라고 으레 넘겨짚지만 실은 역사가 오래된 말이다. 먼 옛날에 폐기됐던 이 단어는 agreement협정, 합의의 틀린 표기로 간혹 모습을 드러낸다. 이 단어를 좀체 볼 일이 없어서인지 분노까지는 아니라 하더라도 거슬린다는 사람들이 꼭 있다.

anxious

간절한 바람을 표현할 때 유독 anxious불안[초조]해하는, 열망하는를 많이 쓰는데, 이게 불만이라는 사람들이 있다. 나도 그중 한 사람이지만 법석까지 떨 일은 아닌 듯하다. 내 경우 위기에 대비해 초조한 마음으로 만반의 준비를 할 때라면 anxious를 쓰고 무언가를 간절히 하고 싶어 할 때라면 그냥 eager 열망[갈망]하는, 간절히 (~하고) 싶어하는를 쓴다. 단, 첫 데이트처럼 들뜨고 설레면서도 불안감으로 가슴이 자꾸 두근거리는 상황이라면 anxious가 제격이다.

artisanal

어떤 표현이 하룻밤 사이에 너도나도 쓰는 유행어가 되는 경우가 으레 그렇듯, 손으로 직접 만든 값비싼 수공예품을 일컬을 때 주로 쓰는 형용사 artisanal장인의, 장인이 만든도 잘나가다가 한순간에 조롱거리로 전락했다. 수제 피클이나 수제 맥주, 수제 비누 사업에 몸담고 있지 않은 나로선 이 표현을 볼 일이 좀체 없지만 혹시 막 쓰려던 참이라면 재고하고 삼고해라.*

ask

ask를 명사로 쓴 경우—That's a big ask.그거 만만찮은 일인데./What's the ask on this?이걸 어떻게 해 달라는 거야?—를 마주치면 즐거워 깔깔거리긴 하지만 이럴 땐 더없이 매력적인 request가 명사로나 동사로나 더 안성맞춤이다. 동사를 명사로 쓰는 것—이를 '명사화nominalization'라고 한다—은 특히 재계나 학계에서 식상한 아이디어를 마치 새것처럼 둔갑시키려고 기존 표현을 신조어로—대체로 쓸데없이—바꿀 때 두는 무리수로, 재밌긴 해도 귀에 거슬린다.

based off of

두말할 것도 없이 안 된다. 한 친구의 표현을 빌리면 "전치사를 이용한 의도적인 불안감 조성"에 해당한다. 논쟁의 여지 없이—그러니 나와 논쟁할 생각은 마라—올바른 표현은 based on~에 근거하여이다.

beg the question

'의문을 제기하다'라는 의미로 이 표현을 쓰는 건 비단 불호에 그치지 않는 핵폭탄급 위협이 될 수 있다. 그러니 자세 잡고 새겨 듣자.

　begging the question선결 문제 요구의 오류, 논점 선취의 오류은 일종의 논리적 오류를 말하는데—라틴어 petition principii에서 파생된 표현이다. 아니, 내가 무

---

* 브루클린 힙스터들을 언급하며 깔깔대기에 이만한 자리도 없겠지만, 낄낄대며 브루클린 힙스터들을 언급하는 건 이제 너무 식상해 피로감을 유발하므로 그만두겠다. 그건 그렇고 방금처럼 앞에서 무언가를 언급하지 않겠다고 말해 놓고 뒤에서 바로 그 말을 언급하는 수사적 장치를 아포파시스(apophasis)라고 한다.

슨 재주로 이런 말을 재깍 떠올리겠나. 나도 여느 사람처럼 사전을 뒤져 가며 찾아본다—어떤 주장을 하면서 그 주장의 근거로 바로 그 주장을 인용하는 오류를 말한다. 순환 논리라는 얘기다. 가령 야채가 건강식이라고 주장하면서 그 근거로 야채를 먹으면 건강해진다고 하거나 내가 교열하면 글이 좋아지니까 나는 일류 교열자라고 주장하는 경우가 바로 이런 오류에 해당한다.

애초에 이 표현을 쓰기는커녕 그런 오류를 일컫는 말이라는 것도 몰랐을 테지만, 이제 이 말은 '필연적인 의문을 낳다'라는 의미로 용도가 변경돼 대다수가 그런 뜻으로 쓰고 있다. 이를테면 The abject failure of five successive big-budget special-effects-laden films begs the question, Is the era of the blockbuster over and done with?_{막대한 예산을 퍼부어 특수효과로 도배한 다섯 편의 영화가 연이어 참담한 실패를 맛본 현실은 다음과 같은 필연적인 질문을 낳는다. 이제 블록버스터 시대는 저물었는가?}처럼 쓰고 있는 것이다.*

출판계에 몸담은 사람들은 새롭게 부상한 이 같은 쓰임새를 기를 쓰고 싫어하고 또 요란하게 싫은 티를 낸다. 애석하지만 raise the question, inspire the query를 비롯한 기타 표현으로 바꿔 쓴다고 해도 사람들은 안 속는다. 삭제해도 어렴풋이 자취가 남아 있는 beg the question을 감지할 수 있기 때문이다. 역사 수업을 성실하게 들었거나 수상쩍을 만큼 정확히 사실에 입각했다는 릴리언 헬먼_{미국 극작가}의 흥미진진한 회고록을 읽은 사람들의 촉이라면 더욱 피할 수 없다.

*beg the question은 evade the question(질문을 피하다)이라는 의미로도 아르바이트 중이다. 하지만 이 의미로 쓰인 경우는 거의 본 적이 없다.

bemused

이 단어를 '멍한, 어리둥절한'이라는 의미로 쓰지 않고 '짜증스러우면서도 재밌다는 듯 짐짓 점잖은 체하며 상대방을 조소하는'이라는 의미로 쓰는 사람들이 많아지고 있다는 사실은—유감스럽지만 이제—이 단어가 의미를 잃고 쓸모없어질 것임을 시사한다. 애석하도다. 이렇게 훌륭한 단어를. 하여 오늘도 나는 bemusement가 '당혹감, 난감함'를 뜻하며 이 의미로만 쓰게 해야 한다는 불굴의 의지를 불태운다.

center around

공간 감각이라곤 전혀 없어서 지리 수업 내내 낙서나 하고 꾸벅꾸벅 졸던 나조차도 center around가 말이 안 된다는 것쯤은 안다. 여러분도 나처럼 center on~에 초점을 맞추다[중점을 두다]이나 revolve around~을 중심으로 전개되다를 써라.

chomping at the bit

champing at the bit~하고 싶어 안달이 난이 올바른 표현이지만 요즘은 다들 chomping이라고 쓴다. champing이 생소해서 그런 게 아닐까 싶은데, 두 단어가 철자도 비슷하고 의미 차이도 거의 없는 만큼 chomping을 매도하는 건 좀 옹졸해 보인다.

cliché

더할 나위 없이 사랑스러운 명사. 형용사로 쓰려니까 혹자의 심기를 건드리는 것이다. 형용사는 한 글자를 덧붙인 clichéd상투적인, 진부한로 써라.

comprise

고백하건대 어떻게 써야 맞고 어떻게 쓰면 틀리다는 건지 매번 헷갈려서 어쩌다 이 단어를 마주칠 때면—또는 쓰고 싶은 유혹을 느낄 때면—나는 곧장 사전을 뒤진다.

다음 문장은 문제가 없다. The English alphabet comprises twenty-six letters.알파벳은 스물여섯 자로 이루어져 있다.

다음 문장도 문제가 없다. Twenty-six letters compose the English alphabet.영어 알파벳은 스물여섯 자로 구성된다. 다만 여기서 compose 대신 make up ~을 이루다[구성하다]을 쓴다면 덜 딱딱하게 들릴 것이다.

이 문장은 어떤가. The English alphabet is comprised of twenty-six letters. 잠깐, 문법 경찰이 출동하는 사이렌 소리가 들린다.

be made up of~으로 이루어지다를 의미하는 경우라면 간결하게 comprise를 써라. comprise에 of를 붙였다면 순순히 자수해서 광명을 찾아라.

could care less

'(~에 대해) 신경 쓰지 않다, 관심이 없다'라는 의미로 이 표현을 쓰려거든 각오해라. 많은 이들이 격분할 테니. 에둘러서 비아냥거릴 의도로 쓰겠다면 문제 될 건 없다. 그래서 말인데 이 표현을 질색하는 사람이 많을수록 나도 더 자주 쓰게 된다.

curate

이 단어는 '보좌 신부, 부목사'를 가리키는 명사나 '박물관[미술관]의 학예사가 예술 작품을 전시 기획하다'를 뜻하는 동사로 주로 쓰인다.

헬스장에서 운동 의욕을 자극하는 음악을 선곡한다든지 브런치로 먹을 훈제 생선을 고른다든지 앤트로폴로지_{미국 라이프스타일 편집숍}에서 아기자기한 중고책과 에스파드리유_{로프와 천 등으로 만든 신발}, 블라우스를 진열하는 것은 curate라고 하지 않는다.

data
복수형이자 단수형으로 쓰인다.

데이터data에 따르면 일반적으로 이 단어는 단수형으로 쓴다는 공감대가 형성돼 있다고 한다. 그러니 그 문제로 난리법석을 피울 이유도, 복수형인 datum을 써야 된다고 상기시킬 이유도 없다.

이만 넘어가자.

decimate
어떤 이들은 이 단어를—아홉 명 중 한 명도 아니고, 열한 명 중 한 명도 아닌—열 명 중 한 명을 죽이는 형벌을 나타낼 때_{(고대 로마 시대의 처벌로) ~의 열 명 중 한 명을 제비로 뽑아 죽이다'라는 뜻이 있음}만 쓴다.

어떤 이들은 주로 질병이나 전쟁이 일으킨 대량 살상을 나타낼 때_{'대량으로 죽이다'라는 뜻도 있음} 이 말을 쓴다.

후자로 쓸 일이 더 많다는 건 두말할 것도 없다.

different than
different than_{~와는 다른}은 올바른 표현이므로 그게 아니라는 사람들의 말에는 귀 기울일 필요가 없다.

영국인들은 different to라고 한다.

disinterested
이 단어는 '중립적인, 공평한, 객관적인'이라는 의미로만 써라. '무관심한, 흥미가 없는'이라는 뜻도 있지만 그때는 uninterested를 쓰는 게 낫다. 뭐 그리 대단한 요구는 아니지 않나.

enormity
어떤 사람들은 끔찍한 악행을 의미할 때만 enormity를 써야 된다고 우기는데(the enormity of her crimes그녀가 저지른 극악무도한 범죄), 어원상 '무법, 극악'이라는 뜻이 있기 때문이다. 그러면서 크기나 정도가 '엄청남, 거대함'을 뜻할 때는 enormousness(또는 largeness거대[막대]함, immensity거대[광대]함, abundance 풍부함, 다량 등)를 쓰라고 한다.

타협하자. 크긴 큰데 가공할 만큼 기괴하게 큰 것이나 몹시 고된 일(the enormity of my workload엄청난 업무량)을 뜻할 때는 enormity를 마음껏 써도 좋다. 긍정적인 의미로 쓰지만 않는다면(the enormity of her talent극악무도한 그녀의 재능) 공연히 눈살을 찌푸리게 할 일은 없을 것이다.

enthuse
enthuse열광하게 만들다가 마음에 안 든다고? liaise가 나올 때까지 기다려라.

epicenter
엄밀히 말하면 epicenter는 지진이 발생하는 지점 바로 위의 지표면인 '진

앙지'를 뜻한다.

덜 엄밀히 말하면 특정 사건이 일어나는 중심지를 말하는데, 늘 그런 건 아니지만 주로 좋지 않은 사건의 발생지를 뜻한다.

가령 the epicenter of a plague 전염병의 진원지라는 은유법은 근거가 있는 비교적 안전한 표현이다. 하지만 파리를 the epicenter of classic cooking 정통 요리의 진원지라고 표현한다면 거북하게 들릴 수 있다.

개인적으론 center로도 충분히 의미가 통한다는 생각이며 epicenter를 현란하게 구사하는 건 별로 즐기지 않는다.

factoid

리스티클 리스트 형식의 기사*에서나 볼 수 있는 자투리 정보를 factoid라고 말한다면, 본뜻을 고수하고 있는 우리 같은 이들은 우울해진다. 이 단어를 창안해 누구보다 이 뜻을 잘 알고 있을 노먼 메일러에 따르면 factoid란 "잡지나 신문에 등장했다는 이유로 사실로 받아들여지는 것들, 거짓말이라기보다는 '침묵하는 다수'의 감정을 조종하기 위해 만들어 낸 것들"을 말한다. 이를테면 중국 만리장성이 달에서도 (또는 우주에서도) 보인다는 설, 조지 워싱턴이 나무 의치를 했다는 설,† 오손 웰즈의 라디오 드라마 《우주 전쟁》을 듣던 전국의 청취자들이 실제로 전쟁이 일어났다고 착각해 패닉에 빠졌다는 설,‡ 세일럼 마녀 사냥으로 수많은 여성들이 화형당했다는 설§은 전부

---

*나는 'listicle'이라는 단어가 마음에 든다. 어떤 신조어가 기존 단어로는 설명할 수 없는 개념을 정확히 포착했다면, 그리고 정녕 참신하다면 제대로 자릴 잡아서 널리 쓰이길 바라는 마음이다.
†워싱턴의 틀니는 다른 사람과 동물의 이빨, 상아와 금속으로 만들어졌다.
‡그런 일은 일어나지 않았다.
§그들은 (a) 마녀가 아니었고, (b) 교수형에 처해졌다.

factoid다.

fewer than/less than

혹시 이 둘을 구분하는 게 페티쉬로 변한 건 아닐지. 엄밀한—그리고 머릿속에 곧바로 각인되는—구분법은 fewer than은 셀 수 있는 사물(fewer bottles of beer on the wall술 진열대의 줄어든 맥주병)에 쓰고 less than은 셀 수 없는 명사(less happiness줄어든 행복, less quality떨어진 품질)와 물질 명사(fewer chips줄어든 감자칩 개수, less guacamole적어진 과카몰리)에만 쓴다는 것이다.

다만 예외가 있다면—언제고 예외가 있기 마련이다—less than은 거리(less than five hundred miles5백 마일 이하)와 시간(completing a test in less than sixty minutes1시간 이내에 시험지를 제출하는 것—또는 in under sixty minutes 1시간 미만이라고 써도 무방하다)을 표현할 때도 쓴다는 점이다. 돈이나 무게를 나타낼 때도 쓴다. 『뉴욕타임스 스타일 활용 지침서The New York Times Manual of Style and Usage』는 '일회적 대량'을 나타낼 때 less than을 쓰라고 조언한다. 가령 I have less than two hundred dollars.가진 돈이 2백 달러도 안돼/I weigh less than two hundred pounds.내 몸무게는 2백 파운드가 안돼/a country that's gone to hell in less than five months5개월도 채 안돼 나락으로 떨어진 국가 등으로 쓸 수 있다는 얘기다. 마지막 예시에서 핵심은 몇 개월이냐가 아니라 비교적 짧은 시간에 추락했다는 점이다.

그렇긴 해도—재차 말하지만 항상 예외는 있다—one fewer라고 쓰지는 않는다. 관용적 쓰임에 어긋난다는 중대한 이유도 있지만 버트 바카락과 할 데이비드의 대표곡인 〈초인종 소리에 답할 일이 한 번은 줄어드네One Less Bell to Answer〉의 제목을 망친다는 이유도 있다.

수퍼마켓의 빠른 계산대 푯말에 쓰인 10 items or less_{10개 이하의 물품}에 반대하는 사람들은 어떡하냐고? 그 심정을 이해 못하는 바는 아니지만, 어디 가서 취미라도 하나 만들어라. 꽃꽂이나 데쿠파주 같은.

firstly, secondly, thirdly

칠판을 손톱으로 긁는 소리에 버금가는 소름 돋는 표현.

firstly, secondly, thirdly를 마다하고 first, second, third를 쓴다면 글자 수도 줄일 수 있을 뿐더러 이참에 -ly로 끝나지 않는 형용사 형태의 근사한 단순형 부사_{flat adverb}도 있다는 것을 주변에 알릴 수 있다. Sleep tight._{잘 자렴}/Drive safe._{운전 조심해}/Take it easy._{쉬엄쉬엄해} 등도 단순형 부사를 쓴 표현들이다.

for all intensive purposes

원래 이 표현을 넣을 생각은 없었다. 내가 기억하는 한 놀릴 목적이 아니고서야 이 말을 쓰는 사람을 본 적이 없기 때문이다. 하지만 엄연히 존재하는 표현이고(1950년대에 생겨난 표현으로, 내가 50년대를 싫어하는 한 가지 이유다), 인쇄물에도 간간이 등장한다.

올바른 표현은 for all intents and purposes_{사실상, 모든 점에서, 실제로는}다.

fortuitous

fortunate_{운이 좋은, 다행인} 또는 favorable_{호의적인, 유리한}이라는 의미로 fortuitous_{뜻밖의, 운이 좋은}를 쓰려면 그런 행운이나 호의가 우연의 결과여야 한다. 단어 자체에 by chance_{우연히}라는 의미(해피엔딩을 담보하는 우연은 아니다)가 있기 때문이다. 우연의 결과가 아니라 열심히 땀 흘려 성취한 결과라면 그에 어울리는 다른 형용사를 찾아라.

fulsome
'도가 지나쳐 진심이 느껴지지 않는'이라는 본뜻 외에 수 세기에 걸쳐 필요 이상의 의미가 추가된 단어. 개중에는 '풍부한, 푸짐한, 과도한, 지나친, 불쾌한, 비위에 거슬리는' 등이 있다(사방을 금칠해 휘황찬란하게 장식하는 실내 인테리어 취향을 가리키는 말로도 쓰인다. 이때는 ungapatchka '장식이 과한'을 뜻하는 이디시어가 누가 뭐래도 딱이지만). 여러분은 좋은 의미로 fulsome expression of praise 입에 발린 과한 찬사라는 표현을 쓰고 싶겠지만, 대다수 독자의 머릿속에는 번지르르한 말로 아첨 떠는 모습이 어른거릴 것이다. 그러니 좋은 뜻으로 쓸 생각은 마라.

gift (동사로 쓸 때)
뭔가를 주는 행위를 나타내는 bestow, proffer, award, hand out, hand over 등 그간 영어가 낳은 다채로운 동사를 제쳐 두고 그저 지겹다는 이유로 gift를 동사로 써야겠다면 말리지 않겠다. 나로선 꼴도 보기 싫은 단어지만 굳이 내가 나설 필요도 없다. 내가 그런 유의 인간도 아닐뿐더러 나 말고도 그렇게 말하고 싶어서 안달난 사람들이 이미 줄을 섰을 게 뻔하니까.*

---

*반면 regift(선물 받은 것을 다른 사람에게 선물로 주다)는 기가 막히게 정확한 신조어다. 이 동사가 아니면 그 어떤 말로 이 의미를 전달할 수 있을까 싶다.

grow (build의 의미로 쓸 때)

grow는 자동사(목적어가 없는 동사)이므로 grow a business는 어불성설이며 build a business로 써야 된다고 주장하는 건 옳지 않다. 왜냐고? 달리아를 키우거나grow dahlias 수염을 기르는grow a mustache 사람은 분명 눈치챘겠지만 타동사로도 쓸 수 있기 때문이다.

하지만 grow the economy경제를 성장시키다처럼 공무원들이나 쓰는 표현은 얼마든지 싫어해도 좋다. 그런 관료적인 말투는 듣기 거북하니까.

hoi polloi (앞에 정관사 the를 붙임)

hoi polloi일반대중, 서민는 '대다수 사람the many'을 뜻하는 고대 그리스어로, 자신이 서민the great unwashed이나 노동자 계급proles보다 우월하고 고급한 취향을 가졌다고 생각하는 이들이 경멸조로 쓰는 말이다. 어원적으로나 의미상으로나 정관사 hoi가 포함돼 있기 때문에 the hoi polloi라고 쓰는 건 고대 그리스인들이 그렇게 생각했듯 교양 없는 동어 반복이라 귀에 거슬린다는 주장이 자주 제기되는데, 나로선 the hoi polloi라는 표현이 거슬린다고 보긴 어렵다(전혀 거슬리지 않는다는 말이다). the 없이 hoi polloi라고 쓰는 게 오히려 신경 쓰인다.

내 심기를 건드리는 건 the가 있든 없든 '부자'라는 의미로 이 말을 쓴다는 사실이다. fancy-shmancy지나치게 호화로운의 동의어로 취급되는 hoity-toity뽐내는, 거만한와 헷갈려서 이런 혼란이 발생한다는 배경이 유력하지만,† 이

---

† 궁금해할까 봐 말해 주자면, hoity-toity와 fancy-shmancy는 중첩어의 예다. easy-peasy(아주 쉬운), knickknack(장식용 소품), boogie-woogie(부기우기) 등도 마찬가지다.

해할 만한 이유가 있다고 해서 그렇게 써도 옳다는 건 아니다.*

hopefully

There was a terrible car accident; thankfully, no one was hurt._{끔찍한 차 사고가 났다. 다행히 다친 사람은 없었다}를 그럭저럭 봐줄 수 있다면 Tomorrow's weather forecast is favorable; hopefully, we'll leave on time._{기상 예보를 보니 내일 날씨는 좋을 거라고 하니까 제시간에 떠날 수 있겠지.}도 그냥 넘어갈 수 있을 것이다.

여기서 thankfully, hopefully 등을 '문장 부사'라고 하는데, 문장 부사는 (She thankfully received the gift._{그녀는 고마워하며 선물을 받았다.} / He hopefully approached his boss for a raise._{그는 임금 인상을 바라며 상사를 찾아갔다}에서처럼) 특정 행위_{동사}를 수식하는 것이 아니라 (단순히 문장 전체를 수식하거나) 발화자의 전반적인 감정 상태를 나타낸다.

개중에 왜 유독 hopefully만 남용되고 있는지는 알 길이 없지만, 그래서도 안 되고 가만둬서도 안 될 일이다.

그래도 한마디 하자면 "Frankly, my dear, I don't give a damn._{그대여, 솔직히 내 알 바는 아니오.}" _{영화《바람과 함께 사라지다》에 나오는 레드 버틀러의 대사}

에헴.

iconic

하도 남용하다 보니 famous에 버금갈 만큼 참신하지도 않고 무의미하게

---

*2013년 영화《필로미나의 기적》에서 주디 덴치가 분한 주인공은 객관적으로 봐도 노동 계급에 속하지만 극중 자신이 읽고 있는 로맨스 소설에 등장하는 귀족들을 the hoi polloi라고 지칭한다. 각본가의 실수가 아닐까 하는데, 개인적으론 인물의 성격을 보여 주기 위한 교묘한 장치라고 생각하고 싶다.

느껴지는 단어. 적어도 famous는 찬사를 받을 만하고 웬만큼 인지도도 있는 사람에게 쓰지만 iconic~의 상징[아이콘]이 되는, 우상의은 요즘 들어서 누군지 잘 모르겠는 이들에게 필사적으로 갖다 붙이는 말이 된 듯싶다.

impact (동사로 쓸 때)

affect를 써도 충분한데 굳이 impact를 동사로 쓰는 행태야말로 진정한 비명 유발자. 설마 벌써 비명을 지르고 있는 건 아닐 테지.

예를 들면 My job is impacted by a change in working hours.내 일은 업무 시간 변동에 영향을 받는다.보다는 I'm more time sensitive.내 일은 시간의 구애를 받는 편이다.라고 쓰는 게 낫다.

impact를 동사로 쓰면 절대 안 된다는 주의는 아니지만 소행성이 지구와 충돌해 공룡을 멸종시킨 사건에 비견될 만큼 지대한 영향이 끼친 일이 아니라면 아껴 뒀다가 어지간히 큰일에나 쓰자.

impactful

예의 그 비즈니스 냄새를 풍기는 표현으로, 내 코에는 그다지 유쾌한 향은 아니올시다. 장담컨대 세상 모든 사람이 이 단어를 더는 안 쓴다 해도 그리워할 사람은 단 한 명도 없을 것이다.

incentivize

incentivizeincentive에서 나온 역성어로 '인센티브를 통해 장려하다'를 뜻함보다 더 악질인 표현이 있다면 바로 자매 표현인 incent'인센티브를 주다'를 뜻함다.

invite (명사로 쓸 때)

겨우 몇 자 더 보태 invitation이라고 올바로 써서 보낼 시간이 없을 정도로 살 날이 얼마 안 남았다면 애초에 파티를 열 상황이 아니라고 봐야 한다.

irony

웃긴 것도 아이러니, 우연도 아이러니, 이상한 것도 아이러니, 결혼식 당일에 내리는 비도 아이러니라는 식으로 아무렇게나 갖다 쓰는 경우가 많은데, 역설적일 때만 아이러니라고 한다. 언젠가 deliciously ironic 유쾌하게 아이러니한 이라는 표현이 열두 번은 나온 원고를 교열한 적이 있는데, 유쾌한 구석도 아이러니한 구석도 전혀 없었다는 게 문제라면 문제였다. 한 동료가 지적했듯 그야말로 '유쾌한 아이러니'가 아니었을지.

irregardless

irrespective ~에 개의치 않는 와 regardless 상관하지 않고 의 유전자가 뒤섞인 이 음침한 잡종어는 아무짝에도 쓸모가 없다. 게다가—안 그런 척 하지 말자, 속이 뻔하게 보이니까—오로지 심기를 건드리겠다는 일념으로 일부러 쓴다는 것도 다 알고 있다.

learnings

체면도 없나? 결국 체면 따윈 없다 이건가?

 lessons 수업, 교훈, 가르침 라고 써라.

liaise

liaison에서 파생된 이 역성어가 거슬린다는 사람들이 있지만 내 눈에는 세련돼 보이기만 한다. 사촌뻘인 cooperate_{협조하다}와 collaborate_{협력하다}로는 중개자_{go-between} 느낌이 잘 살지도 않을 뿐더러(그렇다고 go-betweening이라는 말을 만들어 쓸 수는 노릇이다) 개인적인 영역까지 침범하는 reach out_{연락을 취하다}보다는 훨 낫다.

literally

지옥에서 강림한 강의어_{다른 말을 강조할 때 쓰는 형용사나 부사}로 변질되고 말았지만 원래는 썩 괜찮은 단어. '문자 그대로 우스워 죽겠다'고 하지만 진짜 죽을 리는 없지 않나? 주변에 잘나가는 친구들이 하나같이 이런 식으로 쓴다면 어쩔 셈인가. 그 친구들이 엠파이어 스테이트 빌딩에서 '문자 그대로' 뛰어내리겠다고 하면 따라서 뛰어내리기라도 할 건가?*

loan (동사로 쓸 때)

명사가 아닌 동사로 쓰면 내 귀에는 바워리 아이들_{Bowery Boys, 뉴욕의 범죄 조직}이나 할 법한 말—어이, 사치, 5달러만 꿔 줄래?_{can you loan me a fin?}—처럼 들려서 나도 모르게 lend로 교열하게 된다. 다시 loan으로 고친다 해도 언짢아하진 않겠다. 그런다 해도 전혀 문제될 게 없는 어엿한 동사이므로.

more[most] imortantly

firstly, secondly, thirdly를 보고 심기가 불편해지는 사람이라면 more

*이런 식으로 야단을 치다니, 나도 우리 엄마와 다를 바가 없다.

importantly를 보고서도 심기가 불편해질 것이다. 심기가 불편해질 일은 이제 더 없길 바라지만.

more than[over]

수와 관련해서라면 less than/fewer than만큼 논쟁적이진 않다. 의미 차이를 알아채는 사람이 없다시피 하다는 게 가장 큰 이유지만 말로 먹고 사는 업계에서 이 두 표현의 차이를 인정하는 사람을 찾기가 어렵다는 이유도 한몫한다. 그러니 over six hundred pages long/more than six hunred pages long_{600페이지가 넘는}이든 more than six feet tall/over six feet tall_{키가 6피트가 넘는}이든 내키는 걸로 써라. 그 이상_{more than} 열을 낼 일은 아니니.

myriad

a myriad of travails보다 myriad travails_{무수한 간난신고}가 더 효율적인 건 잘 알지만 myriad는 형용사이기 이전에 명사로 먼저 쓰였기 때문에 둘 다 써도 무방하다. 달리 말해 명사로 쓰는 데 반기를 든 자들의 주장을 뒷받침할 근거는 없다는 뜻이다. 혹시 근거 대기 좋아하는 성격이라면 존 밀튼이 명사로 썼다는 사실을 얼마든지 내세워라. 참, 헨리 데이비드 소로도 있다.

nauseated (vs. nauseous)

대학을 졸업하고 한참이 지나서도 nauseated라는 말이 있다는 걸 몰랐으니 금세 구토가 치밀 것처럼 메스꺼울 때도 줄기차게 nauseous만 썼다. 나중에야 nauseous_{구역질나게 하는}와 nauseated_{메스꺼운}의 차이를 알게 됐지만 오랜 습관을 고치기에는 이미 늦은 뒤라 지금껏 nauseous를 쓰는 걸로 그럭저력 만족하고 있다.

noisome

noisome은 '(냄새가) 구린, 고약한'을 뜻한다. '해로운'이라는 의미도 있다. '역겨운'을 뜻하기도 한다. 지금 이 순간에도 noisy_{시끄러운}의 동의어로 착각하기 쉽다고 불만을 토하는 사람이 있을 텐데, 알 만한 사람이라면 동의어라고 주장하지도 인정하지도 않을 테니 걱정 마라. 하지만 nonplussed—바로 뒤에 나온다!—가 cool as a cucumber_{매우 침착한}와 동의어로 쓰이고 있는 게 현실이니 알아 둬서 나쁠 건 없겠다.

nonplussed

드디어 나왔다. nonplussed는 '혼란스러운, 아연실색한, 말문이 막힌'을 뜻한다. 최근에는 relaxed_{여유로운}, cool as a cucumber, chill_{느긋한}의 농의어로 취급되고 있다는 게 문제로 제기된다. 어쩌다 이 지경이 된 거냐고? 아마도 plussed를 excited_{흥분한, 들뜬}와 비슷한 뜻으로 착각하고는 앞에 non_{~않다, ~아니다}이 붙은 걸 보고 원래의 뜻과 반대로 이해한 게 아닐까 싶다.

on accident

그렇다. on purpose_{고의로[일부러]}가 올바른 표현이다. by accident_{우연히}와 혼동해서 그런 거다.

onboard

familiarize_{친숙하게 하다}나 integrate_{통합하다} 대신 onboard_{신입 직원을 조직의 일원으로 맞}

이하는 것를 동사인 양 쓰는 건 좀 기괴해 보인다. onboard policy^{신입직원 교육}라는 표현만으로도 충분히 끔찍한데, 전혀 문제 될 게 없는 orient^{-을 적용시키다, 익숙해지게 하다}를 제쳐 두고 이 말을 쓰다니 더더욱 끔찍한 일이다. 공교롭게도 물고문한다는 waterboard 표현과 언뜻 발음도 비슷하다.

pass away

가족과 사별한 친인척과 대화를 나누는 경우라면 아마도 고인의 죽음을 pass (away)^{사망하다}로 표현하겠지만 글에서는 die라고 쓴다.

penultimate

ultimate^{최종적인, 최후의}을 고급스럽게 표현한 단어도 아니요, 젊은이들이 흔히 쓰는 '끝내주는'이라는 의미도 아니다. '끝에서 두 번째의'를 뜻하는 말이다.

peruse

이 단어는 포기다. '숙독[정독]하다'와 '건성으로 흘끗 보다'를 동시에 뜻해 도대체 쓰임을 알 수 없으니 오히려 쓸모없는 단어가 돼 버렸다.

plethora

무언가가 과한 상태를 말할 때 plethora^{과다, 과잉}를 쓰는 사람들—원래 혈액이 지나치게 많아지는 증상을 일컫는 용어^{'다혈증(多血症), 적혈구 과다증'을 뜻함}로 쓰였다—은 단순히 많다는 (긍정적인) 의미로 이 단어를 쓰는 사람들을 보면 굳은 표정으로 코웃음을 친다. 개인적으로 이 논쟁에는 털끝만큼도 관심이 없다.

reference (동사로 쓸 때)

그냥 refer to~에 대해 언급하다, ~을 참고하다라고 써라.

reside

live를 말하는 걸 테지.

'round

아포스트로피를 써서 단어를 축약하는 건 쓸데없어 보인다. 거기 당신, 'til until의 축약도 모자라서 'till이라고 쓰는 사람들한테 하는 말일세.

step foot in

정말이지 여러분의 안전을 위해서라도 set foot in~에 발을 들여놓다[들어서다]이라고 써라. 그래야 비명횡사하시 않는나.

task (동사로 쓸 때)

'~하는 과제가 주어진tasked to do something'보다 '~하는 업무에 배치된 assigned to do something'이라고 말하는 편이 더 자연스럽지 않은가.

'til

잘 안 들렸을까 봐 한 번 더 큰 소리로 말하자면, till은 통용되는 단어다. until도 통용되는 단어다. till은 until보다 더 역사가 길다. 둘의 의미는 같다. 고상한 척하며 'til을 쓸 하등의 이유가 없다는 말이다.

try and

노력을 기울인 다음에 무언가를 하겠다고 try and do 쓰면 누군가는 그냥 하려고 노력하면 되는 try to do 것 아니냐고 냅다 소리를 지를 것이다. 그러니 try to do라고 쓰는 편이 낫다. 그래야 누구도 버럭대지 않을 테니.

utilize

객관적 사실과 수치를 토대로 기업의 향후 수익을 전망하는 것처럼 무언가를 십분 활용할 때는 utilize를 끌어다 써도 좋다. 그 외는 웬만하면 use로 다 통한다.

very unique

1906년판 『정통 영국 영어』에서 H. W. 파울러는 이렇게 주장한 바 있다―그가 이렇게 주장한 처음이자 마지막 사람은 아니다―"유일한 것이 있고 그렇지 않은 것이 있을 뿐이다. 즉 유일함에는 정도 degree가 없다. 얼마간 유일하거나 매우 유일한 건 없다는 말이다. 다만 거의 유례가 없다거나 almost unique 어떤 측면에서 볼 때 유일하다는 말은 일리가 있다."

사실상 유일하다는 virtually unique 건 말이 되지만 대단히 유일하다는 very unique/especially unique/really unique 말은 그냥 넘어갈 수 없다.

이런 표현을 쓸 바엔 여러분이 쓴 글에 '마음껏 괴롭히시오' 푯말을 붙이는 편이 나을지도 모르겠다.

CHAPTER 10
작가들도 혼동하는 영단어

> "내가 단어를 사용할 땐 내가 생각한 바로 그 뜻을 의미하는 거지,
> 그 이상도 이하도 아니야."
> 험프티 덤프티가 경멸이 섞인 투로 말했다.
> "문제는" 앨리스가 대꾸했다.
> "단어를 그렇게 수많은 의미로 쓸 수 있느냐는 거죠."
> "문제는" 험프티 덤프티가 말했다.
> "누가 주인이 되느냐는 거지. 그뿐이야."
> ―루이스 캐롤, 『거울 나라의 앨리스』

맞춤법 검사기는 기막힌 발명품이지만 틀린 철자만 고쳐 줄 뿐 맥락과 무관하게 잘못 쓴 단어는 집아내지 못한다. 교열 작업의 내부분이 이런 오류를 잡아내는 일인데, 장담컨대 최고의 작가라는 사람들도 이런 실수를 범한다.

a lot/allot, allotted, allotting

a lot of ~는 '다수[다량]의, 많은'을 뜻하는 형용사다.

    allot은 '할당하다, 배정하다'를 뜻하는 동사다.

advance/advanced

advance는 동사로 '전진하다, 나아가다'를 뜻하며, 과거형은 advanced다.

    명사로는 '전진, 진보'를 뜻한다. '미리 주는 돈'이라는 의미의 '가불금'이나 원고를 아직 완성하지 못한 작가에게 미리 지급하는 '선금'이라는 의미도 있다.

in advance 형태로 쓰이면 '미리'를 뜻하기도 한다.

advnaced가 형용사로 쓰이면 보통 사람보다 등급이나 수준, 정도 따위가 높은 상태를 가리키는 '상급[고급]의'을 뜻한다.

안타깝게도 advance를 advanced로 잘못 쓰는 실수(출판 업계에만 해도 bound galley*가제본를 advanced edition고급편으로 잘못 알고 있는 사람들이 많다)가 자주 눈에 띈다.

adverse/averse

adverse는 '좋지 않은, 해로운, 불운[불행]한'을 뜻하고, We are enduring adverse weather.우리는 악천후를 견뎌 내고 있다.처럼 쓴다.

averse는 '반대하는, 질색하는, 반감[거부감]을 가지는'을 뜻하고 I am averse to olives and capers.나는 올리브랑 케이퍼가 너무 싫어.처럼 쓴다.

affect/effect

affect와 effect를 단번에 구별하는 방법으로 affect는 동사(This martini is so watery, it doesn't affect me at all.이 마티니는 너무 묽어서 전혀 취기가 돌지 않는군요.)로, effect는 명사(This martini is so watery, it has no effect on me at all.)로 쓰인다는 점을 드는데, 사실이긴 하지만 다른 차이점도 있다.

affect는 '주관적인 정서가 관찰 가능한 형태로 표현된 행동 양식'이라는 뜻의 명사로도 쓰인다. 이를테면 정신과 의사는 a traumatized patient's affect트라우마에 시달리는 환자의 정동라는 표현을 쓴다.

*가제본—책의 꼴은 그럴듯하게 갖췄지만 교정 전 상태인—은 조판된 원고를 책처럼 제본한 형태를 말하는데, 서평가, 서점 구매 담당자, 그리고 책 광고에 써먹을 추천사를 써 줬으면 하는 이들에게 주로 발송된다.

effect는 effect change변화를 가져오다에서처럼 '어떤 결과[효과]로서 ~를 초래하다'라는 의미의 동사로도 쓰인다.

affect a posh accent상류층 억양을 과장되게 쓰다, his personal effects그의 소지품, in effect사실상, 실제로는에서처럼 '(말투 등을) 꾸미다affect', '물건, 소유물effects', '효력effect' 등 그 외 의미로 쓰일 때는 혼동하는 일이 거의 없는 듯하다.

aid/aide

aid는 동사로 '돕다'를 뜻하고, aide는 명사로 '보조, 조수'를 뜻한다.

aisle/isle

이 둘을 바꿔 쓰는 건 비교적 최근에 나타난 경향인 듯하니 얼른 제동을 거는 게 좋겠다.

aisle은 예배당, 비행기, 극장 등의 좌석 간 통로나 슈퍼마켓 진열대 사이의 통로를 말한다.

isle은 (주로 작은) 섬island을 말한다.

all right/alright

거트루드 스타인은 1931년에 출간된 『글쓰는 법How to Write』에서 (거투르드 스타인이 재미있는 사람이라고 생각한다면 재밌겠지만) 독자를 어리둥절하게 만드는 다음 구절에서 alright을 쓴 바 있다.

> A sentence is alright but a number of sentences make a paragraph and that is not alright.
> 한 문장은 괜찮지만 여러 문장이 모여 한 단락을 이루는 건 좋지 않다.

피트 타운젠드가 작곡한 the Who의 노래 〈애들은 걱정 없어The Kids Are Alright〉*에도 alright이 쓰였다.

이 외에도 alright을 쓴 예는 많다. 하지만 alright이 정갈해 보이지 않는다는 이유로 쓰지 말아야 한다고 주장하는 사람들이 많고, all right에 비하면 인쇄물에서도 그다지 자주 등장하는 편은 아니다. 그래도 alright을 써야 할지 말아야 할지 의견을 구하는 질문을 자주 받는다는 사실에 비춰 보면 좋든 싫든 alright이 세를 넓히고 있는 건 확실한 듯하다. 나는 예나 지금이나 alright이 마뜩잖다. altogether/all together, already/all ready의 경우처럼 의미가 확연히 다른 것도 아닌데 별도의 단어로 인정해야 될 만큼 all right과 유의미한 차이가 있다는 생각은 안 들기 때문이다. 여러분은 나와 정반대로 생각할지도 모르지만.†

allude/allusion/allusive/elude/elusive

allude는 '넌지시 말하다, 내비치다'를 뜻하며, 직접적으로 말하기 곤란한 주제를 암시할 때 주로 쓰인다.

allusion은 그렇게 넌지시 언급하는 것을 말한다.

elude는 은행털이범이 포위망을 빠져나가는elude a dragnet 경우에서처럼 '피하다, 벗어나다'를 뜻한다.

elusive는 '붙잡기[파악하기/이해하기/기억하기] 어려운'을 뜻하며, 잠에

---

*아네트 베닝과 줄리앤 무어가 출연한 2010년 영화의 제목은 《에브리바디 올라잇The Kids Are All Right》이다.

†좋다. 교열이라는 측면에서 보면 적게 위안을 주는 셈이라 여기 주석에 조그맣게 숨겨 둔 건데, 짜증이 묻어나는 표현인 Alright already(알았다니까!)는 내 눈엔 괜찮아 보인다. 하지만 양보는 여기까지다. 오늘은.

서 막 깼을 때는 아련하게 떠오르다가 곧 잊어버리는 꿈은 elusive dream _{기억하기 어려운 꿈}이라고 한다.

altar/alter

altar는 종교 의식에서 제물을 바치거나 선사품을 놓는 제단을 말한다.

alter는 '바꾸다'를 뜻한다.

alternate/alternative

내가 띄엄띄엄 활동하는 '엄밀하게 따지는 클럽'에 따르면, 엄밀하게 말해 alternate은 '무언가를 대신[대체]하는 것'을 뜻하고 alternative는 실행 가능한 '선택지'—셋 이상 또는 적어도 둘—를 뜻한다. 가령 차 사고 때문에 어쩔 수 없이 코네티컷의 도로에서 빠져나와 포투켓을 경유해 보스턴으로 가는 길을 찾아야 한다면 대체 노선_{alternate route}을 탈 수밖에 없다는 뜻이고, 고속도로가 아닌 국도를 타고 보스턴으로 한번 가 볼까 싶은 경우라면 우회 도로_{alternative route}를 택했다는 뜻이다.

어떤 일을 격주로 수요일마다_{every other Wednesday} 할 경우 수요일마다 번갈아_{alternate Wednesdays} 그 일을 한다는 뜻이고, 변덕이 심하다면 번갈아 _{alternately} 좋았다 싫었다 한다는 말이다. 라자냐는 면과 소스, 치즈를 번갈아 쌓아 올린 것_{alternate layers}을 말한다. 요컨대 alternate은 사전에 나온 표현을 빌리면 succeeding by turns_{차례를 바꿔 가며 잇따르는}를 뜻한다.

alternative_{대안(적인)}는 alternative medicine_{대체 의학}, alternative lifestyle

대안적 생활 양식, alternative music대안 음악 등에서처럼 주류normalcy*에서 벗어난 선택지를 뜻한다(못마땅한 뉘앙스를 풍길 수 있으니 주의해야 한다).

alternate identity대안적 정체성(퍼시 블래크니 경의 스칼렛 핌퍼넬, 폴 루번스의 피위 허먼, 브루스 웨인의 배트맨 등)는 alter ego또 다른 자아, 분신†라고도 한다.

ambiguous/ambivalent

ambiguous는 ambiguous meaning알쏭달쏭한 의미에서처럼 '명료하지 못한, 애매해서 오해의 소지가 있는'을 뜻한다.

ambivalent는 ambivalent attitude양가적 태도에서처럼 '상반된 감정을 품은'을 뜻한다.

amok/amuck

run amok미친 듯이 날뛰다, 몹시 난폭하게 굴다은 원래 '울화가 터져 살기등등한 광기를 내보이다'를 뜻하는데, 백과사전에 따르면 amok이라는 말이 유래한 말레이시아 특유의 현상이라고 한다. '살의'라는 뉘앙스를 덜어내고 요즘식으로 표현하자면 설탕을 과잉 섭취한 여섯 살배기 아이들이 때로 불안 증세를 보이며 난리법석을 피우는 광경을 연상시키는 말이라고 할까.

amuck은 amok의 또 다른 철자법으로, 한때는 이렇게 표기하는 사람이 더 많았다. 1940년대에 들어서면서 amok이 대세가 됐는데, Amuck

---

*대안적 표현으로 normality(표준)를 써도 좋다.
†필명(pseudonym)은 대안적 '정체성'이 아닌 대안적 '이름'을 말하며, 전문적, 문학적, 정치적, 그리고 가끔은 테러 목적으로도 쓰인다. 샬롯 브론테는 '커러 벨', 찰스 도지슨은 '루이스 캐럴', 레프 다비도비치 브론슈타인은 '레온 트로츠키', 일리치 라미레스 산체스는 '카를로스 더 자칼'을 필명으로 썼다.

이라는 이름의 대피 덕Daffy Duck이 등장하는 1953년 메리 멜로디스Merrie Melodies 시리즈의 고전 영화 《미치광이 오리Duck Amuck》에서 amock을 일부러 amuck으로 틀리게 썼던 건 순전히 웃기려는 의도였겠거니 생각한다.

amuse/bemuse/bemused

amuse는 '즐겁게 해 주다'를 뜻한다.

bemuse는 '당혹하게[어리둥절하게] 하다, 마음을 빼앗다, 어찌할 바를 모르게 하다'를 뜻한다.

짜증스러우면서도 재밌다는 듯 짐짓 점잖은 체하며 상대방을 조소한다는 의미로 bemused를 쓰는 사람들이 부쩍 많아진 현상에 제동을 걸기란 쉽지 않아 보인다. 그렇다고 이를 방치한다면 분명 이 단어의 쓰임새를 깡그리 무시하는 격이 될 것이다. '어찌할 줄 모르게 하다, 몹시 난처[당혹]하게 하다'라는 뜻으로 별 문제 없이 쓰이던 nonplus가 이제는 정반대의 의미로 쓰이는(I wasn't frightened at all; I was completely nonplussed.하나도 겁이 안 났어. 어떡해야 할지 모르겠더라고.) 상황을 방치하는 바람에 대체 어떤 의미로 쓰라는 건지 종잡을 수 없게 된 것과 다를 바 없기 때문이다. 그런 일이 생길 거라고 분명히 경고했건만.

anymore/any more

anymore는 '이제는, 더 이상'을 뜻하고, I've a feeling we're not in Kansas anymore.우리 이제 캔자스를 벗어난 것 같아.처럼 쓴다.

any more는 추가 수량을 말하며, I don't want any more pie, thank you.고맙지만 파이는 이제 그만 먹을래요.처럼 쓴다.

적어도 미국에서는 anymore라고 쓰면 되니 any more의 역사까지 거슬러 올라갈 필요는 없겠다(영국인들은 여전히 anymore에 시큰둥하다).

appraise/apprise

appraise는 '평가[사정]하다'라는 의미로, have a gem appraised to determine its worth가치를 감정해야 할 보석이 하나 있다처럼 쓴다.

apprise는 '~에게 통보[고지]하다'라는 의미로, apprise one's boss of one's vacation plans 휴가 일정을 상관에게 알리다처럼 쓴다.

assure/ensure/insure

assure는 '확신[안심]시키다, ~에게 장담하다'를 뜻하고, I assure you we'll leave on time.우린 제시간에 꼭 도착할 거야에서처럼 사람을 목적어로 취한다.

ensure는 '보장하다, 확실하게 하다'를 뜻하고, The proctor is here to ensure that there is no talking during the test.여기 계신 시험 감독관께서 시험 도중에 대화를 하지 못하도록 감독하실 겁니다에서처럼 사람이 아닌 사물 등을 목적어로 취한다.

insure는 '~을 보험에 들다'라는 의미로, 주로 사고나 재해 등 장차 일어날지도 모를 불의의 사고에 대비하는 일과 관련해 쓰인다.

baited/bated

baited는 '미끼를 놓다[달다]'를 뜻하는 bait의 과거(분사)형이다.

bated는 '감소된, 누그러진, 억제된'을 뜻하며 주로 breath와 어울려 쓰인다. 가령 await ~ with bated breath는 '숨죽이고 ~를 기다리다'를 뜻하는데, 이는 (옛날식으로 말하면) be on tenterhooks안절부절못하다를 의미한다.

baklava/balaclava

baklava는 잘게 부순 땅콩과 꿀을 밀가루 반죽에 넣어 만든 중동 지방의 페이스트리를 가리킨다.

balaclava는 (실용성과 원활한 호흡을 위해 눈과 입 부위는 제외하고) 얼굴 전체를 가리는 복면을 말한다. 스키 마스크와 비슷하달까.

말려서 절인 대구를 뜻하는 baccalà_{바깔라}, 현악기의 하나인 balalaika_{발랄라이카}, 1932년 호러 영화 《프릭스*Freaks*》의 인간 오리 역으로 가장 많이 알려진 배우 Olga Baclanova_{올가 바클래노바}와 혼동해선 안 된다.

bawl/ball

bawl one's eyes out은 '눈이 붓도록 울다'를 뜻하는 관용어다.

ball one's eyes out이라는 관용어는 없다.

berg/burg

berg는 '빙산'을 뜻한다.

burg는 원래 '소도시, 읍, 마을'을 뜻하지만 속어에 가깝고 요즘은 잘 쓰지 않는 구식 표현인 데다 무례하게 들릴 때가 많다. 어떤 마을이나 도시가 유독 적막하거나 볼품없거나 낙후돼 있다면 burg가 아닌 podunk burg_{벽지 마을, 한촌}라고 한다.

beside/besides

beside는 Come sit beside me._{내 옆에 와서 앉아!}에서처럼 '~ 바로 옆에'를 뜻한다.

besides는 There's no one left besides Granny who remembers

those old days.그 옛 시절을 기억하는 사람은 다 죽고 이제 할머니만 생존해 계신다에서처럼 '~을 제외하고, ~이외에는'을 뜻한다.

besides를 beside로 잘못 쓰는 경우가 많다. 영국식인 backwards/towards가 아닌 backward/toward를 써야 한다고 주입한 결과 besides도 피해야 할 영국식 표현으로 넘겨짚은 게 아닐까 싶다. 아니면 anyways의 사촌뻘로 착각이라도 한 걸까.

black out/blackout

black out은 '정신을 잃다, 실신하다'를 뜻하는 동사로, black out after binge drinking폭음 뒤 정신을 잃다처럼 쓴다.

blackout은 '의식 상실, 정전, 보도 통제[금지]'를 뜻하는 명사다.

blond/blonde

blond는 He[She] has blond hair.그[그녀]는 머리가 금발이다에서처럼 '(머리가) 금발인'이라는 의미의 형용사로 쓰인다.

또한 '머리가 금발인 사람'을 뜻하는 명사로도 쓰이며 '금발 머리 남자'는 blond, '금발 머리 여자'는 blonde로 구분해 쓴다. blonde의 경우 문화적 뉘앙스가 강해 dumb blonde백치 금발와 같은 경멸조의 상투적 표현으로 들릴 수 있으니 기분 상할 일이 없도록 주의해서 써야 한다.

blonde를 형용사처럼 쓰는 사례가 없진 않다. 무작위로 검색해 봐도 엠마 엠버리Emma Embury가 1841년경에 발표한 에세이 「흥미로운 이방인 *The interesting stranger*」의 한 대목인 "the blonde hair, rosy cheeks and somewhat dumpy person of her merry sister금발 머리와 발그레한 뺨을 가진, 땅딸막

하고 쾌활한 그녀의 여동생"*가 곧바로 걸려드니 말이다. blonde를 굳이 형용사로 쓰겠다면 여성에게만 쓰라고 당부하는 바다. 단어 끝에 -e를 붙인 프랑스어의 여성형 명사이기 때문이다.

boarder/border

boarder는 '하숙생'을 뜻한다.

border는 나라와 나라를 지리적으로 분리하는 '경계'를 뜻한다(편집자라면 으레 그러듯 내 편집자도 어깨 너머로 힐끗 보곤 둘의 차이점은 누가 봐도 뻔하고 표제어 목록도 너무 길어졌으니 빼자고 제안했지만, 나도 오죽하면 이럴까).

born/borne

문자 그대로나 은유적으로나 어제 태어났든 born yesterday 트렁크에서 태어났든 Born in a trunk, 주디 갈런드의 노래 제목 혼외로 태어났든 born out of wedlock 뉴욕 태생이든 New York-born 출생과 관련될 때는 born을 쓴다.

어떤 질병이 곤충을 매개로 한다거나 insect-borne 열매를 맺는다거나 have borne fruit 무기를 소지하는 have borne arms 것처럼 '몸에 지니다, 열매를 맺다, 퍼뜨리다' 등의 뜻을 나타낼 때는 borne bear의 현재분사형을 쓴다.

한편 비극적 시련을 딛고 결국 승리한다고 tragedy is born of tragedy 할 때는 born을, 원대한 계획이 뜻대로 실현되지 않는다고 not be borne out in reality 할 때는 borne을 쓴다.

*다른 사람의 쾌활한 여동생에 대해 할 소리는 아니다.

breach/breech/broach/brooch

breach는 동사로 '깨뜨리다, 구멍을 뚫다'를 뜻한다.

명사로는 a breach in a dam댐의 균열, a breach of etiquette결례[실례]에서처럼 '틈, 구멍, 위반'을 뜻하기도 한다. 셰익스피어의 희곡 『헨리 5세』에는 "Once more unto the breach, dear friends, once more.다시 한 번 성곽 틈새로, 친애하는 벗들이여, 다시 한 번 더."라는 구절이 나오는데, 여기서 breach는 말 그대로 봉쇄당한 아쟁쿠르의 장벽에 낸 균열을 가리킨다. 비유적인 의미로 흔히 step into the breach(갑자기 일을 못 하게 된 사람을) 대신하다[대신해서 공백을 채우다]라는 표현을 쓰는데, 이를 step unto the breach로 틀리게 쓰는 경우가 많다.

breach는 '바다 위로 고래가 뛰어오르는 모습'을 뜻하는 명사로도, '고래가 물 위로 뛰어오르다'를 뜻하는 동사로도 쓰인다.

breech는 '엉덩이'를 뜻하는 구식 표현으로, '바지'는 한때 breeches라고 불렀으며 breech birth는 '태아가 엉덩이부터 (또는 다리부터) 나오는 분만'을 뜻한다.

broach는 '(주제·문제 등을) 꺼내다'를 뜻한다.

brooch는 장신구인 브로치를 말한다.

breath/breathe/breadth

breath는 '호흡, 숨'을 뜻하는 명사, breathe는 '숨쉬다, 호흡하다'를 뜻하는 동사이므로 lose one's breath숨차다, 헐떡이다, breathe one's last breath마지막 숨을 거두다, 죽다처럼 써야 한다.

breathe를 breath로 잘못 쓰는 경우가 많고 한번 잘못 쓰면 알아채기도 어렵기 때문에 각별한 주의가 필요하다.

'폭, 너비'라는 의미의 명사 breadth를 잘못 쓰는 일은 좀처럼 없는 듯하니—length길이, breadth, width폭는 있는데 왜 heigth*는 없느냐고 물어볼 때나 등장하는 정도다—그런 게 있다는 것만 알아 두자.

bullion/bouillon

bullion은 '금속'을, bouillon은 '육수'(작은 큐브 모양으로 건조된 것도 있다)를 뜻한다.

cache/cachet

cache는 '귀중품을 숨겨 두는 은닉처' 또는 '은닉 물자'를 뜻하며, 동사로는 '(비밀 장소에) ~을 감추다, 몰래 숨기다'를 뜻한다. 따라서 cache one's cache of cash in an underground cache지하 은닉처에 현금을 숨겨 놓다라는 표현도 가능하다.

cachet은 '위신, 높은 지위[명성]'을 뜻한다. 가령 이디스 워튼의 소설 『그 지방의 관습』에 등장하는 탐욕스러운 야심가 언딘 스프라그는 결혼을 사회적 명망social cachet과 돈cash을 위한 수단으로 여긴다.

앞서 말했듯 내 전문 분야가 철자와 용법이긴 하지만 cache는 cash와 발음이 똑같고 cachet은 음절이 두 개라 ka-shay로 발음한다는 사실은 기꺼이 알려주는 바다.

---

*예전에는 heigth라고도 썼지만 지금은 비표준어 내지 사투리로 취급받고 있다. 불만족스러운 설명이란 바로 이런 거다.

callous/callus

callous는 '냉담한'을 뜻하고, callus는 '굳은살[못]'을 뜻한다.

이 둘을 바꿔 쓰는 경우가 수없이 많다. 틀리지 않고 한번에 쓰면 '참 잘했어요' 도장을 백 번이라도 찍어 주겠다.

canvas/canvass

canvas는 '(돛을 만들거나 화폭 등으로 쓰는) 천, 직물'을 뜻하는 명사고, canvass는 '투표[의견] 등을 간청하다'를 뜻하는 동사다.

capital/capitol

capital은 명사로 '수도, 고유 명사나 문장의 첫머리에 나오는 대문자, 자본(금), 기둥머리' 등 다양한 뜻으로 쓰인다. '(범죄 등이) 사형에 처할, 죽어 마땅한'이라는 의미의 형용사로도 쓰인다. 영국인들은 Brilliant!아주 좋아!를 쓰기 전에 Capital!최고야!을 쓰곤 했다.

capitol은 미국 수도capital 워싱턴에 소재한 돔형의 Capitol(이 경우 고유 명사이므로 첫 글자는 대문자로 쓴다)처럼 법을 제정하는 곳인 '국회의사당'을 뜻한다.

carat/karat/caret/carrot

carat은 보석의 무게를 재는 단위다.

karat은 합금에 함유된 금의 양을 나타내는 단위로, 순금은 24캐럿이다.

caret은 '탈자[삽입] 기호(^)'를 뜻하며, 빠진 글자를 삽입할 위치를 나타내는 교정부호다.

carrot은 워너 브라더스의 토끼 캐릭터 벅스 버니Bugs Bunny의 주식이다.

casual/causal

이 두 단어는 잘 가려 써야 한다. casual relationship가볍게 만나는 관계을 주제로 글을 쓸 생각이었는데 어쩌다 보니 causal relationship인과 관계에 대한 글이 되고 만 상황은 원치 않을 테니 말이다. 철자는 거의 차이가 없지만 의미에는 엄청난 차이가 있다.

chord/cord

chord는 음악 용어로 '화음'를 뜻한다. strike a chord심금을 울리다에서처럼 '심금, (특수한) 감정'을 뜻하기도 한다.

 cord는 '(노)끈, 가는 새끼줄'을 말한다.

 vocal chords성대를 vocal cords로 틀리게 쓸 때가 많다.

cite/sight/site

cite와 site를 바꿔 쓰는 실수가 부쩍 눈에 띈다. cite는 cite a reference book[a website]참조 도서[웹사이트]를 인용하다에서처럼 '인용하다'를 뜻한다. 그러고 보니 (웹)사이트(web)site에서 찾아낸 정보를 인용하면서cite 그 출처를 알려 주는 경우라면 cite와 site를 혼동할 가능성은 있겠다(그렇긴 해도 이 경우 site를 동사로 쓰는 건 문맥상 어색하다).

 site는 명사로 '부지, 장소, 터'를 뜻하고 동사로는 '(건축물의) 위치를 정하다'를 뜻하는데, '명소'를 뜻하는 sights, '관광'을 뜻하는 sightseeing, '광경'을 뜻하는 sight와 발음이 같다는 사실도 혼란을 더욱 부추긴다.

sight는 '(총 등의) 가늠쇠[자], 조준기'라는 뜻도 있어서 have[get] in one's sights~에 조준을 맞추다, 목표를 삼다라는 표현도 곧잘 쓰인다.

classic/classical

classic은 '걸작, 고전'을 뜻하고, 형용사로 쓰이면 '일류의, 전형적인, 대표적인'을 뜻한다. 가령 비치보이스의 노래 〈그러면 좋겠어Wouldn't It Be Nice〉는 명곡a classic pop song이고 (권하고 싶진 않지만) 대표적인classic 숙취해소제는 해장술이다.

classical은 '고대 그리스 로마의, 고전[클래식] 음악의'를 뜻하므로 고대 그리스 로마 문명이나 18~19세기 교향악을 가리킬 때 써먹으면 되겠다.

climactic/climatic

climactic은 '절정[최고조]의'라는 의미로, 소설이 대단원에 다다를 때 느끼는 짜릿함과 관련이 있다. climatic은 '기후의'라는 의미로, 별로 짜릿할 일이 없는 기상학적 현상과 관련이 있다.

come/cum

엄밀한 구분법은 없지만 성적인 비유라는 측면에서 come은 '절정에 이르다'라는 뜻으로 쓰이고, cum은 '정액'을 뜻하는 속어로 쓰인다.

cum은 고리타분한 접속사로 쓰여 desk-cum-bureau책상 겸 접수처에서처럼 '~이 붙은[딸린], ~을 겸한'을 뜻하기도 한다. 주로 복합어를 만드는 두 단어 사이에 놓여 하이픈으로 연결된다.* 라틴어에서 유래하긴 했지만 수백

*a memoir-cum-murder mystery(살인 미스터리 회고록)에서처럼 엔 대시로 연결하기

년 동안 통용되면서 번듯한 영어로 자리 잡았으므로 이탤릭체가 아닌 로마체로 표기해야 한다. 나이가 들어도 철들지 않는 자들† 사이에서 실실 웃음을 흘리게 하는 경향이 있으니 신중하게 쓰자.

complement/complementary/compliment/complimentary

complement는 '보완하다, 잘 어울리다'를 뜻하며, A diagonally striped tie complements a vertically striped shirt.사선 줄무늬 넥타이가 세로 줄무늬 와이셔츠와 잘 어울린다처럼 쓴다.

잘 어울리는 넥타이와 와이셔츠를 착용한 말쑥한 차림새를 보고 '찬사를 보내다'라고 할 때는 pay a compliment를 쓴다.

비서 직군에서는 맞춤법을 틀리지 않는 것과 빠르고 정확하게 타자를 치는 능력이 서로를 보충하는 관계, 즉 상호보완적인complementary 기술로 여겨진다.

만일 내가 여러분에게 맞춤법과 타자 치는 기술을 돈을 받지 않고 가르쳐 준다면 무료complimentary 서비스를 해 주는 것이다.

confidant/confidante

신뢰confidence를 주고받는 사람을 두고 '절친한confidant 친구'라고 표현할 때는 성별에 따라 여성 명사형 confidante(비밀을 털어놓을 수 있는)절친한 여자친구와 남성 명사형 confidant를 구분해 써야 한다.

(대다수는 fiancé약혼자/fiancée약혼녀를 정확하게 구분하지만 대다수라고 해서 모

도 한다.
†사실상 내가 아는 모든 이들

두가 그렇다는 건 아니다.)

conscience/conscious

conscience양심(의 가책)는 선악을 판단하게 해 주는 내면의 목소리다. 디즈니 만화 영화 《피노키오》에서는 피노키오의 양심이 '지미니 크리켓Jiminy Cricket'이라는 등장인물—뭐, 곤충이긴 하지만—로 구현된다. 여담이지만 Jiminy Cricket!은 어처구니가 없을 때 내뱉는 욕인 Jesus Christ!젠장[빌어먹을]!의 완곡 표현으로도 쓰인다.

conscious는 '의식하고 있는, 신경 쓰는, 자각하는'을 뜻하는 형용사다.

continual/continuous

continual은 '계속되는, (지겹게) 거듭[반복]되는'을 뜻하며 시작과 멈춤, 휴지와 중단이 있는 경우에 쓰인다. continual thunderstorms간간이 해가 비치는 가운데 계속되는 폭우 또는 continual bickering사이좋게 지내다가도 늘 티격태격하는 것이 여기에 해당한다.

continuous는 '끊임없는'을 뜻한다. 노아의 방주처럼 수그러들 줄 모르는 비가 40일 밤낮으로 내린다면 이 형용사를 써도 된다.

coronet/cornet

coronet은 '작은 왕관'을 뜻한다. cornet은 트럼펫처럼 생긴 악기인 코넷을 말한다.

criterion/criteria

criterion은 '(판단·평가 등의) 기준, 척도'를 뜻하는 단수형 명사다. 복수형은 criterions(진짜 이렇게 쓰던 시절도 있었다. 언제적 얘기인가 싶지만)가 아니라 criteria라고 한다.

복수형이 더 고급스럽다고 생각하는 모양인지 단수형을 써야 할 때 복수형으로 틀리게 쓴 경우가 자주 눈에 띈다.

crochet/crotchety/crotchet

crochet는 '코바늘용 바늘 crochet hook로 바느질을 하다, 코바늘로 뜨다'를 의미한다. crocheting 코바늘 뜨기은 knitting 뜨개질과는 달라서(tatting 레이스 뜨기과도 다르다) 이 둘을 바꿔 쓰면 두 가지를 다 하는 사람들이 불쾌해하며 확 짜증을 낸다.

그런 의미에서 crochety는 '투덜대는, 괴팍한, 신경질적인, 걸핏하면 화를 내는'을 뜻한다.*

crotchet은 '별난[변덕스러운] 생각'을 뜻한다(미국인은 '4분음표'를 quarter라고 부르고 영국인들은 crotchet이라고 한다. 영국인들은 대수로울 것 없는 음악 박자에도 별 재미난 이름을 붙인다).

croquette 크로켓(감자 등을 으깨 튀긴 음식)과 croquet 크로케(구기 종목)을 혼동하는 사람은 본 적이 없으니 이쯤에서 넘어가자.

---

*tetchy와 이보다 낯익은 touchy는 어떤 차이점이 있냐고? 딱히 없다. 둘 다 '신경질적인'을 뜻한다. 이와 달리 tetched는 '약간 머리가 돈'을 뜻한다.

cue/queue

이 두 단어는 철자가 비슷하지도 않은데 보아 하니 바꿔 쓰는 경우가 늘고 있다.

cue는 연기자에게 대사나 연기를 시작하라고 주는 신호, 즉 '(큐) 사인'을 뜻한다. 톰 테일러의 1858년 희곡 『우리 미국인 사촌』에 나오는 대사 "You sockdologizing old man-trap장광설이나 늘어놓는 늙은 요부 같으니"은 역사상 가장 악명 높은 큐 사인이 아닐까 싶다. 이 작품이 상연되는 도중 존 윌크스 부스―이 연극에는 출연하지 않았지만 그 또한 배우다―가 에이브러햄 링컨을 암살하지만 이 대사를 듣고 청중이 웃음을 터뜨리는 바람에 총소리가 묻히고 말았기 때문이다.

동사로 쓰이면 '시작 신호를 보내다'를 뜻하고, 명사로 쓰여 take a cue라고 하면 '다른 사람의 행동을 그대로 본뜨다'를 뜻한다.

queue는 '(한 갈래로) 땋아 내린 머리'를 뜻하는데, 특히 중국 남성들이 하는 전통적인 변발을 가리킨다. 하지만 길게 늘어선 줄을 의미할 때가 더 많다(2열 종대로 걷는 긴 행렬을 crocodile이라고 부른다는 사실은 몰랐을 것이다). '(방송 프로 등의) 예정표, 편성'이라는 의미도 있어 넷플릭스에서 여러분을 기다리는 DVD 재생 목록을 가리킬 때도 쓰인다. 아직도 DVD를 본다면 말이다.

주로 queue up줄을 서다이라는 형태의 동사로 쓰이므로 cue up(파워포인트 프레젠테이션 등을) 준비시키다과 혼동하는 일은 없도록 하자.

queue는 얼마 전까지만 해도 지극히 영국스러운 동사로 통한 탓에 미국인이 queue up을 쓰면 허세의 극치로 보는 눈이 많았다. 이 단어가 언제 미국에 유입됐는지는 확실하지 않지만 지금은 영주권을 취득한 게 확실해 보인다.

dairy/diary

이 두 단어의 의미를 혼동할 일은 없을 듯하다. 철자가 헷갈려 오타가 날지는 몰라도. 더 보탤 말이 없다.

defuse/diffuse

defuse는 문자 그대로 '(폭탄·지뢰)의 신관fuse을 제거하다de-'를 뜻한다. 비유적으로 '(~의 위기를) 해소하다, (~의 긴장을) 완화시키다'를 뜻하기도 하는데, 가령 잔뜩 골이 난 사람들을 진정시키는 상황이라면 defuse a thorny situation골치 아픈 상황을 해소하다이라고 표현할 수 있다.

diffuse는 '널리 퍼진, 분산된'이라는 의미의 형용사로 쓰이거나(diffuse settlements in a vast territory광대한 영토에 분산된 정착지) '퍼지다, 흩어지다, 확산하다'라는 의미의 동사로 쓰인다(Air freshener diffuses[is diffused] through a room.방향제 냄새가 방에 누루 퍼진다).

demur/demure/demurral

demur는 '반대하다, 이의를 제기하다'를 뜻하는데, 발음할 때 부드럽게 진동하는 소리가 나서인지(아니면 demure와 비슷해 보여서인지) 정중하게 반대를 표명할 때 흔히 쓰인다.

without demur[demurral]이의 없이에서처럼 '이의, 반대'라는 의미의 명사로도 쓰인다. demur와 demurral은 '지연, 지체'라는 뜻도 있지만 잘 쓰이진 않는다.

demure는 '얌전한, 조용한'을 뜻하는 형용사다.

descendant/descendent

descendant는 명사로 '자손, 자손의 자손'을 뜻한다. descendent는 '(~의) 자손의, (~에서) 파생한', '내려가는, 하강하는'을 뜻하는 형용사다.

그래 봤자 별 도움이 안 될 텐데도 둘을 바꿔 쓰는 경우가 간혹 있다.

(전자를 쓸 일이 훨씬 많다. 후자는 거의 볼 일이 없다.)

desert/dessert

우리 중 대다수는 '사막'을 뜻하는 desert와 '디저트'를 뜻하는 dessert를 정확히 구분한다.

다만 '인과응보를 받다get what one deserves'라는 의미의 고상한venerable* 표현을 구사해 보려다 get[receive] one's just deserts응분의 대가를 치르다의 deserts를 desserts라고 잘못 쓴다는 게 문제다.

초콜릿 무스와 파이 두어 조각을 즐겨 보겠다는 가벼운 마음으로 레스토랑에 간다면 recieve just desserts라고 쓰는 게 맞겠지만.

disassociate/dissociate

'분리하다, 떼어 놓다'를 뜻하는 동의어로, 두 단어 모두 거의 비슷한 시기에 영어에 등장했다. 둘 다 써도 무방하지만 왠일인지 disassociate가 괜한 욕을 먹고 있는데, 어찌 보면 그럴 만도 하다. 심리학 용어인 dissociation해리(解離)—위기 상황에서 의식이 현실과 단절되는 것—을 disassociate의 명사형으로 쓰는 경우가 있기 때문이다. 추수감사절 식사 자리에서 인종차

---

*venerable을 '고명한, 고상[고매]한'이라는 뜻으로만 쓰는 사람도 있고 '매우 오래된'이라는 뜻으로만 쓰는 사람도 있는데, 두 의미 모두 포함된 단어로 보는 편이 옳을 듯하다.

별적 언사를 일삼는 삼촌과 거리를 두는 경우처럼 일상적인 상황에서라면 disassociation(사람과의) 관계 부정을 써야 적절하다.

discreet/discrete

discreet은 '사려[분별/지각] 있는'을 뜻한다. 분별 있는 사람은 사리 분별 discretion을 할 줄 아는 사람이다. 그들은 신중하며 조심스럽고 경계한다.

discrete은 '분리된, 따로따로의'를 뜻한다.

이 두 단어는 특히 '애인 구함' 광고를 내는 사람들이 바꿔 쓸 때가 많다.

eek/eke

Eek!이크, 아이쿠는 쥐를 봤을 때 내지르는 소리다.

eke는 동사로 (eke out a living간신히 생계를 꾸려나가다에서처럼) '근근이 버티다'를 뜻한다.

emigrate/immigrate

'한 나라에서 다른 나라로 이주하다'는 emigrate from을, '어떤 장소로 이주해 와서 살다'는 immigrate to를 쓴다. 내 친할아버지는 라트비아를 떠나emigrate from Latvia, 미국으로 이주하셨다immigrate to the United States. 두 단어 모두 한 나라[대륙]에서 또 다른 나라[대륙]로 이주하는 경우에 주로 쓰인다. 시카고에서 뉴욕으로 갈 때나 시카고에서 파리로 가는 경우라면 emigrate를 쓰지 않는다.

eminent/imminent/immanent

eminent는 '명망이 있는, 저명한'을 뜻한다.

imminent는 '금방이라도 닥칠 듯한, 목전의, 임박한'을 뜻한다.

immanent는 '내재하는'을 의미한다. 즉 내장돼 있다built in는 말로, 헌법에 명시된 권리('헌법내재적인 규범')나 신에 대한 관념('내재적 신')에 대해 말할 때 주로 쓰인다.

envelop/envelope

envelop은 동사로 '감싸다, 에워싸다'를 뜻한다. envelope은 명사로 '편지를 넣기 위해 종이로 만든 봉투'를 뜻한다.

epigram/epigraph

epigram은 간결하고 재치 넘치며 대체로 익살스러운 경구를 말한다. 오스카 와일드가 릿츠 크래커를 길오리에게 툭툭 던지듯 내뱉는 말이랄까. 가령 오스카 와일드의 『진지함의 중요성』에 등장하는 "All women become like their mothers. That is their tragedy. No man does. That's his." 모든 여자들은 자신의 어머니처럼 된다. 그게 그들의 비극이다. 남자들은 절대 그렇지 않다. 그게 그들의 비극이다는 사람들이 즐겨 인용하는 경구다.

epigraph(책머리·장(章)의) 제사(題辭)는 권두, 즉 헌사 바로 뒤나 장 시작 전에 나오는—익살과는 거리가 멀지만 대체로 간결한—말로, 어떤 기억이나 감정을 환기시키는 인용구를 말한다.

everyday/every day

everyday는 형용사(everyday occurrence일상다반사), every day는 부사다 (I go to work every day.나는 매일 출근한다.).

everyday를 부사로 잘못 쓰는 경우가 많다. 여간 성가신 게 아니니 부탁인데 감히 이 추세에 기름을 끼얹을 생각은 마라.

evoke/invoke

evoke는 코코넛이나 럼주의 향이 열대 지방에서 보낸 휴가를 떠올리게 한다거나 어느 현대 작가의 호러 소설이 이디스 워튼, M. R. 제임스 등의 소설*을 떠올리게 한다고 말하는 경우처럼 '(감정·기억을) 불러일으키다, 환기시키다'를 뜻한다.

invoke는 invoke demons to destroy one's enemy적을 물리치기 위해 악마를 소환하니에시처럼 '(주문·마술로 악마를) 불러내다'를 뜻하거나 invoke one's Fifth Amendment right to remain silent and avoid self-incrimination불리한 진술을 강요당하지 않기 위해 수정헌법 제5조의 묵비권을 행사하다에서처럼 '(법 등을) 적용하다, (법에) 호소하다'를 뜻한다.

요컨대 evoke는 비유와 관련해, invoke는 실질적인 것과 관련해 쓰인다는 것만 알면 문제 될 일은 없다.

exercise/exorcise

exercise는 헬스장에서 하는 운동을 말하고 exorcise는 악귀를 몰아내는 행위를 말하는데, 솔직히 이 둘을 혼동할 일은 별로 없다.

*둘 다 강력 추천한다. 탁월하고 품격이 느껴지면서도 읽는 이의 마음을 뒤흔든다.

다만 안절부절못하거나 신경이 날카로워졌다면 귀신 들린exorcised 게 아니라 걱정[불안]에 시달린다고exercised 해야 한다.

farther/further

farther는 물리적 거리를 나타내고(I'm so exhausted, I can't take a step farther.너무 지쳐서 한 발짝도 못 떼겠어.) further는 정도를 나타내거나 시간적 거리를 나타낸다는 게 통상적인 원칙이다(Later this afternoon we can discuss this weighty matter further.이따 오후 늦게 이 중대 사안에 대해 더 논의하도록 하죠).

애매할 때는 further을 써라. 우리 영국인 친구들은 아무 때나 further를 써서 모호함을 해결한다.

faun/fawn

faun은 신화 속에 등장하는 파우누스고대 로마 신화에 등장하는 숲의 신를 가리킨다. 반은 인간, 반은 염소의 모습을 한 사티로스satyr와 닮았지만 그보다는 덜 무섭다.

fawn은 '새끼 사슴' 또는 '엷은 황갈색'을 뜻한다. 동사로 쓰이면 '잘봐달라고 아부하다, 비위를 맞추다, 아첨하다'를 뜻한다.

faze/phase

faze는 He is fazed by the prospect of speaking in public.그는 사람들 앞에서 연설을 해야 한다는 생각에 당혹스러웠다.에서처럼 동사로 쓰여 '성가시게 하다, 폐를 끼치다, 평정심을 잃게 하다'를 뜻한다.

phase는 A child may go through a phase of refusing to eat

vegetables.아이가 야채를 안 먹으려고 하는 시기가 올 수도 있다.에서처럼 '(변화·발달의) 단계'를 뜻하며, phase out outmoded textbooks 시대에 뒤떨어진 교과서를 단계적으로 절판시키다에서처럼 '(일의 진행을) 단계적으로 하다'라는 뜻의 동사로도 쓰인다.

ferment/foment

ferment는 '발효시키다'를 뜻하고 foment는 '(분란 등을) 조장하다'를 뜻한다. ferment는 '(분노 등의) 감정이 끓어오르게 하다[자극하다]'라는 뜻의 동사로도, in a state of ferment 소요 상태에 있는에서처럼 '(정치적·사회적) 소란, 동요'를 의미하는 명사로도 쓰인다.

  ferment와 foment를 바꿔 쓰면 분노가 끓어오른다는 사람들이 있는데, 미안한 얘기지만 그렇게 바꿔 써도 딱히 틀렸다고 말하기는 어렵다.

fictional/fictitious

fictional은 The characters in a novel are fictional.소설의 등장인물은 모두 허구다.에서처럼 '허구의, 지어낸'을 뜻하며, 상상력 풍부한 예술 작품의 특징이자 구성 요소이기도 하다.

  fictitious는 '허위의, 거짓의'를 뜻하며 예술 작품이 아닌 다른 것을 꾸며내는 것을 말하는데, 가령 초등학생이 시험 당일에 결석하려고 할머니가 돌아가셨다고 지어내는 것은—할머니, 영면하소서—허위다.

flack/flak

flack은 '언론 홍보 담당자'를 말한다. flak은 '대공포 (사격)'을 말한다. 따라서 '비난을 받다'는 catch flack이 아니라 catch flak이라고 해야 한다.

flail/flay/flog

flail은 '마구 흔들다'를 뜻한다. 물에 빠진 사람이 팔을 허우적댄다면 flail one's arms팔을 휘젓다라고 한다. '강타하다'라는 뜻도 있는데, 이 의미가 확대돼 장대에 짧은 막대기를 매달아 낟알을 떨어내는 도구인 '도리깨'를 뜻하기도 한다. 이집트 미술품을 보면 파라오가 도리깨—양치기의 지팡이와는 사뭇 다르게 생긴—를 들고 있는 모습으로 등장할 때가 많다. 한편 flail은 쇠공에 뾰족한 돌기가 나 있는 중세 무기인 '철퇴'를 뜻하기도 한다.

flail과 flog가 '매질하다'를 뜻하는 동의어로 제시되기도 하는데, 개인적으론 flail 하면 몽둥이가, flog 하면 채찍이 연상된다.

flay는 '가죽[껍질]을 벗기다'를 뜻하는데, 이 의미가 확대돼 '혹평하다, (말로) 깎아내리다'라는 비유적인 의미로 쓰이기도 한다.

flair/flare

flair는 '성향[경향], 재능'(a flair for the dramatic호들갑을 떠는 경향), '세련됨'(dress with flair옷을 세련되게 입다)을 뜻한다. flare는 '확 쏟아지는[타오르는] 빛[불꽃], 신호탄, 나팔 모양, 나팔바지'를 뜻한다.

flaunt/flout

flaunt는 '으스대다, 자랑[과시]하다'를 뜻하며 주로 wealth부, power권력 등과 어울려 쓰인다.

flout는 '업신여기다, (법 등을 공공연히) 어기다[무시하다]'를 뜻하며, 그런 의미에서 당연히 the law법, the rules규칙와 붙어다닌다.

flesh out/flush out

flesh out은 '살을 붙이다, 구체화하다'를 뜻하며 flesh out a business proposal_{사업제안서를 구체화하다}에서처럼 주요 사항들을 덧붙이는 것을 가리킨다.

　flush out은 flush out a wound_{상처를 물로 씻어 내다}에서처럼 물을 세게 흘려보내 '깨끗하게 제거하다'라는 의미를 나타낸다. 또는 flush out a gang of criminals holed up in their lair_{은신처에 있던 범죄자 일당을 쫓아내다}에서처럼 '숨어 있는 사람[사물]을 강제로 내보내 노출시키다'를 뜻하기도 한다.

flier/flyer

flier는 '하늘을 나는 것'을 뜻한다. 별 관심 없는 단체가 배포하는, 받기 싫은 '전단지'를 가리켜 flier라고 하는 경우가 있는데, 아껴 뒀다가 '하늘을 나는 것'을 가리킬 때나 쓰길 바란다. 재활용 쓰레기통으로 직행하는 전단지를 가리키는 말은 flyer다.

　'위험을 감수하고 어떤 일을 해보다'를 뜻할 때 take a flier와 take a flyer를 혼용하는 경우가 있다. 딱히 떠오르는 이유는 없지만 take a flyer_{모험하다}가 맞는다(인쇄물에서는 후자를 좀 더 많이 쓴다).

flounder/founder

flounder는 '허둥대다'를 뜻한다. founder는 '가라앉다, 실패하다'를 뜻한다. 허둥대느라 실패하는 경우가 많다 보니 가끔씩 이 둘을 혼동하는 것이다.

forbear/forebear

forbear는 사순절 기간에 초콜릿을 먹지 않는 것처럼 '삼가다'를 뜻하며,

같은 맥락에서 '참고 견디다'라는 뜻으로도 쓰인다(명사형 forbearance는 '자제력'을 뜻한다).

forebear는 '조상, 선조'를 뜻한다.*

forego/forgo

forego는 '앞서다'를 뜻하고, forgo는 '~없이 지내다'를 뜻한다.

foreword/forward

foreword†는 '머리말, 서문'을 뜻하며, 주로 책의 주저자가 아닌 다른 사람이 쓴 짧막한 글을 말한다.

forward는 부사로 '(공간적·시간적으로) 앞으로'를 뜻한다. 형용사로 쓰이면 '(주로 어린아이가) 건방진, 너무 스스럼없는', '(사람이) 주제넘은', '(주로 성적으로) 너무 적극적인'을 의미한다.

gantlet/gauntlet

gauntlet은 '목이 긴 쇠장갑'를 말하는데, 옛날에는 심한 모욕을 당했을 때 이 장갑을 던져 결투를 신청하거나 던진 장갑을 집어들어 결투에 응했다고 한다.

양쪽으로 늘어선 사람들이 사정없이 내리치는 곤봉 세례를 견디면서 그 사이를 빠져나가야 하는 상황을 가리켜 누군가는 run the gantlet이라고

---

*ancestor(조상)와 descendant(직계 자손과 그들의 자손)를 혼동하는 경우도 있는데, 비교적 드물긴 해도 일년에 두어 번은 마주친다. 그러니 미리 경고할 만하다.

†출판인들에게 슬쩍 전하는 말인데, forewords를 forwards로, 심지어 forwords라고도 쓴 경우도 보인다. 그만 좀 써 주면 고맙겠다.

하고 누군가는 run the gauntlet(특히 많은 사람들 사이를 지나가면서) 집중 공격[비판]을 받다이라고 한다. 나는 후자다. gantlet곤틀릿, 궤도은 보기만 해도 야단스레 내숭 떠는 느낌이라 이 폭행범들이 장식용 레이스 덮개를 들고 얼른 때려 주고 싶어 죽겠다는 듯한 모습으로 양쪽에 늘어선 광경이 그려진다.

gel/jell

gel젤은 즙 등을 알록달록한 색으로 응고시킨 말랑한 젤리jelly를 가리키는 다른 말이다. 무대 조명에 쓰이는 플라스틱 컬러 (젤라틴) 필터를 뜻하기도 한다.

gel과 jell 모두 '젤리 상태가 되다', '(계획·의견 등이) 구체화되다'를 뜻하는 동사로도 쓰인다. 내 눈에는 jell이 낫다.

gibe/jibe/jive

이 세 단어의 어원이 확실하지는 않지만 gibe는 '(명사로) 비웃음, 조롱, (동사로) 비웃다, 조롱[우롱]하다'를, jibe는 '일치하다, 조화되다'를 뜻한다는 정도만 알아 둬도 안전할 듯싶다.

jibe를 jive로 틀리게 쓴 경우가 자주 눈에 띄는데(I'm so pleased that our plans for the weekend jive.주말 계획이 서로 일치하다니, 기분이 좋네요.), 어원을 비롯한 그 어떤 면에서 봐도 혼용할 만한 근거는 희박하다.

gravely/gravelly

gravely는 become gravely ill병세가 위중해지다에서처럼 '심각하게, 심상치 않게'를 뜻하는 부사다.

gravelly는 '자갈투성이의'(a gravelly road자갈투성이 길), '귀에 거슬리는, 거친'을 뜻하는 형용사다(in a raspy, gravelly voice귀에 거슬리는 쉰 목소리로).

grisly/gristly/grizzly/grizzled

gory crime피비린내 나는 범죄은 grisly(폭력 사건 등이) 소름끼치는와 어울려 쓰인다.

tough meat질긴 고기은 gristly(고기가) 힘줄이 많은와 어울려 쓰인다.

어떤 곰들은 grizzly bear(북미·러시아에 서식하는) 회색곰라고 불린다.

grizzly crime이라고 잘못 표기하는 경우(실제로 곰이 저지른 범죄라면 이렇게 써도 상관없겠지만)는 숱하게 많고 언제나 싱거운 웃음을 선사하지만 절대 피해야 하는 실수다.

grizzled는 '(머리가) 반백이 된[희끗희끗한]'을 뜻하는데, 넓은 의미에서 보면 old의 동의어로도 손색이 없다. 많은 사람들이 잘못 알고 있는 것처럼 '단정하지 못한'이나 '울퉁불퉁한'을 뜻하지는 않는다.

hangar/hanger

비행기는 격납고hangar에 넣는다. 코트는 행거hanger에 건다.

사람들이 그 진가를 잘 모르는, 소의 횡격막에 매달린 고기 부위는 토시살hanger steak이라고 한다.

hanged/hung

hang은 '교수형에 처하다'를 뜻하며, 변화형은 hang-hanged-hanged다.

'걸다, 매달다'라는 뜻도 있는데 이때 변화형은 hang-hung-hung이다. hung은 '(남자의 생식기가) 큰'이라는 의미의 형용사로도 쓰인다.

hardy/hearty

강인한hardy 사람들은 역경에 잘 대처한다. 그들은 씩씩하고 용맹스럽고 두려움을 모르며 불굴의 의지를 지닌 사람들이다.

따뜻한hearty 사람들은 인정이 넘친다. 그들은 당차고 유쾌하며 쾌활하지만 그런 성격을 유난 떨며 드러내 신경을 긁을 때도 있다.

진하고 영양가가 풍부한 수프나 탕은 형용사 hearty영양가 있는, 튼튼한와 자주 어울려 쓰인다.

hawk/hock/hork

hawk는 ('매(조류)'라는 뜻을 논외로 할 경우) 동사로 쓰여 '팔다'를 뜻하고 hock은 '저당 잡히다'를 뜻한다.

hawk와 hock 모두 '기침하며 가래침을 뱉다'라는 뜻도 있는데, hawk가 오래전부터 써온 말이라면 hock은 더 많이 쓰는 말이다.

hork는, 정 알아야겠다면, '구토하다' 또는…… 뭐, 그 외에 다른 의미들이 있지만 대부분 속을 메슥거리게 하는 것들이다.

historic/historical

historic은 The passing of the Civil Rights Act was a historic event.민권법이 통과된 것은 역사적인 사건이었다에서처럼 '역사적으로 중대한'을 뜻한다.

historical은 단순히 역사상 실재했음을 뜻한다.

그리고 당부하는데 an historic event가 아니라 a historic event라고 써야 한다. an helicopter라고 쓰는 버릇이라도 있는 게 아니라면 an historic이라고 쓸 이유가 없다.

hoard/horde

hoard는 '몰래 저장[축적]하다'를 뜻한다. 이렇게 모은 '저장물[은닉물]'도 hoard라고 한다. J.R.R. 톨킨의 『호빗』에 등장하는 용 스마우그는 금을 비축하는 hoarder^{수집광, 저장강박증 환자}다. 뉴욕의 명문가 자제들인 호머와 랭글리 콜리어 형제는 5번가에 있던 자신들의 저택에 온갖 잡동사니를 욱여넣고 산 저장강박증 환자들이었다. 이들의 저장강박증은 소름끼치는 죽음으로 귀결됐는데, 랭글리가 부비트랩을 건드리는 바람에 잡동사니에 깔려 먼저 세상을 뜨자 의지가지없던 장님 호머 역시 뒤이어 굶어 죽고 말았기 때문이다. 뭐, 몰라는 상관없는 얘기지만.

horde는 '떼, 무리'를 뜻하며, 주로 바글대는 군중을 낮잡아 이르는 말로 쓰인다. 이를테면 몽골 침략자들, 타임스퀘어의 보도를 가로막는 관광객들, 또는 좀비 같은 무리를 일컬을 때 쓰는 표현이랄까.

home/hone

home in on은 전투기나 미사일 따위가 '정확히 (표적을) 향해 나아가다'를 뜻한다.

hone은 '(도구 등을 날카롭게) 갈다'를 뜻한다.

hone in on은 '너무 많은 사람들이 쓰는 통에 아예 별도의 표제어로 사전에 등재돼 있고 그래서 더 이상 오류라고 부를 수 없는' 표현에 속하지만 그렇다고 해서 나까지 좋아해야 한다는 법은 없다.

hummus/humus

hummus는 으깬 병아리콩으로 만든 중동식 소스를 말한다.

humus는 동식물이 흙 속에서 부패하면서 생성되는 유기물, 부식질腐植質, 부엽토腐葉土를 말한다.

홀푸드 마켓미국의 유기농 식품점 체인에 가면 57가지 맛의 다양한 hummus를 찾아볼 수 있다. humus를 hummus로 잘못 알고 먹는 일은 없도록 하자.

imply/infer

imply는 '암시하다', 즉 '명확하게 밝히지 않고 넌지시 알리다'를 뜻한다.

infer는 간접적으로 얻은 정보를 근거로 결론을 이끌어낸다는 의미의 '추론하다'를 뜻한다.

imply는 바깥을 향하는 행위다른 사람에게 알린다는 의미, infer는 안으로 향하는 행위머릿속에서 미루어 생각한다는 의미로 생각하자. 아니면 말하는 사람이 넌지시 알리면imply 듣는 사람이 이를 근거로 추론한다infer는 정도로 둘을 구분하면 될 듯하다.

internment/interment

internment는 전시 상황의 '억류, 강제 수용'을 뜻하며, 미국이 일본계 미국인들을 2차 세계대전 때 강제수용소에 억류했던 일이 그 예에 해당한다.

interment는 '매장 (의식)'을 뜻하며, 무지개다리를 건넌 반려동물을 위해 어린아이가 공들여 제의를 치르는 것이 그 예에 해당한다(화장cremation—cremains가 아니다—후에 남은 재를 항아리urn에 담는 것은 inurn납골단지에 넣는다이라고 한다).

it's/its

it's는 it is의 축약형으로 It's a lovely day today._{오늘 날씨가 너무 좋구나.}처럼 쓴다.

its는 it의 소유격으로 It rubs the lotion on its skin._{그것은 자신의 피부에 로션을 바른다.}처럼 쓴다._{영화 《양들의 침묵》에 나오는 대사}

인쇄물에 실리든 온라인에 게시되든 제아무리 통찰력 있는 글이라 하더라도 it's와 its도 가려 쓰지 못하면 갖은 괄시를 당하게 될 것이다. 억울한 심정이겠지만 원래 인생이란 게 불공평한 거다.

kibitz/kibbutz

kibitz는 '수다를 떨다'를 뜻한다. 또는 카드 게임을 할 때 오지랖 넓게 훈수를 두는 구경꾼이 그러듯 '주제넘게 참견하다'라는 뜻으로도 쓰인다.* b가 한 번만 들어간다는 데 주의하자.

b가 두 번 들어간 kibbutz는 (이스라엘의) 사회주의 집단 농업 공동체를 말한다.

lama/llama

llama는 알파카와 비쿠냐의 사촌뻘인, 남미에 서식하는 가축화된 유제류_{발굽이 있는 포유류}다.

lama는 티벳이나 몽골의 승려 또는 수도승을 말하는데, 이 수도승의 거처는 lamasery_{사원}라고 한다.

---

*테네시 윌리엄스의 『욕망이라는 이름의 전차』에는 이런 대목이 있다.
블랑시: Poker is so fascinating. Could I kibitz?
　　　(포커는 정말 흥미로워요. 제가 좀 참견해도 돼요?)
스탠리: You could not.(안 되오.)

lay/lie

문법 용어까지 끌어들이는 건 나도 질색이지만 이들 용어 없이는 lay/lie를 넘어설 수 없다.

    lay는 '타동사', 즉 목적어가 필요한 동사다. 타동사는 그 행위_{동사}가 영향을 미치는 대상이 반드시 있어야 한다. lay 뒤에 사물이나 사람이 와야 한다는 말이다. 따라서 I lay my hands on a long-sought volume of poetry._{나는 그토록 갖고 싶었던 시집에 두 손을 올려놓는다.}/I lay blame on a convenient stooge._{나는 편리한 꼭두각시에게 잘못을 전가한다.}/(내가 암닭이라면) I lay an egg._{나는 달걀을 낳는다.}처럼 쓴다.†

    따라서 lay/lie를 구분하는 첫 번째 방법은 이렇다. (a) 행위의 영향을 받는 대상이 있고, (b) 좀 더 확실한 타동사(place 등등)로 대체했을 때 문법상 문제가 없다면 lay를 쓴다.

    반면 lie는 자동사다. I lie._{나는 눕는다[거짓말을 한다].}가 전부다. 주로 '누워 있다'와 '거짓말 하다'라는 의미로 쓰이고 목적어가 필요 없다. 부사를 취할 수 있으며(I lie down._{나는 드러눕는다.}/I lie badly._{나는 거짓말을 잘 못한다.}), 그 행위가 일어나는 장소도 (부사구로) 덧붙일 수 있지만(I lie on the couch._{나는 소파에 누워 있다.}) 목적어가 붙지는 않는다.

    두 동사 모두 주로 활용형으로 쓰이는데, 변화무쌍한 이 활용형이 골치를 썩인다.

    긴장의 끈을 놓지 말고 일단 한번 훑어보자.

---

†하지만 산란계가 알을 낳는다고 할 때는 자동사처럼 목적어 없이 lay를 쓴다.

lay (놓다)

현재	lay	I lay the bowl on the table. 나는 탁자에 사발을 놓는다.
현재분사	laying	I am laying the bowl on the table. 나는 탁자에 사발을 놓고 있다.
과거	laid	Earlier, I laid the bowl on the table. 나는 아까 탁자에 사발을 놨다.
과거분사	laid	I have laid the bowl on the table. 나는 탁자에 사발을 놔뒀다.

lie (눕다)*

현재	lie	I lie down. 나는 눕는다.
현재분사	lying	Look at me: I am lying down. 나 좀 봐. 눕고 있어.
과거	lay	Yesterday, I lay down. 나는 어제 누웠다.
과거분사	lain	Look at me: I have lain down. 나 좀 봐. 이렇게 누워 있어.

lie의 과거분사형이 아무리 봐도 틀린 것 같은 lain이라는 사실만으로도 이미 골치가 아프다. lie와 lay를 바꿔 쓰지 말자는 게 애초의 의도였건만 lie의 과거형이 lay라니, 미치고 팔짝 뛸 노릇인 것이다. 그 심정 나도 다 안다. 미안하게 됐다.

달달 암기하다 보면 전부 머릿속에 입력될 것이다. 아니면 이 페이지의 귀퉁이를 접어 틈날 때마다 들여다보자. 나라면 그렇게 하겠다.

*lie가 '거짓말하다'라는 의미로 쓰일 경우 활용형은 비교적 기억하기 쉬우므로 여기에 간단히 써 둔다. I lie.(현재)/I am lying.(현재분사)/I lied.(과거)/I have lied.(과거분사)

보너스 표현

(희한하게도) 잘못 알고 있는 사람들이 있는데, 누워 있는 행동을 하는 주체가 반드시 사람일 필요는 없다.

I lie down. 나는 드러눕는다.
Fiona the hippopotamus lies down. 하마 피오나는 드러눕는다.
Pat the bunny lies down. 토끼 펫은 드러눕는다.

'매복'을 의미할 경우 lay low/lay in wait이라고 하지 않는다. 둘 다 자동사 lie를 써서 각각 lie low_{숨어 있다}/lie in wait_{공격하려고 숨어서 기다리다, 잠복하다}이라고 한다.

한편, lay는 lay a trap for someone_{~을 잡을 덫을 놓다[함정을 꾸미다]}, lay someone low_{사람을 때려눕히다[죽이다/패배시키다]}처럼 쓰인다.

lay a ghost는 '망령[유령]을 쫓아내다'를 의미한다.

이 얘기를 들으면 별로 유쾌하지는 않겠지만 약 18세기 후반까지만 해도 lie down을 써야 할지 lay down을 써야 할지 신경 쓰는 사람은 아무도 없었다. 똑바로 눕기만 하면 되지 뭐가 대수냐 싶었던 것이다. 그러다 단어의 쓰임새에 대해서라면 공연히 훈수 두길 좋아하던 사람이 거품을 물고 일어나자 난데없이 규칙이 생겨났고 그 이후로 줄곧 학생들(그리고 작가들)이 고문을 당하고 있는 셈이다.

leach/leech

leach는 고체를 액체에 담가 우려낸다percolate*는 의미의 '거르다, 여과하다, 침출시키다'를 뜻하며, Rainwater leaches nutrients out of soil.빗물은 토양에서 영양분을 침출시킨다.처럼 쓴다.

leech는 피를 빨아먹는 징그러운 벌레인 거머리를 붙여 '피를 빨게 하다'를 뜻한다.

뿐만 아니라 '다른 사람에게 빌붙어 착취하다', 즉 '거머리처럼 단물을 빨아먹다', '(남에게) 얹혀살다, 공짜로 얻다' 등의 비유적인 의미로도 쓰이고 '무척추동물을 이종 교배시키다'를 뜻하기도 한다.

lead/led

lead의 과거형은 lead가 아닌 led로, Today I will lead my troops into battle; yesterday I led them.오늘은 우리 병력을 거느리고 출정할 것이다. 어제도 그들을 이끌고 나섰다.처럼 쓴다.

내 경우 너무 초보적인 오류는 지적하지 않는 편이지만, led를 lead로 잘못 쓴 오타가 그대로 인쇄되는 경우를 백만 번은 본 듯싶다. 왜 이런 실수를 저지르는지 모르는 바는 아니지만—첫째, 발음이 비슷하게 들리고 둘째, read처럼 과거형과 현재형이 같아서다—오류는 오류다.

---

*percolate 하면 현대인은 커피 여과기(coffee percolator)에서 커피가 보글보글 끓어오르는 이미지를 자연스레 떠올린다. 그래서인지 percolate가 보글보글 끓는 것이 아니라 액체(가령 물)가 고체(가령 원두 가루)를 통과해 여과되는 것을 나타내는 말이라고 하면 적이 놀란다. 여과(percolation)는 여과기 맨 위에서 일어나는 현상이 아니라 바로 밑에서 일어나는 현상이다.

lightening/lightning

만일 여러분이 어머니의 여행 가방을 기차역까지 들어다 드린다면 어머니의 수고를 덜어 드리는 것lightening이다.

만일 기차역으로 가는 도중 폭풍우가 몰아친다면 빗줄기와 번개lightning를 피할 곳을 찾아야 할 것이다.

loath/loathe

loath는 I am loath to make snide comments about people I loathe. 나는 내가 혐오해 마지않는 사람들을 차마 흉볼 수 없다에서처럼 '~하기를 꺼리는'을 뜻하는 형용사다. loathe는 '혐오하다'를 뜻하는 동사다.

lose/loose

lose는 '잃어버리다'를 뜻한다.

옷이 갑갑하지 않거나 도덕률이 엄격하지 않은 상태를 나타낼 때는 형용사 loose헐렁한, 느슨한를 쓴다.

loose는 '느슨하게 하다[풀다]'를 뜻하는 동사로도 쓰인다. 반대말인 unloose 역시 '(속박 등에서) 풀어주다, ~을 느슨하게 하다'를 뜻한다는 건 좀 의아하지만.

luxuriant/luxurious

luxuriant는 이를테면 라푼젤의 머리털이나 칡덩굴이 그렇듯 '풍성한, 무성한, 울창한'을 뜻한다.

luxurious는 람보르기니나 상류층이 묵었던 타이타닉호의 객실이 그렇듯 '호화로운, 고급스러운, 값비싼'을 뜻한다.

mantel/mantle

mantel은 '벽난로 위에 있는 선반'을 뜻한다.

mantle은 망토 같이 생긴 '소매 없는 옷'을 뜻하며, assume the mantle은 '책임이나 의무를 맡다'라는 비유적인 의미로 쓰이는 표현이다.

marital/martial

전자는 '결혼(생활)의, 부부(간)의'라는 의미로 결혼과 관련이 있고, 후자는 '군대의, 전쟁의'라는 의미로 군대와 관련이 있다. 여러분의 결혼 생활이 군 생활을 방불케한다면 어휘 선택이 제일 큰 문제는 아닐 것이다.

masterful/masterly

masterful은 '다른 사람을 쥐고 흔드는, 고압적인[강압적인]'을 의미하고 masterly는 '정통한, 대가[명인/달인]의'를 의미한다고 배웠을 것이다. 그런데 내 경험상 작가들은 masterful을 '숙련된, 통달한, 능수능란한'이라는 의미로 쓰는 경향이 있고—물밀듯 쏟아지는 추천사들을 보면 늘 masterful prose 대가다운 글솜씨 타령이다—자신들은 전혀 쓰지 않는 masterly로 흔쾌히 고치라고도 하지 않는다(masterly를 불편하게 생각하는 데는 -ly 때문에 부사처럼 보인다는 점도 작용하는 듯하다).

이 꼭지를 쓰기 위해 적잖은 조사를 하면서 알게 된 내막은 이렇다. 둘 다 수백 년 동안 이 두 가지 의미로 쓰였지만 20세기 초에 들어서면서 막강한 영향력을 지닌 어느 명문가가 자기가 책임지고 깔끔하게 정리하겠다고 나서는 바람에 이처럼 각기 다른 의미로 나뉘게 됐다고 하는데, 한마디로 이런 의미상 차이는 전혀 근거가 없다는 얘기다.

따라서 정 원한다면 두 단어를 구분해서 써도 되고—틀릴 일은 없을 것이다—별로 그러고 싶지 않다면 혼용해도 무방하다.

militate/mitigate

militate는 '작용하다, 영향을 미치다'를 뜻한다. against와 함께 쓰이면 '(~에 불리하게) 작용하다, ~에 방해가 되다'를 뜻하므로 The presence of heavily armed soldiers will militate against public unrest.단단히 무장한 병사들의 존재는 민심을 오히려 동요시킬 것이다.처럼 쓸 수 있다.

mitigate는 '완화시키다'를 뜻하며, The presence of the Red Cross will mitigate the suffering of hurricane victims.적십자의 존재가 허리케인 피해자들이 고통을 덜어 줄 것이다.처럼 쓸 수 있다.

mitiage against를 늘상 마주치겠지만 옳은 표현일 리가 없다.

millennium/millennia

천 년은 millennium, 이천 년부터는 millennia라고 한다. 둘 다 l과 n이 두 번씩 들어간다.

다운타운 맨해튼에는 Millenium Hilton 호텔이 있다. 나라면 거기에 숙박할 일은 절대로 없겠지만.*

> *2000년 『와이어드』에 총알받이가 된 이 호텔 홍보 담당자의 다음과 같은 설명이 실린 적이 있다. "이 호텔의 현재 이름은 1990년대 초로 거슬러 올라갑니다. (중략) 이전 소유주가 Millennium에서 일부러 n 하나를 빼기로 했을 때 (중략) 그는 철자가 틀렸다는 걸 잘 알고 있었죠. (하지만) 그 명칭에 사소한 철자 오류가 있으면 호텔이 차별화되지 않을까 생각했던 겁니다." 그 말 믿어 드리죠.

miner/minor

miner는 지하 탄광에서 일하는 광부를 말한다.

minor는 '미성년자'를 뜻한다.

중요하지 않은 자잘한 세부 사항은 minor detail이라고 한다. 구슬픈 곡조에서 많이 쓰이는 화음, 즉 '단3화음'은 minor chord라고 한다.

mucous/mucus

mucous에 관해서라면 다음과 같은 명쾌한 사전적 정의를 도저히 능가할 수 없다. '점액mucus과 관련된, 점액으로 덮인, 점액질의.'

한마디로 mucous는 형용사, mucus는 명사다. 참고로, 점액은 점막 mucous membrane에서 분비된다.

naval/navel

'해군의'를 뜻하는 naval을 잘못 표기하는 일은 거의 없지만, 주제가 배꼽으로 넘어가면 a를 e로 바꿔 써야 한다는 사실을 까먹고 만다. 쏙 들어갔든 불거져 나왔든 '배꼽'은 navel이다.

onboard/on board

everyday/every day를 기억하는지? 같은 맥락이다.

onboard는 onboard refueling선내 급유, onboard navigation system차량 내비게이션 시스템에서처럼 형용사로 쓰인다. on board는 말 그대로 선상에 있는 상태를 가리키는 부사로, '승선[승차/탑승]하여'를 뜻하거나(The crew was on board the ship.선원들이 선상에 있다.) 비유적인 의미로 쓰여 '동의[수용]

하여, 참여하여'를 뜻한다(This department is on board with the new regulations.이 부서는 새로운 규정을 지지한다.).

onboard를 동사로 쓴 예는 215쪽에서 본 기억이 날 테니 재차 거론해서 들쑤실 필요는 없겠다.

ordinance/ordnance

ordinance는 '법령, 조례, 칙령, 제정법'을 말한다.

ordnance는 대포부터 탄약, 방호복, 군용 차량에 이르는 군수용품을 통칭하는 말이다.

palate/palette/pallet

palate는 '입 천장, 미각, 감식안'을 뜻한다.

palette는 '화가가 쓰는 특유의 색채' 또는 '물감을 짜 놓는 판'을 말한다.

pallet은 창고에 있는 화물을 쌓는 대를 뜻하며 옛날에는 '작은 침대'를 가리키는 말로도 쓰였다.

pass/passed/past

passed는 동사 pass의 과거(분사)형이다.

past는 윌리엄 포크너 소설의 한 구절인 "The past is never dead. It's not even past.과거는 결코 사라지지 않는다. 심지어 아직 지나가지도 않았다."에서처럼 명사와 형용사로 쓰인다. 전치사나 부사로도 쓰인다. 그러고 보니 동사만 빼고 거의 모든 품사로 쓰인다.

passed는 절대 형용사로 쓰지 않으며 past도 절대 동사로 쓰지 않는다.

peak/peek/pique

이 세 단어를 혼동하는 경우가 많다. peak은 '꼭대기'를 뜻하고, peek은 '흘끗보는 것'을 말한다. sneak의 ea 때문에 툭하면 sneak peak으로 잘못 쓰곤 하는데, 옳은 표현은 sneak peek예고편, 맛보기 영상이다(제트기가 구름을 뚫고 나가자마자 눈앞에 나타난 산과 충돌 직전인 경우라면 당연히 sneak peak숨어 있던 봉우리을 쓰겠지만).

pique는 명사로 쓰이면 a fit of pique화를 내며에서처럼 '발끈하는 것, 부아'을 뜻하고, 동사로 쓰이면 pique one's interest~의 흥미[호기심]를 자극하다에서처럼 '(호기심·흥미를) 돋우다'를 뜻한다.

peal/peel

peal은 '(종소리가) 크게 울려 퍼지다'를 뜻하고 peel은 '(야채·과일 등의) 껍질을 벗기다'를 뜻한다는 점을 굳이 주지시킬 필요는 없겠다. 하지만 두 눈을 크게 뜨고 예의 주시하는 상태는 keep one's eyes peeled눈에 불을 켜고 살피다, 바짝 경계하다라고 한다는 점은 주지시킬 필요가 있겠다.

감자, 바나나, 레몬, 오렌지 등의 '껍질'도 peel이라고 한다. 껍질은 먹기 전에 벗겨 내는 것이다. 사과 껍질은 skin이라고 하는데, peel과 달리 과육을 싸고 있긴 하지만 먹어도 되는 부위다.

pedal/peddle/peddler

pedal은 발로 작동시키는 '페달, 발판'을 말한다. 발로 무언가를 작동시키는 사람은 pedaling pedaler페달을 밟는 사람라고 한다. 자전거를 탈 때나 일상생

활에서 입을 수 있는, 무릎 바로 아래까지 오는 레깅스는 pedal pushers*라고 한다.

　peddle은 겉만 번드르르한 싸구려, 하찮은 물건, 자질구레한 장신구, 요상한 장식 소품 등의 작은 물건들을 '이리저리 돌아다니며 팔러 다니다'를 뜻하는 동사다(영국에서는 행상하는peddle 사람을 pedlar행상꾼라고 한다). 떠돌이 행상은 믿음이 안 간다는 이유 때문인지—왜 번듯한 상점을 차리지 않고?—'수상한 소문이나 잘못된 생각을 퍼뜨리다[유포하다]'라는 의미로도 쓰인다(Go peddle your nonsense elsewhere.그런 헛소리는 나한텐 안 통해.).

　행동이나 말(또는 실언)을 번복하는 것은 backpedal철회하다이라고 한다. 사실을 조작하거나 상황의 심각성을 저평가하는 것은 soft-pedal(실제보다) 덜 심각하게[중요하게] 다루다이라고 한다. backpedal은 자전거 타기에서, soft-pedal은 피아노 연주에서 파생된 말이다. 왜 backpedal은 붙여 쓰고 soft-pedal은 하이픈으로 분리하냐고? 사전이 변덕스럽기 때문이다.

　꽃 한 송이를 이루는 낱낱의 조각—이건 익히 알고 있겠지만, 그래도 유비무환이라고—은 petal꽃잎이라고 한다.

phenomenon/phenomena

앞서 나온 criterion/criteria, millennium/millennia와 마찬가지로 단수/복수 차이다. 하나면 phenomenon현상, 화제의 대상, 경이(적인 사람[것]), 둘 이상이면 phenomena라고 한다.

---

*clam diggers(종아리 중간까지 내려오는 긴 반바지) 또는 Capri pants(7~8부 길이의 여성용 바지)라고도 알려져 있다.

pixilated/pixelated

pixilated는 '머리가 좀 이상한'을 뜻하는데, (장난을 좋아하는 상상 속의 요정 pixie에서 파생된 말이라) 장난스러운 말처럼 들리니 장난스러운 광란의 도가니를 묘사할 때나 써먹자. pixilated는 프랭크 카프라의 1936년도 코미디 영화 《천금을 마다한 사나이》에서 언급된 것으로 유명한데, 극중 게리 쿠퍼가 분한 튜바 연주자 롱펠로우 디즈 캐릭터를 두고 pixilated라고 묘사하는 장면이 나온다.

pixelated는 '(TV 화면 등을 구성하는 최소 단위 면적인) 화소로 된'을 뜻하며(작은 점 또는 사각형 모양의 pixel화소은 picture그림와 element요소를 합친 말이다), 이 픽셀로 된 이미지를 크게 확대하면 화질이 떨어져 알아보기가 어렵다.

pixelated는 pixilated를 콕 집어 의도적으로 빌려온 말이 아닐까 한다. 그게 아니라면 그냥 pixiled를 썼을 테니 말이다. 뭐, 내가 무슨 근거가 있어서 그런 정신 나간pixilated 생각을 하는 건 아니지만.

plum/plumb/plummy

여름 제철 과일인 plum자두에서 파생된 형용사 plum은 '모두가 탐내는[선망하는], 알짜의'를 뜻하고 secure a plum role in a play연극에서 모두가 선망하는 배역을 꿰차다, a plum political appointment모든 정치인이 선망하는 관직으로의 임명처럼 쓴다.

plumb은 '(수심을) 재다, 측정하다'를 뜻하지만, 넓은 의미로 '진상을 알아내다, 헤아리다, 파헤치다'라는 뜻으로도 쓰이며 plumb the horrors of modern warfare현대 전쟁의 끔찍함을 파헤치다처럼 쓴다.

plumb loco단단히 미친, plumb in the middle of딱 ~의 한가운데에에서처럼 '완

전히, 전적으로'를 뜻하는 부사로도 쓰인다.

명사로 쓰이면 수직인지 확인하기 위해 줄에 다는 일정한 무게의 쇠, 즉 '추'를 뜻하며 형용사로 쓰이면 '딱 수직인, 똑바로 선'을 의미한다.

plumber는 배관 공사를 하는 plumb 일을 업으로 삼은 사람, 즉 배관공을 말한다.

plummy는 고상한 척 남을 의식하며 느끼하게 말하는 사람들을 가리킬 때 쓰는 말로, '(도가 지나치게) 상류층을 흉내 내는, 젠체하는'을 뜻한다.

pokey/poky

pokey는 '교도소, 유치장, 감방, 큰집' 등으로도 불리는 '감옥'을 뜻한다.

poky는 '느려 터진, 편협한, (옷차림이) 후줄근한[초라한]'을 뜻한다.

미국인들은 hokey pokey 서로 손을 잡고 원을 그리며 추는 춤 또는 그 춤곡 라고 쓰고, 영국인들은 hokcy cokcy라고 쓴다.

populace/populous

populace는 '인구', 특히 '일반인'을 뜻하는 명사다.

populous는 '인구가 조밀한'을 뜻하는 형용사다.

pore/pour

pore over는 '무언가를 자세히 보다'를 뜻한다. pore가 명사로 쓰이면 '모공'을 뜻한다.

pour는 물, 와인, 소금, 설탕 따위가 든 용기를 기울여 '내용물을 따르다'를 뜻한다.

precede/proceed

precede는 '그 이전에 나타나다, 앞서다'를 뜻한다.

proceed는 '앞으로 나아가다'를 뜻한다.

premier/premiere

premier는 형용사로 '1위[등]의, 첫째의, 으뜸의, 최상의'를 뜻하고, 명사로는 '국가 원수[수뇌], 수상'를 의미한다.

premiere는 명사로 '초연, 개봉'을 뜻하고, 동사로는 '연극을 초연하다, 영화를 개봉하다'를 뜻한다.

prescribe/proscribe

prescribe는 '처방을 내리다', '(권위로) 규정[지시]하다'를 뜻한다.

proscribe는 '공식적으로 금지하다'를 뜻한다.

principal/principle

초등학교 시절 "The principal is your pal_{교장 선생님은 여러분의 친구}"을 귀에 못이 박히게 들으며 철자 공부를 했던 기억이 난다. 그러다 교장 선생님이 친구는커녕 규율에 목을 매는 무시무시한 사람이라는 사실을 알게 됐을 때 받은 충격이란.

그 깨달음을 으뜸가는 principal(다른 말로 '우선하는 primary') 삶의 교훈으로 삼으리라. 아니, 성숙한 냉소주의를 터득하게 해 준 원리 principle—더 심오한 진리에 가닿게 해 주는 근본적인 진리—로 여기리라.

principle_{원칙, 주의}은 그 사람이 지금껏 쌓아 온 도덕률을 말하고 '악인'은 부도덕한unprincipled 사람을 가리킨다.

principal이 명사로 쓰이면 이자로 먹고살려고 은행에 맡겨 둔 '신탁 재산, (빌려주거나 투자한) 원금'을 뜻한다. 모쪼록 행운을 빈다.

prone/supine

모음 순서도 다르고 자음이 연달아 나오는 것도 아니라 분명 혼동할 일이 없을 텐데도 바꿔 쓰는 사람이 많아 별수 없이 이 목록에 끼워 넣는다.

이참에 똑똑히 알아 두자.

supine은 '등을 대고 누운'을 뜻한다.

prone은 '배를 대고 누운'을 뜻한다.

led/lead와 마찬가지로 supine을 prone으로 (또는 그 반대로) 잘못 쓴 실수는 저자, 교열자, 교정자 모두 눈치채지 못하는 사이에 그대로 인쇄되는 경우가 많다.

온갖 연상기억법을 동원해(supine은 spine척추을 대고 누운 상태라면, prone은…… 에라, 나도 모르겠다) 외워 두는 것도 좋지만 나는 이 두 단어가 눈에 띌 때마다 어김없이—반드시— 사전을 뒤진다.

prophecy/prophesy

prophecy는 '예언'을 뜻하는 명사다. prophesy는 '예언하다'를 뜻하는 동사로, An oracle prophesies a prophecy.신관은 신탁을 전한다처럼 쓴다. 명사 prophecy의 복수형 prophecies는 동사 prophesy의 3인칭 단수형 prophesies와 혼동하기 쉽다.

rack/wrack/wreak

rack은 '갈비(고기), 옷·향신료 걸이[보관대/선반], 당구에서 쓰는 삼각형 나무틀, 득점, 여성의 가슴(속어)' 등 다양한 뜻으로 쓰이지만 여기서는 다 제쳐 두고 '고통'이라는 의미에 초점을 맞춰 보려 한다. rack은 원래 섬뜩한 '고문대[형벌대]'를 뜻한다(중세 시대에 쓰였을 거라 짐작하겠지만 적어도 기원후 1세기까지 거슬러 올라가는 길고도 유명한 역사를 갖고 있다). 팔다리를 묶어 놓고 사지를 찢어 대며 온갖 비명을 지르게 만드는 기구라는 건 말 안 해도 알 터. 같은 맥락에서 put to the rack은 '고문하다, 고통을 주다'를, be racked with pain은 '고통에 시달리다'를 뜻한다. rack one's brain은 '머리를 쥐어짜다'를 뜻하고, '극심한 기침'은 racking cough라고 한다. nerve-racking은 '안절부절못하게 하는, 몹시 초조하게 만드는, 몹시 긴장되는'을 뜻한다.

가만, 과연 그럴까?

rack의 다른 표기인 wrack은 사실 wreck 파탄 내다, 망가뜨리다을 뜻한다. 그렇다면 사납게 날뛰는 유치원생들로 꽉 찬 방에 꼼짝없이 갇혀 있어야 했던 끔찍한 경험은 nerve-racking이라고 해야 할까, nerve-wracking이라고 해야 할까? 선대에게서 물려받은 다 쓰러져 가는 집이 관리를 하지 않아 거의 못 쓰게 됐다면 go to wrack and ruin 황폐해지다이라고 해야 하나, go to rack and ruin이라고 해야 하나?

rack/wrack의 의미 차이가 갈수록 흐려져 대다수 사전도 순순히 동의어로 제시할 정도라는 사실을 알면 마냥 기쁘거나 뭐라도 망가뜨리고 싶을 만큼 짜증이 확 치밀어 오를 텐데, 대다수 지침서들 역시 둘의 의미를 구분하려는 무성의한 시도를 하다가 체념하듯 없던 일로 하고 넘어가 버린다.

『뉴욕타임스 스타일 활용 지침서』는 wreck을 의미할 경우 wreck을 써야 하며 wrack은 쓰지 말라고 제안하는데, 이래저래 따져보면 그리 나쁘지 않은 충고다.

그럼 wreak은 뭐냐고? wreak은 wreak havoc[damage]_{큰 피해를 입히다[손상시키다/파괴하다]}에서처럼 '(피해 등을) 야기하다[가하다]'를 뜻한다. wreak의 과거형은 wrought(옛날에는 work의 과거형으로 쓰였는데, 지금도 wrought iron _{연철(鍊鐵)} 등의 표현에 남아 있다)가 아니라 wreaked다.

reign/rein

reign은 '통치하다, 군림하다'를 뜻하고, Monarchs reign._{군주는 군림한다.}처럼 쓴다.

rein은 '(말을) 고삐로 조종하다[몰다]'를 뜻하고 Horeses are reined._{말은 고삐로 조종한다.}처럼 쓴다.

스스로 결정하고 자기 삶을 주체적으로 영위할 자유를 free rein_{자유 재량, 무한 자유}이라고 하는데, 부디 free reign과 혼동하지 말자. 왕(비)가 제멋대로 구는 태도에서 비롯된 표현이 아니라 자질을 발휘할 수 있게 허락한다는 의미로, 반대말은 maintain a tight rein_{고삐를 바짝 죄다[엄격하게 통제하다]}이다. 안타깝게도 free reign이 전혀 말이 안 되는 표현은 아니라 저렇게 잘못 표기하는 경우가 많다.

reluctant/reticent

reluctant는 '저항하는, 꺼리는, 마지못해 하는'을 뜻한다.

reticent는 '말수가 적은, 말이 별로 없는'을 뜻한다.

reluctant는 「be reluctant to+동사」~하기를 꺼리다, 마지못해 ~하다, reticent는 「be reticent about+(동)명사」~에 대해서 말을 삼가다 형태로 쓰인다.

reluctant를 reticent로 잘못 표기하는 실수가 눈에 자주 띈다. 많은 이들이 두 단어의 차이를 무시하는데, 나로선 그럴 만한 이유를 못 찾겠다.

retch/wretch

retch는 '(구토할 듯) 속이 뒤틀리다, 헛구역질하게 하다, 구역질나게 하다'를 뜻한다. 영어에 '거의' 구토할 것 같은 상태를 가리키는 말이 있다니 멋진 일이다(retch에 '~을 토하다'라는 뜻도 있긴 하지만 '구토하다'를 뜻하는 동사가 이미 많으니 구토라는 결과가 아닌 구토의 조짐을 의미하는 말이 하나쯤 있어도 괜찮지 않나 싶다).

wretch^{불쌍한[가엾은] 사람, 악마 같은[비열한] 인간}는 행복 스펙트럼의 바깥에 자리한 사람이다. 더없이 비참하고 가난하며 지지리 복도 없는 가엾고 불행한 사람은 우중충한 회색 지대에 위치하고 악당과 악한은 새까만 흑색 지대에 위치한다. 그래서 '불한당'을 blackguard라고 하는 걸까.

riffle/rifle

이 단어 쌍은 의성어[의태어]/연상기억법에 열광하는 대중의 구미를 당긴다. riffle은 책장이나 카드를 빠르게 '휙휙' 넘기며 훑어보는 것을 뜻하는데, 발음 자체도 종이를 뒤적일 때 나는 기분 좋은 바스락거림처럼 들리기 때문이다. 한편, rifle through는 범죄자가 절도를 마음먹고—방, 책상 서랍 등을—샅샅이 뒤지는 것을 말한다. 동사 rifle이 명사 rifle^총과 발음이 같다는 점을 감안하면 위 두 단어는 별로 혼동할 일이 없다.

rogue/rouge

타자 치는 손가락이여, 좀 주의하길.

rogue는 '악한, 식충이ne'er-do-well*'를 뜻한다.(wretch를 참조 바람)

rouge는 입술이나 볼을 붉게 만들려고 바르는 입술연지를 말한다.

segue/Segway

segue세구에는 원래 '단절 없이 다음 악장으로 자연스럽게 이행하라는 지시'를 뜻하는 음악 용어로, 여기서 '단절 없이 이행하다'라는 의미의 동사와 '단절 없는 이행'이라는 의미의 명사가 파생됐다. 전동 이륜자동차 Segway세그웨이가 출시되기 전까지만 해도 동음어가 없어 잘못 표기할 일이 거의 없었지만 지금은 엄청나게들 틀린다. '순조로운 변화a smooth change'는 절대 segway라고 하면 안 된다.

sensual/sensuous

sensual은 육체적인 감각과 관련이 있고 sensuous는 미적인 것과 관련이 있다. 『옥스퍼드 영어 사전』에 따르면 sensuous는 17세기 중반에 존 밀턴이 sensual과는 달리 성적인 함의가 전혀 없는 심미적인 만족감을 표현하기 위해 만든 단어다. 안타깝게도 그때나 지금이나 이 둘의 의미를 구별할 줄 아는 사람이 없고, 1969년에 자기계발 분야 베스트셀러였던 선정적인 도서 『관능적인 여자 *The Sensuous Woman*』—밀턴의 원칙에 따르면 *The Sensual Woman*으로 불러야 마땅하거늘—가 출간되는 바람에 이 같은

---

*나는 no-man's-land(중간[무인] 지대), will-o'-the-wisp(도깨비불)처럼 이런저런 구두점이 골고루 들어간 단어가 마음에 든다.

의미 차이도 영영 묻혀 버린 듯하다. 둘 중 하나를 써야겠는데 행여나 독자가 혼란스러워할까 봐 염려된다면 제삼의 표현을 찾아라.

shone/shown

shone은 동사 shine빛나다의 과거형이자 과거분사형이다(shined-shined로도 활용된다). shown은 동사 show보여주다의 과거분사형이다.

stanch/staunch

이 두 단어는 같은 말에서 파생됐다는 이유 때문인지 간혹 유의어로 제시되는데, 본인이 늘상 그렇듯 이 둘을 가려 쓰고 싶은 마음이 들거든 다음과 같은 차이에 유념하자.

stanch는 상처에서 피가 흘러나올 때 '(출혈)을 멎게 하다'를 뜻하거나 stanch the rising violence in a war-torn country전쟁으로 황폐해진 나라에서 급증하는 폭력사태를 저지하다에서처럼 '억제[저지]하다'를 뜻한다.

staunch*는 '굳건한, 확고[단호]한, 든든한'을 뜻하는 형용사다.

stationary/stationery

stationary는 형용사로 '움직이지 않는'을 뜻한다.

stationery는 '필기 용지'를 말한다(문방구, 즉 글을 쓸 때 사용하는 여러 물건을 통칭하는 말로도 쓰인다).

*staunch를 가장 잘 쓴 예라면? 메이즐스 형제(Albert and David Maysles)가 제작한 1975년 다큐멘터리 《그레이 가든스 *Grey Gardens*》에서 '리틀 이디(Little Edie)'로 불리는 이디스 부비에 빌이 한 다음 말이에요. "강직한(staunch) 여자 말이에요. 강-직한. 그런 여자랑 엮이는 게 최악이라고 생각한 거죠. 제 말이 맞다니까요. 그들은 약해지지 않아요. 무슨 일이 있어도요." 이건 꼭 봐야 한다. 여기서 기다릴 테니 지금 당장 가서 봐라.

subtly/subtlety

subtly는 부사로 '교묘하게, 미묘하게'를 뜻하고(She insinuated herself subtly into the conversation.그녀는 은근슬쩍 대화에 끼어들었다), subtlety는 명사로 '미묘함, 교묘함'을 뜻한다(He wheedled money out of his parents with great subtlety.그는 부모를 교묘히 구워삶아 돈을 얻어냈다).

품사를 잘못 알고 있어서라기보다 철자를 잘못 알고 있어서 오타를 내는 경우가 훨씬 많다.

tenant/tenet

tenant는 '세입자, 임차인'을 말한다.

tenet은 '신조, 교리, 주의主義'를 말한다.

than/then

손가락을 잘못 놀린 실수로 두 단어를 바꿔 표기하는 일도 있지만, no sooner had X *than* Y X하자마자 바로 Y하다 구문을 착각해 No sooner had we placed our order with the waiter *then* the restaurant caught on fire.우리가 웨이터에게 주문을 하자마자 식당에 불이 났다에서처럼 than을 써야 할 자리에 then을 써서 문법적으로 말이 안 되는 오타를 내기도 한다.

their/there/they're

their는 I can see their house from here.여기서 그 사람들 집이 보여에서처럼 '그 (것)들의'라는 의미로 '부속, 소유'를 나타내는 소유격이다.

there는 I can see their house, which is over there.그들의 집이 보여, 저쪽에 있

네에서처럼 '거기에, 그곳에'라는 의미로 화자와 청자 모두에게 떨어져 있는 쪽을 가리키는 부사다.

they're는 they are의 축약형으로 They're walking to their house.그들은 자기 집으로 걸어가고 있다처럼 쓴다.

it's/its(앞선 항목 참조), to/too(다음 항목 참조), your/you're(마지막 항목 참조)와 더불어 이참에 확실히 알아 두자. 아니, 차이점을 아는 걸로는 부족하니 직접 써먹어라.

to/too

이것까지 설명할 필요가 있을까 싶지만 배울 만큼 배운 사람들도 안타까울 만큼 자주 틀린다.

to는 He walked to the store.그는 가게로 걸어갔다에서처럼 전치사로 가장 많이 쓰인다. 그 외에 「to+동사원형」 형태의 부정사로도, She yanked the door to.그녀는 문을 홱 당겨서 닫았다 또는 He came to.그는 의식이 돌아왔다에서처럼 '(문 등이) 닫혀', '제정신으로 돌아와' 등을 뜻하는 부사로도 쓰인다.

too는 eat one's cake and have it too 두 마리 토끼를 다 잡다에서처럼 '또한, 역시'라는 의미로 쓰이거나 Slow down, you move too fast. 천천히 해, 동작이 너무 빨라에서처럼 '너무[지나치게]'라는 뜻으로도 쓰인다.

toothy/toothsome

toothy는 '뻐드렁니를 가지고 있는, 뻐드렁니가 많은'을 뜻한다.

toothsome은 '맛깔스러운, 감칠맛 나는'이라는 의미로 a toothsome morsel맛깔스러운 한입 거리 음식에서처럼 아직 맛본 적은 없지만 맛있으리라는 기대감을 표현할 때 주로 쓰인다. 또한 군침을 흘리게 한다는 의미에서 '(사람이) 관능적인, 성적 매력이 있는'이라는 뜻으로도 쓰인다.

tortuous/torturous

tortuous는 '구불구불한'을, torturous는 '고문과 같은'을 뜻한다. 구불구불한 여행길 tortuous journey은 고문과도 같겠지만 torturous 사실 tortuous는 부정적인 함의 없이 순전히 그와 같은 상태를 묘사하는 말로 쓰인다. 반면 torturous는 언제고 부정적인 함의를 띤다.(flay를 참조 바람)

underway/under way

everyday/every day, onboard/on board의 경우처럼 underway진행[운행/항해] 중의는 형용사, under way진행[운행/항해]하여는 부사다. 형용사로 쓸 일은 별로 (또는 전혀) 없을 테고, The voyage is under way.항해 중이다/The project is under way.그 프로젝트는 진행 중이다/Your life is under way.네 삶은 멈추지 않는다. 같이 부사로 쓸 확률이 높을 텐데, 요즘 들어 underway로 잘못 쓴 경우가 자주 보인다. 실망스럽다.

vale/veil

vale은 '계곡, 골짜기'를 뜻하고, veil은 '(얼굴을 가리거나 장식하기 위한) 베일, 면사포'를 말한다. veil of tears라는 표현을 보면 왠지 장례식이 떠오르겠지만, 올바른 표기는 시편 84편에 등장할 정도로 역사가 긴 vale of tears눈물의 골짜기, 고달픈 이 세상다.

venal/venial

venal은 '돈으로 좌우되는, 뇌물로 매수하기 쉬운, 부패한'을 뜻한다.

venial은 '용서할 수 있는'을 뜻한다. 따라서 venial sin은 지옥에 떨어지지 않고 사면될 수 있는 '가벼운 죄'를 뜻한다.

waive/wave/waver

waive는 '포기하다, 양도하다'를 뜻하며, waive one's right to a trial by jury^{배심 재판을 받을 권리를 포기하다}처럼 쓴다.

wave는 '손을 퍼덕거리다[흔들다]'를 뜻한다('머리에 웨이브를 넣다'라는 뜻도 있다). 세관 검사관이 수하물 검사 없이 들여보내 주는 상황이라면 waive through가 아닌 wave through^{~에게 통과하라고[들어오라고] 손짓하다}라고 써야 한다.

waver는('양도 서류'를 뜻하는 waiver와 헷갈리지 말자) '흔들리다[떨리다], 갈팡질팡하다'를 뜻한다.

whose/who's

whose는 I don't know whose books those are.^{그건 누구 책인지 모르겠어요}에서처럼 '소유물'을 가리키는 대명사다.

who's는 who is의 축약형으로, Who's on first?^{1루수가 누구야?}처럼 쓴다.

workout/work out

workout은 '(건강이나 몸매 관리를 위한) 운동'을 뜻하는 명사고, work out은 '(건강이나 몸매 관리를 위해) 운동하다, 몸을 단련하다'라는 뜻의 동사다.

your/you're

whose/who's와 마찬가지로 your는 This is not your book but one stolen from the library. You're in a world of trouble.이건 네 책이 아니라 도서관에서 훔친 거잖아. 너 이제 큰일났다.에서처럼 소유격을 나타내고 you're는 you are의 축약형이다.

CHAPTER 11
교열자도 틀리는 고유 명사

이성적인 사람이라면 Zbigniew Brzezinski즈비그뉴 브레진스키, Aleksandr Solzhenitsyn알렉산드르 솔제니친, Shohreh Aghdashloo쇼레 아그다슐루 같은 이름을 철자도 확인하지 않고 곧바로 타이핑할 만큼 어리석지는 않을 것이다. 하지만 이보다 만만해 보이는 고유 명사도 원고에서는 물론이요, 교열자와 교정자가 정신을 바짝 차리지 않으면 최종 인쇄본에서도 잘못 표기돼 나오는 경우가 수두룩하다. 하마터면 모르고 넘어갈 뻔한 오탈자와 최소 한 번은 인쇄 사고로 이어졌던 표기 실수를 반복하지 않기 위해 나는 지난 수년간 나름대로 목록을 만들어 왔고, 모조리 자백하는 기분으로 이 장에 공개한다. 사실상 여러분이 읽고 있는 이 책의 탄생 배경이 된 목록이라 정서적으로 지대한 애착을 느끼는 바다. 그리고 이 목록은 앞으로도 계속해서 늘어나지 싶다.*

*곧 눈치채겠지만 이 목록은 공연예술 분야에 편향돼 있다. 뽀빠이도 말하지 않았던가, '나는 나야(I yam what I yam.)'라고. 공연예술과 관련된 글을 쓰면서도 철자와 연대를 확인하지 않고 무신경하게 넘기는 작가가 많다는 이유도 있긴 하다.

"단어가 대문자로 시작하면 무조건 사전을 찾아라"라고 말하고 이 장을 여기서 끝낼 수도 있지만 그러면 무슨 재미가 있겠나.

인물[†]

Bud Abbott 버드 애벗

Abbott and (Lou) Costello애벗과 (루) 코스텔로라는 이름으로 활동한 코미디 듀오 중 한 명. 이들이 주고받는 〈1루수가 누구야?Who's on first?〉 만담도 배꼽 잡을 만큼 웃기기로 유명하지만 그보다 덜 유명한 베이글 스트리트 꽁트('Susquehanna Hat Company서스쿼해나 모자 회사 꽁트'라고도 한다)는 서양문화사를 통틀어 가장 웃긴 꽁트 중 하나로 손꼽힐 것이다.

Abbott에는 t가 두 개다.

참고로 t가 하나인 abbot은 수도원을 관리하는 수도원장을 말한다.

Pedro Almodóvar 페드로 알모도바르

영화감독.

양음악센트acute accent[‡]가 성의 두 번째 o 위에 있다는 데 주의한다.

Hans Christian Andersen 한스 크리스티안 안데르센

동화작가.

[†] 그 외에 요정과 곰, 그리고 딱히 사람으로 볼 수 없는 다른 생명체들
[‡] 반대쪽으로 비스듬하게 기운 악센트 부호는 '억음 부호(grave accent)'라고 한다.

Anderson이 아니다.

Ann-Margret 앤 마그릿

배우actress.*

Margaret이 아니다. 그리고 하이픈에 주의해라.

Attila 아틸라

훈족.

Atilla가 아니다.

Dan Aykroyd 댄 애크로이드

코미디언. 블루스 브라더스2인조 코미디 듀오 중 한 명.

Ackroyd는 애거서 크리스티의 추리소설 『애크로이드 살인사건The Murder of Roger Ackroyd』에서 살해당하는 인물인 로저 애크로이드의 성이다.

그나저나 Ghostbuster댄 애크로이드가 출연한 영화 《고스터버스터즈》의 '유령퇴치사'를 일컫는 말는 한 단어다.

Elizabeth Bennet 엘리자베스 베넷

제인 오스틴의 『오만과 편견』에 나오는 고집불통 여주인공.

Bennet에는 t가 하나다.

*과하다 싶을 만큼 여성을 구분짓는 명사—comedienne(여성 코미디언), murderess(여자 살인범), poetess(여류 시인), sculptress(여류 조각가), 매력 넘치는 aviatrix(여류 비행사)까지는—는 점차 옛말이 돼 가고 있지만, 할리우드 영화판의 각종 조합상이 남자 배우와 여자 배우를 고집스럽게 분리하는 한 actress(여배우)는 존속할 것이고 앞으로도 변치 않을 것이다. 해도 대다수 여성 배우들은 그냥 '배우'라고 불리거나 스스로를 그렇게 칭한다.

Jane Austin이 아니다. 굳이 언급해야겠냐고? 우려스럽게도 그렇다.

Pieter Bruegel the Elder 피터르 브뤼헐

철자를 그 누구도 제대로 기억하지 못한다는 이유로 당대의 매튜 매커너헤이로 통하는 16세기 플랑드르 화가. 성을 Brueghel와 Breughel 두 가지로 표기해서 그럴 가능성이 높은 듯하다. 그의 장남 역시 이름이 Pieter인데, 주로 Pieter Brueghel the Younger라고 불리는 걸로 봐서 그도 이 집안의 성을 두고 헷갈린 것으로 보인다. 여러분 입장에서는 다행스럽게도 어떤 철자를 쓰든 할 말이 있다는 얘기다.

Gautama Buddha 고타마 붓다

싯다르타 고타마 Siddhartha Gautama, 석가모니, 부처 the Buddha의 다른 이름.

성현.

Bhudda가 아니다.

따라서 Bhuddist가 아니라 Buddhist 불교도라고 써야 한다.

Warren Buffett 워렌 버핏

백만장자.

Buffet이라고 부르면 '뷔페'를 뜻하게 된다.

한 가지 의아한 건 가수 Jimmy Buffett 지미 버핏의 이름을 잘못 표기하는 사람은 거의 없다는 것이다.

Julius Caesar 줄리어스 시저

caesarean delivery제왕절개분만에서 따왔을 확률이 낮은 로마 황제의 이름.

Ceasar가 아니다.

시저 샐러드—시저 황제와는 달리 로마가 아닌 멕시코에서 탄생했다—도 Caesar라고 쓴다.

세자르 차베스Cesar Chavez(농민 운동가)와 시저 로메로Cesar Romero(60년대 《배트맨》 시트콤 시리즈에서 조커 역을 맡은 배우)는 Cesar로 표기한다.

Nicolas Cage 니콜라스 케이지

영화배우.

Nicholas가 아니다.

영화감독 프랜시스 포드 코폴라Francis Ford Coppola의 조카이자 감독의 딸인 영화감독 소피아 코폴라의 사촌으로, 이들의 성을 Copolla로 잘못 쓰는 경우도 간혹 보인다(이탈리아어의 이중 자음만 나오면 혼란스러우니 정신 바짝 차리자).

Rosanne Cash 로잔느 캐쉬

가수 겸 싱어송라이터 겸 작가.

Roseanne이 아니라는 건 확실하다.

Hillary Rodham Clinton 힐러리 로댐 클린턴

비극적으로 놓친 기회.

Hillary에는 l이 두 개다.

소설가 힐러리 맨텔Hilary Mantel과 영화배우 힐러리 스웽크Hilary Swank는 l이 하나다.

Patricia Cornwell 퍼트리샤 콘웰

소설가 겸 잭 더 리퍼Jack the Ripper 스토커.연쇄살인범 잭 더 리퍼의 정체를 추적한 것으로 유명함 Cornwall이 아니다.

Noël Coward 노엘 코워드

배우, 극작가, 작곡가, 작사가, 영화감독, 한마디로 바쁜 사람.

분음 기호Noël에서처럼 두 모음이 붙어 있을 때 모음이 각각 발음됨을 나타내는 기호—『뉴요커』가 사랑해 마지않는, 하지만 이 이름에서나 기타 모든 비독일어에서는 움라우트로 잘못 알려져 있는—표기는 의무 사항이다.

Aleistster Crowley 알리스터 크롤리

범성애자이자 오컬티스트.

Alistair나 Alastair라는 표기를 더 자주 마주칠 것이다(1951년 영화《스쿠르지》에서 탁월한 연기를 선보인 Alastair Sim앨러스터 심도 그중 하나다).

E. E. Cummings E. E. 커밍스

정식 이름은 Edward Estlin Cummings. 시인.

e. e. cummings가 아니다.*

*커밍스는 단어를 전부 소문자로 표기하는 습관이 있었는데, 출판사와 본문 디자이너들도 이를 본떠 e. e. cummings라고 표기하는 경우가 간혹 있긴 했지만 작가 자신은 그의 이름만은 표준 방식인 두문자 표기를 선호했다.

이니셜 표기하는 법

랜덤하우스에서는 이름에 이니셜이 두 개일 경우 다음처럼 이니셜 사이의 간격을 균일하게 띄운다.

  E. E. Cummings (E.E. Cummings로 붙여 쓰지 않는다)
  T. S. Eliot (T.S. Eliot으로 붙여 쓰지 않는다)
  H. L. Mencken (이제 감이 오나?)

다음은 말할 것도 없다.

  George R. R. Martin

이니셜이 세 개라면 살짝만 띄운다.

  J.R.R. Tolkien

J.R.R. 톨킨의 이니셜 사이를 한 칸씩 띄워서 벙벙하게 쓰면 피터 잭슨 감독의 영화를 볼 때처럼 언제 끝나나 싶을 것이다.
 요즘은 다음과 같이 이니셜을 진짜 이름처럼 쓰는 경우가 늘고 있다.

  PJ Harvey
  KT Tunstall

세련돼 보이기도 하고 근사하게 딱딱 맞아떨어지는 조합이라 내 이름도 이니셜로 쓰고 싶을 정도다.
 이니셜 표기의 경우 편집부의 지침과 당사자의 선호를 절충하는 게 좋다.

Cecil B. DeMille 세실 B. 드밀

걸출한 감독.

원래 de Mille이 성姓이라 서명할 때는 de Mille로 표기했지만, 영화계에서나 영화 크레딧에서는 그보다 더 눈길을 끄는 DeMille을 썼으니 우리도 그렇게 써야 한다.

세실의 형이자 역시 영화감독(겸 각본가)이기도 한 윌리엄 드밀은 William de Mille이라고 쓴다.

윌리엄의 딸은 무용수이자 안무가인 Agnes de Mille 아그네스 드밀이다.

Cruella de Vil 크루엘라 드 빌

강아지 모피로 만든 코트라면 사족을 못 쓰는 악당.

deVille이라고 잘못 표기하는 경우가 많다.

말이 나온 김에 말인데 도디 스미스가 1956년에 발표한 소설의 제목은 『101마리의 달마시안 *The Hundred and One Dalmatians*』이다. 1961년에 제작된 동명의 디즈니 에니메이션 영화는 당초 *One Hundred and One Dalmatians*라는 제목으로 개봉했는데, 지금은 주로 *101 Dalmatians*를 밀고 있으며 1996년에는 실사판 리메이크작의 공식 제목으로 쓰였다.

작품에 등장하는 점박이 개들을 Dalmation으로 잘못 표기하는 경우가 많다.

W.E.B. Du Bois W.E.B. 두보이즈

작가이자 인권운동가.

정확한 표기는 Du Bois이며 DuBois(테네시 윌리엄스의 『욕망이라는 이름의

전차』에 나오는 여주인공 블랑시의 성姓)가 아니다.

그리고 (블랑시의 경우와 달리) doo-BWAH가 아닌 doo-BOYZ로 발음한다.

T. S. Eliot T. S. 엘리엇

사실상 뮤지컬 《캣츠》의 원작자.

Eliots, Elyots, Elliots, Elliotts라는 이름이 나오면 무조건 사전을 찾아 봐야 한다.

Phileas Fogg 필리어스 포그

쥘 베른의 소설 『80일간의 세계일주』의 주인공.

Phineas가 아니다.

Mahatma Gandhi 마하트마 간디

비폭력 혁명가.

모한다스 카람찬드 간디Mohandas Karamchand Gandhi가 본명이다.

그나저나 Mahatma 자체는 이름이 아니라 '위대한 영혼'을 뜻하는 산스크리트어 존칭이다.

그건 그렇다 쳐도 성을 Ghandi로 잘못 쓰는 경우가 어이없게도 많다.

Theodor Geisel 시어도어 가이젤

일명 닥터 수스Dr. Seuss.

『모자 쓴 고양이』의 작가.

Theodor 끝에 e를 쓰면 안 된다.*

철학자 테오도르 아도르노Theodor Adorno와 시오니즘 창시자 테오도르 헤르츨Theodor Herzl†을 비롯해 세상에는 생각하는 것보다 Theodor라는 이름을 쓰는 사람이 많다.

Allen Ginsberg 앨런 긴즈버그

비트 세대Beat Generation, 1950년대에 주류 가치관에 저항하는 문화 운동을 전개한 젊은 세대 대표 시인.

Allen, Allan, Alan, Ginsberg, Ginsburg(일례로 루스 베이더 긴즈버그 Ruth Bader Ginsburg가 있다), Ginzburg가 나오면 항상 철자를 확인해라.

Jake Gyllenhaal 제이크 질런홀

영화배우.

더불이 그의 배우 누나 Maggie Gyllenhaal매기 질런홀의 철자노 주의하자.

George Frideric Handel 조지 프레드릭 헨델

작곡가.

위는 영어 버전이다. 원래대로 독일식으로 표기하면 Georg Friedrich Händel게오르그 프리드리히 헨델이다.

---

*나도 방금 실수할 뻔했는데, 혹시 "e가 하나인 Theodore가 아니라" 등으로 쓸 참이었다면 첫 글자로 돌아가서 개수를 제대로 센 다음 다시 써라.

† the philosopher Adorno and the Zionist Herzl이라고 쓰는 것보다 the philosopher surnamed Adorno and the Zionist surnamed Herzl(성이 아도르노인 철학자와 성이 헤르츨인 시오니스트)이라고 쓰는 편이 더 명료하다. 고유 명사를 이름과 혼동할 수 있기 때문이다. 48쪽 In June Truman's secretary of state를 참조 바람.

Lillian Hellman 릴리언 헬먼

극작가, 각본가, 회고록 작가. 작가 매리 매카시는 그녀에 대해 이렇게 말한 적이 있다. "그녀가 쓴 한 마디 한 마디가 전부 거짓이다. and와 the를 포함해서 말이다." 따귀를 한 대 후려치는 듯한 역대급 모욕이다(그래서 헬맨이 소송을 걸었다. 안 그럴 사람이 누가 있겠냐마는).

　Hellman에는 n이 한 번 들어간다.

　n이 두 번 들어간 Hellmann's헬만스는 마요네즈 상표명이다.

O. Henry 오 헨리

결말의 반전으로 유명한 단편 작가 윌리엄 시드니 포터William Sydney Porter의 필명.

　O'Henry가 아니다.

　Oh Henry!는 초콜릿바 상표명이다. 야구선수 Henry Louis "Hank" Aaron헨리 루이스 행크 애런의 이름에서 따왔다고 알려져 있지만 사실이 아니다.

Katharine Hepburn 캐서린 헵번

눈부신 명사이자 더러 눈부신 열연을 펼친 영화배우.

　Katherine이 아니다.

Pee-wee Herman 피위 허먼

코미디언 폴 루번스Paul Reubens의 분신. 하이픈과 소문자 w에 주의해라.

　하이픈 없는 Pee Wee유리 구슬는 메이저리그 유격수였던 Harold Peter Henry Reese해롤드 피터 헨리 리즈의 별명이다.

Adolf Hitler 아돌프 히틀러

겉보기만 계몽 국가인 곳에서 민주적 절차를 거쳐 통치자로 선출된 미치광이 인종학살범.

　Adolph가 아니다.

　아무리 말해도 계속 틀린다.

Billie Holiday 빌리 홀리데이

여신에 버금가는 가수.

　Holiday에 l이 하나다.

Judy Holliday 주디 홀리데이

영화배우.

　Holliday에 l이 **두** 개다.

Anjelica Huston 안젤리카 휴스턴

영화배우.

　Angelica가 아니다.

　뭐, 이 목록에 여배우가 많다는 건 인정한다.

Alejandro G. Iñárritu 알레한드로 곤잘레스 이냐리투

멕시코 영화감독.

　발음 구별 기호가 연달아 나오는 게 특이하다.

　그가 연출한 아카데미 수상작 《버드맨》의 정식 제목은 *Birdman or*

(The Unexpected Virtue of Ignorance)로, 특이하면서도 번거롭다.

Cousin Itt 사촌 잇

《아담스 패밀리The Addams Family》1964년에 방영된 미국 TV 시리즈에 등장하는 짤따란 털북숭이 친척.

Scarlett Johansson 스칼렛 요한슨

영화배우.

 Scarlett O'Hara『바람과 함께 사라지다』의 주인공에서처럼 Scarlett에 t가 두 개다.

Madeline Kahn 매들린 칸

영화배우이자 세상 웃긴 코미디언.

 Madeleine이 아니다.

 말이 나왔으니 말인데 작가 루드비히 베멀먼즈Ludwig Bemelmans가 쓰고 그린 '마들린느 시리즈'의 주인공 이름도 Madeline이다.

 마르셀 프루스트의 소설『잃어버린 시간을 찾아서』에 나온 구움과자는 madeleine마들렌이다.

 미국 최초의 여성 국무장관은 Madeleine Albright매들린 올브라이트다.

Nikita Khrushchev 니키타 흐루쇼프

UN 연설 중 신발로 책상을 내려쳤다는 옛소련의 정치인.

 사람들이 흐루쇼프 같은 까다로운 이름은 사전에서 찾아볼 거라고 생각하지만 모르시는 말씀.

Freddy Krueger 프레디 크루거

공포 영화 《나이트메어》의 주 배경인 엘름가에 자주 출몰하는 살인마.

　Kreuger도, Kruger도, Kroger도 아니다.

Shia LaBeouf 샤이아 라보프

기행을 일삼는 이 배우의 기이한 이름을 정확하게 표기하려고 굳이 시간을 들이는 사람들에게 고마움을 전한다. 프랑스어를 알아보는 식자들이 사는 곳에서라면 LeBoeuf라고 표기할 테지만.

k. d. lang 케이디 랭

음악가.

　전부 소문자로 표기하는 이름은 섬세한 교열이 요구된다. 내 경우 이름의 주인이 선호하는 방식을 존중한다. 혼동의 여지를 없애려고 맨 처음 표기할 때 '(○○로 표기한다)'와 같은 삽입어구를 넣는 경우도 있는데, 괜한 호들갑을 떠는 것 같아 눈에 거슬린다. 이건 취향과 문맥, 명성, 독자가 친근함을 느끼는 정도에 달린 문제 같다.

　(한 단어 이름으로 성공한 경우도 마찬가지다. Cher세어와 Beyoncé비욘세의 이름을 표기할 때 그 누가 '○○로 표기한다'라고 쓸까.)

Vivien Leigh 비비안 리

영화배우.

　Vivian이 아니다.

Leonardo da Vinci 레오나르도 다 빈치
문자 그대로 르네상스맨. '다방면으로 뛰어난 인물'과 '르네상스 시대를 살았던 사람'이라는 중의적 의미

D가 아닌 L항_{이 목록은 성을 기준으로 알파벳 순으로 나열돼 있음}에 넣은 이유는 이름이 da Vinci가 아니라 Leonardo이기 때문이다. Vinci는 그의 출신지. 댄 브라운의 소설 『다빈치 코드』가 이 사실을 알리는 데 한몫 톡톡히 한 건 두고두고 높이 평가할 만한 일이다.

Claude Lévi-Strauss 클로드 레비스트로스
인류학자.

(청바지 제조사 Levi Strauss리바이 스트라우스와는 아무 관련이 없다.)

Roy Lichtenstein 로이 리히텐슈타인
팝 아티스트.

내륙국인 스위스와 오스트리아에 꼼짝없이 포위된 형국의 또 다른 자그마한 내륙국인 Liechtenstein리히텐슈타인 공국과 Lichtenstein을 혼동하는 경우가 가끔 있다.

Patti LuPone 패티 루폰
뮤지컬 배우.

Lupone이 아니다.

잘못 건드리면 큰일날 사람이니 제대로 쓰자.

Macbeth 맥베스

스코틀랜드 귀족.

MacBeth가 아니다.

사과 품종(McIntosh 매킨토시)이든 컴퓨터(Macintosh 매킨토시)든 화가(James Abbott McNeill Whistler 제임스 애봇 맥닐 위슬러)든 영화배우(Fred MacMurray 프레드 맥머레이)든 소설가(John D. MacDonald 존 D. 맥도널드)든 Mac- 또는 Mc-으로 시작하는 이름이 나오면 무조건 사전부터 찾아보는 사람이 현명한 작가다.

말이 나왔으니 말인데 '맥베스'라는 말을 입 밖에 내면 안 된다는 연극계의 미신을 잘못 알고 있는 사람이 많다. 44번가 연극·뮤지컬 공연장이 밀집돼 있는 뉴욕 맨해튼의 거리를 걷거나 사르디 식당 Sardi's, 브로드웨이 극장가의 명소의 식사 자리에서나 이 책을 소리 내 읽는 경우라면 안심하고 입에 담아도 좋다. 하지만 연극 리허설 때나 연극이 한창 상연 중일 때는 입 밖에 내서는 안 된다. 그때는 '맥베스'라고 하지 않고 the Scottish play 그 스코틀랜드 연극, the Scottish lord 그 스코틀랜드 귀족 등의 완곡 표현으로 지칭한다.

Matthew McConaughey 매튜 매커너헤이

영화배우.

그의 성을 틀리지 않고 쓰기란 불가능하다.

Ian McKellen 이안 맥켈런

영화배우.

그의 성은—설명할 길이 없지만 쉽게 틀리는 만큼 쉽게 맞히기도 한달까—McKellan으로 잘못 표기될 때가 많다.

Stephenie Meyer 스테프니 메이어

작가.

　　Stephanie가 아니다.

Liza Minnelli 라이자 미넬리

배우이자 가수.

　　n도 두 개, l도 두 개다.

　　영화감독 Vincente Minnelli빈센트 미넬리가 그녀의 아버지다.

Alanis Morissette 앨라니스 모리셋

싱어송라이터.

　　성에 r이 하나, s가 두 개, t가 두 개다. 까딱하면 틀리기 쉽다.

Elisabeth Moss 엘리자베스 모스

영화배우.

　　Elizabeth가 아니다.

Friedrich Wilhelm Nietzsche 프리드리히 빌헬름 니체

이름 표기가 보통 골치 아픈 게 아닌 철학자.

　　Nietzsche를 잘못 표기하는 법은 숱하게 많다는 걸 지난 세월의 경험으로 알게 됐다.

Georgia O'Keeffe 조지아 오키프
화가.

f가 두 개다.

Laurence Olivier 로렌스 올리비에
영화배우.

Laurence에 u가 들어간다. 기사 작위를 받아 Sir Laurence Olivier 로렌스 올리비에 경가 되었고 줄여서 Sir Laurence라고도 한다. 미국인들은 걸핏하면 Sir Olivier라고 잘못 쓴다(후에 남작 서훈敍勳을 받아 상원에 의석을 갖게 되면서 Lord Olivier 올리비에 남작로 불렸다).

Edgar Allan Poe 에드거 앨런 포
작가.

감히 말하건대 서양 고전 작가 중에서 줄기차게 잘못 표기되고 있는 이름으로는 단연 으뜸이다. 중간 이름을 Allen으로 틀리게 쓰지 마라.

Christopher Reeve 크리스토퍼 리브
영화배우.

수퍼맨을 연기했다.

George Reeves 조지 리브스
영화배우.

역시 수퍼맨을 연기했다.

크리스토퍼 리브의 성을 잘못 표기하는 것도 그 때문이 아닐까 싶다.*
말이 나온 김에 다음 인물의 이름 표기도 주의하자.

Keanu Reeves 키아누 리브스

코미디 영화 《엑설런트 어드벤쳐》 시리즈와 코미디 영화가 아닌 《매트릭스》 시리즈, 본의 아니게 코미디 영화가 된 《존 윅》 시리즈에 출연한 인기 배우.

Condoleezza Rice 콘돌리자 라이스

정치인.

z가 두 개라는 데 주의해라.

Richard Rodgers 리처드 로저스

뮤지컬 역사에 한 획을 그은 수많은 곡을 탄생시킨 작곡가로, 작사가 로렌츠 하트(《시라큐스에서 온 소년들》, 《그 친구, 조이 *Pal Joey*》† 등), 오스카 해머스타인 2세(《오클라호마!》, 《회전목마》, 《왕과 나》 등)와 협업한 것으로 유명하다.

런던 밀레니엄 돔을 설계한 건축가 Richard Rogers와 혼동하지 말 것.

Roxane 록산

극작가 에드몽 로스탕이 1879년에 쓴 희곡 『시라노 드 베르주라크 *Cyrano de Bergerac*』에서 시라노가 사랑하는 상대.

---

*배우 Alan Cumming(앨런 커밍)의 성이 Cummings로 둔갑하는 경우처럼 끝에 s를 덧붙이는 괴상한 버릇이 자주 눈에 띈다.
†1930년대 칼럼니스트도 아니면서 이름과 성 사이에 괄호로 묶은 삽입어구를 끼워 넣어 신원을 확인시키는—가령 Lorenz (Pal Joey) Hart—버릇은 버려라. 볼썽사납다.

작가 Roxane Gay_{록산 게이} 역시 Roxane에 n이 하나다.

1978년 영국 록 그룹 폴리스가 발표한 노래 〈록산느*Roxanne*〉와 로스탕의 희곡에서 영감을 얻어 제작된, 스티브 마틴 주연의 1987년 영화 《록산느*Roxanne*》에 나오는 동명의 여주인공은 n이 두 개인 Roxanne다.

Peter Sarsgaard 피터 사스가드

영화배우.

《트루 블러드》_{미국 HBO 제작 드라마}에서 뱀파이어를 연기한 그 배우가 아니다.

Franz Schubert 프란츠 슈베르트

오스트리아 작곡가.

미국의 대표적인 공연기획자인 샘, 리오, 제이제이 형제의 성은 Shubert_{슈버트}다. 뉴욕에 있는 Shubert Alley_{슈버트 앨리}와 Shubert Theatre_{슈버트 시어터}, Shubert Organization_{슈버트 그룹}의 철자도 마찬가지다.

Martin Scorsese 마틴 스코세이지

영화감독.

Scorcese가 아니다.

Alexander Skarsgård 알렉산더 스카스가드

영화배우.

《트루 블러드》에서 뱀파이어로 열연했다.

성 위에 얹힌 동그라미 발음 구별 기호가 자주 누락되는데, 어쩌면 이 부호가 자판 어디에 숨은 건지 굳이 알고 싶지 않아서 그런 건지도.

Spider-Man 스파이더맨
슈퍼 히어로.

　하이픈과 대문자 M에 주의한다.

Danielle Steel 다니엘 스틸
다작 소설가.

　그녀의 작품을 출간하는 랜덤하우스에 입사하기 전, 어느 책에선가 그녀의 이름을 언급하면서 한 번도 아니고 여섯 번이나 Danielle Steele로 표기한 적이 있는데 인쇄될 때까지 까맣게 모르고 있었다. 아뿔싸.

Barbra Streisand 바브라 스트라이샌드
서양문화사에서 그토록 오랫동안 인기를 구가한 그녀의 이름을 아직도 Barbara로 잘못 쓴다는 건 시대를 못 따라간다는 느낌이다.

Mother Teresa 테레사 수녀
가톨릭 성녀의 반열에 오른 수녀이자 선교사.

　이름에 h가 없다.

Teresa of Ávila 아빌라의 테레사
가톨릭 성녀의 반열에 오른 수녀이자 신비주의자.

　여기에도 h는 없다.

성령 충만한 h를 붙이고 싶은 마음이 그토록 간절하다면 Thérèse of Lisieux_{리지외의 테레사}를 쓸 때나 붙여라.

Tinker Bell 팅커벨
요정.

두 단어로 띄어 쓴다. 뒤에 오는 단어는 팅커벨이 말을 할 때 종소리를 낸다는 의미를, 앞 단어는 팅커벨이 솥과 냄비를 고치는 일을 한다는 의미를 나타낸다. 진짜다.

Harry S. Truman 해리 S. 트루먼
"모든 책임은 내가 진다." The buck stops here.라는 명언으로 유명한 전前 대통령.

가운데 머릿글자는 아무런 뜻이 없는데, 덕분에 교열자들이야말로 수십 년간 Harry S Truman로 표기하면서 재미를 봐 왔다. 트루먼은 서명을 할 때 (대개) S에 마침표를 찍었던 듯하니 그 방식을 따르도록 하자.

Tracey Ullman 트레이시 울먼
희극 배우. Tracey의 e에 주의한다.

Liv Ullmann 리브 울먼
위 배우와는 달리 시종 진중하지만 못지않게 뛰어난 배우.

Felix Ungar 펠릭스 웅거
닐 사이먼의 1965년 브로드웨이 코미디 연극 《별난 한 쌍 The Odd Couple》과

1968년에 제작된 동명의 영화에서 전형적인 깨방정 캐릭터로 분한 배우. 성에 a가 들어간다.

이후에 나온 TV 시리즈에서는 e가 들어간 Felix Unger로 표기되었다.

Nathanael West 너새네이얼 웨스트
『메뚜기의 하루』를 쓴 소설가.

Nathaniel이 아니다.

Winnie-the-Pooh 위니 더 푸
곰.

작가 A. A. 밀른은 이 곰의 정식 이름에 하이픈을 썼지만(작중에서는 하이픈 없이 Pooh Bear 곰돌이 푸로도 불린다) 디즈니 영화사 사람들은 그렇게 쓰지 않는다.

Alfre Woodard 알프리 우다드
배우.

Woodward가 아니다.

하지만 조앤 우드워드 Joanne Woodward, 미국 배우는 그렇게 표기한다.

Virginia Woolf 버지니아 울프
작가. 물론 이렇게 간단히 정의하는 건 이름에 값하는 정당한 평가는 아니지만.

Wolfe도 아니고 Wolf도 아니다. 혹시 토마스Thomas나 그 남자the Man*와 헷갈린 건 아닌가?

Alexander Woollcott 알렉산더 울콧

《뉴요커》의 기고가이자 알곤퀸 원탁 모임의 일원이자 통제불가 재담가. 조지 S. 코프먼과 모스 하트가 함께 쓴 희극《저녁 식사에 온 남자The Man Who Came to Dinner》에서 몬티 울리Monty Woolley가 분한(그리고 나중에는 울콧 본인이 연기한) 캐릭터인 셰리단 화이트사이드를 창조하는 데 영감을 불어넣은 사람. 줄여서 Alec알렉이라고도 한다.

Woollcott이나 Woolley를 《뉴요커》의 터줏대감 편집자이자 작가인 Wolcott Gibbs월콧 깁스의 이름과 혼동하면 안 된다. 깁스는 울콧을 '가장 형편없는 현존 작가 가운데 한 명'으로 평한 바 있으며, 앞서 말했듯 교열자가 평생의 좌우명으로 삼는 "지자가 본인 고유의 표기 원칙을 갖고 있다면 되도록 손대지 마시오"의 출처이기도 하다.

Florenz Ziegfeld 플로렌즈 지그펠드

브로드웨이 공연제작자.

Ziegfield라고 잘못 표기하는 (그리고 잘못 발음하는) 사람들이 많다.

---

*론 채니 주니어가 출연한 유니버설사의 1941년도 호러 영화 제목은《울프 맨The Wolf Man》이고, 누가 출연했는지 관심도 없는 2010년도 리메이크작의 제목은《울프맨The Wolfman》이다.

지명

Antarctica 남극 대륙

c가 두 개다.

Arctic 북극

마찬가지로 c가 두 개다.

Bel Air 벨에어

LA 서부의 부촌. 하이픈을 쓴 Bel-Air로 표기하면 호텔을 뜻한다.

　말이 나왔으니 말인데 LA는 비공식적으로 이스트사이드Eastside와 웨스트사이드Westside로 나뉜다. 뉴욕시는 얼마간 공식적으로 이스트 사이드East Side(어퍼 이스트 사이드Upper East Side와 로우어 이스트 사이드Lower East Side로 나뉜다)와 웨스트 사이드West Side(어퍼 웨스트 사이드Upper West Side가 있는 건 맞지만 '로우어 웨스트 사이드Lower West Side'라는 말은 '미국의 거리Avenue of the Americas'를 맨해튼의 '6번가Sixth Avenue'라고 부르는 사람들이나 쓸 만한 표현이다)로 나뉜다. 《로앤오더: 성범죄전담반》뉴욕 맨해튼을 배경으로 한 TV 시리즈의 눈치 빠른 팬이라면 오프닝 크레딧에 어김없이 나오는 신문 헤드라인 EASTSIDE RAPIST CAPTURED이스트 사이드 강간범 체포되다에서 띄어 쓰지 않은 EASTSIDE를 눈여겨볼 것이다.

Bleecker Street 블리커 스트리트

뉴욕 그리니치 빌리지의 거리.

현지 도로 표지조차 그렇게 표기한 경우가 있긴 하지만 Bleeker가 아니다.

Brittany 브르타뉴

프랑스의 브르타뉴Bretagne 지방을 말한다.

고인이 된 배우 브리타니 머피Brittany Murphy의 이름이기도 하다.

하지만 브리트니 스피어스Britney Spears의 이름은 아니다.

부모가 건성으로 작명하는 바람에 Britanny라는 표기로 이름을 잘못 지은 여성들이 늘고 있는 추세다.

Caesars Palace 시저스 팰리스

카지노 전문 호텔.

Caesar's처럼 아포스트로피를 써서 표기하지 않는 이유는 이 호텔의 설립자 제이 사르노가 이곳을 찾는 모든 숙박객들이 시저처럼 대접받을 수 있도록 보장하겠다는 취지에서 "We're all Caesars.우리 모두가 시저다."라고 포고했기 때문이라고 전해진다.

Cincinnati 신시내티(미국 오하이오 주의 도시)

Cincinatti가 아니다.

Colombia 콜롬비아

남미 국가. o가 두 개다.

둘째 음절에 u를 쓴 Columbia는 뉴욕 소재 대학, 음반회사, 할리우드 영화 스튜디오, '워싱턴'이라고도 불리는 지구워싱턴 DC의 정식 명칭이 District of Columbia임, 교향곡 〈컬럼비아, 대양의 보석이여〉, 여성으로 의인화된 미국의 표상 등을 가리킨다.

Fontainebleau 퐁텐블로
프랑스에 있는 왕궁, 또는 마이애미 비치에 있는 리조트 호텔.

Grand Central Terminal 그랜드 센트럴 철도역
뉴욕 42번가와 파크 에비뉴Park Avenue의 합류점—두 길이 엇갈리는 곳은 intersection교차로, 두 길이 만나는 곳은 junction합류점이다—에 위치한, 웅장한 미술 작품이라 해도 과언이 아닌 건축물.

종종 Grand Central Station도떼기시장 (같은 곳)이라고 불린다는 이유 때문에 유명해진 건 아니다. 그래도 번잡하고 붐비는 장소를 빗대는 경우라면 흔히들 말하듯 "It's like Grand Central Station in here!꼭 도떼기시장에 온 것 같네"라고 얼마든 써라. 관용 표현이 정확성보다 우선하는idiom outweighs accuracy* 경우도 있으니까.

LaGuardia Airport 라과디아 공항(뉴욕 시의 국제 공항)
지옥 구덩이나 다름없는 곳.

이 이름은 전설적인 전前 뉴욕 시장 피오렐로 라과디아Fiorello H. La Guardia에서 따왔지만 이 공항의 정식 명칭에서는 붙여 쓴다.

말이 나왔으니 말인데 라과디아의 G(또는 MacDonald맥도날드의 D, iPhone

---

* 원래 outweigh(~보다 중대하다)가 아니라 trump(~을 능가하다)를 쓸 생각이었지만, trump라는 동사에 혐오감이 생겼다.

아이폰의 P, PlayStation플레이스테이션의 S처럼 중간에 대문자를 쓰는 표기법)를 일컫는 정식 명칭은 medial capital중간에 들어가는 대문자이며, '낙타 대문자camel case'라고 부르기도 한다(또는 이 표기법을 글자에 그대로 반영한 CamelCase각 단어의 첫 글자를 대문자로 표기하고 붙여 쓰는 (낙타)표기법라고도 한다).

Middle-earth 가운데땅, 중간계

덕후들의 천국.J.R.R. 톨킨의 소설 속 허구 공간을 가리킴

하이픈으로 연결하고 earth는 소문자로 표기한다.

Mississippi 미시시피 주, 미시시피 강

어렸을 때 배운 철자 암기용 노래를 부르지 않고서는 정확하게 쓰는 사람을 못 봤다.

Piccadilly Circus 피카딜리 광장(영국 런던의 관광 명소)

합해서 c가 모두 네 개다.

Romania 루마니아

이제는 Roumania나 Rumania로 표기하지 않는다.

하지만 도로시 파커의 시 「코멘트Comment」의 마지막 구절 "And I am Marie of Roumania나는 루마니아의 마리아라네"를 인용하는 경우라면 논쟁의 여지 없이 그대로 둔다.

Savile Row 새빌 거리(영국 런던의 거리)

Saville이 아니다.

Shangri-La 샹그릴라

제임스 힐튼의 1933년작 『잃어버린 지평선』에 등장하는 티베트의 숨은 낙원. 하이픈과 대문자 L에 주의한다. 이를 명명한 당사자인 힐튼이 대문자 L로 썼다는데 일부 사전에 소문자 l을 쓴 Shangri-la가 등재된 건 파렴치한 소행이다.

Tucson, Arizona 투손(미국 애리조나 주의 휴양 도시)

Tuscon이 아니다.

작가들이 잘못 표기하는
그 외 사회·문화·역사 관련 고유 명사

Alice's Adventures in Wonderland 『이상한 나라의 앨리스』

루이스 캐롤이 1865년에 발표한, 알고 보면 편하게 즐길 수 없는 판타지 소설의 정식 제목. 이 책이 출간된 뒤로는 사실상 *Alice in Wonderland* 이상한 나라의 앨리스로 불리고 있다. 1871년에 나온 속편의 제목은 *Through the Looking-Glass, and What Alice Found There* 거울 나라의 앨리스다. 쉼표 앞까지 줄여 써도 되지만 Looking-Glass의 하이픈은 빼먹지 말자.

The Beautiful and Damned 『아름답고 저주받은 사람들』

F. 스콧 피츠제럴드의 소설 제목. the는 한 번만 들어간다.

The Bridge over the River Kwai 『콰이강의 다리』

피에르 불(*Planet of the Apes*로 잘 알려져 있지만 당초에는 *Monkey Planet*이라는 영어 제목으로 출간됐던 『혹성탈출*La planète des singes*』의 작가이기도 하다)*의 소설 *Le pont de la rivière Kwai*의 영어판 제목. 데이비드 린이 연출한 동명의 영화 제목은 *The Bridge on the River Kwai*다.

Bulfinch's Mythology 『벌핀치의 신화』

l이 한 번만 들어가는 Thomas Bulfinch토마스 벌핀치가 쓴 책. l이 두 번 들어가는 bullfinch피리새가 쓴 책이 아니다.

The Diary of a Young Girl 『안네의 일기』

안네 프랑크가 쓴 일기를 바탕으로 출간된 책의 초판 영어 제목.

*The Diary of Anne Frank*는 프랜시스 굿리치와 앨버트 해켓이 각본을 맡은 연극 및 영화의 제목이다.

Finnegans Wake 『피네간의 경야』

사람들이 읽지 않았거나 이해하지 못했거나 읽지도 이해하지도 못했다고 말하고 다니는, 제임스 조이스가 쓴 소설.

아포스트로피가 없다.

---

* 원숭이는 유인원(ape)이 아니다. 유인원도 원숭이가 아니다. 원숭이는 꼬리가 있다.

반복한다. 아포스트로피가 없다.

Florodora 《플로로도라》

한때 문화적 시금석으로 통했으나 지금은 무슨 말인지 아는 사람이 드물다 보니 토막 상식* 퀴즈에 잘못 표기돼 등장하는 경우가 많은, 런던 웨스트 엔드에서 1899년에 상연된 뮤지컬. 1900년대 초반에는 뉴욕에서 더 큰 성공을 거둬 그뒤로도 수십 년간 미 전역에서 공연되고 리바이벌되고 있는 작품이다. 이 뮤지컬의 히트곡인 〈말해 봐요, 예쁜 아가씨, 당신 같은 사람이 집에 또 있나요?Tell Me, Pretty Maiden (Are There Any More at Home Like You?)〉는 똑같은 수트를 입고 똑같은 중산 모자를 쓴 신사들과 함께 등장한 젊은 여성 여섯 명이 똑같은 드레스를 입고 똑같은 양산을 흔들며 부르는 노래다.

    연극계의 전설에 따르면(보기 드물게도rara avis† 사실로 확인됐다) 플로로도라 코러스 걸로 활약한 원년 멤버들은 모두 백만장자와 결혼했다고 한다. 이후 플로로도라의 코러스 걸로 뽑힌 이블린 네스빗‡은 좋게 말해 정서불안인 재벌 해리 켄달 쏘와 결혼하지만, 그가 네스빗의 연인이었던 건축가 스탠포드 화이트를 1906년 매디슨 스퀘어 가든의 루프탑 극장에서 총으로 쏴 살해한 사건으로 평생의 오명도 함께 얻었다. 하여 '세기의 재판'으로 이어지는데, 1921년도 '세기의 재판'인 사코와 반제티 사건, 1924년도 '세기의 재판'인 레오폴드와 로엡 사건, 1935년도 '세기의 재판'인 브루노 하웁트만

---

*잘 알려지지 않은 토막 상식 중 개인적으로 가장 좋아한다는 이유로 객쩍은 소리에 두 단락을 바치는 것도 모자라 이 각주와 뒤이은 세 개의 각주를 덧붙이기까지 했다.
† rare bird(보기 드문 사람/사물)를 뜻하는 라틴어로, 겉멋을 잔뜩 부린 말이다.
‡ E. 네스빗(E. Nesbit)이라는 이름으로 활동하며 『철도 위의 아이들』을 비롯해 수많은 아동서를 쓴 작가 에디스 네스빗(Edith Nesbit)과 혼동하면 안 된다.

사건, 1995년도 '세기의 재판'인 O. J. 심슨 사건 등등 잇따른 세기의 재판과 혼동하면 안 된다. 다행히 심슨 사건을 끝으로 세기도 저물었지만.§

Frankenstein 『프랑켄슈타인』

메리 셸리의 소설 제목(*Frankenstein; or, The Modern Prometheus* 현대판 프로메테우스 프랑켄슈타인가 정식 제목이다). (수많은 각색본이 있지만 그중) 제임스 웨일이 연출하고 보리스 칼로프가 주연한 1931년 유니버셜사 영화의 제목이기도 하다.

    소설 출간 직후부터 혼란이 야기되긴 했지만, Frankenstein은 과학자 빅터 프랑켄슈타인Victor Frankenstein(유니버셜사 영화와 이후 후속작들에서는 '헨리 프랑켄슈타인'으로 명명)이 "시체안치소 (중략) 해부실과 도살장"에서 버려진 것들을 그러모아 생명을 불어넣어 만든 인공 생명체를 지칭하는 말이 아니다. 셸리는 그를 '피조물', '괴물', '미천한 곤충(이건 딱이다),' '데몬고대 그리스 신화에 나오는 반신반인' 등으로 칭했을 뿐이다. 유니버셜 영화 비전에서는 그냥 '괴물The Monster'이라고 불린다.

    따라서 프랑켄슈타인 박사가 창조한 괴물을 Frankenstein이라고 불러선 안 되는데도 고집스레 그렇게 부르는 사람들을 보면 영 마뜩잖다.

Guns N' Roses 건스앤로지스

이 록밴드의 이름을 Guns 'n' Roses축약법에 따르면 생략된 문자는 보통 아포스트로피로 대체함로 표기하지 않는다는 것도 거슬리는데, Axl리드 보컬, oral sex(구강 성교)의 철자를 재배열한 말장난과 Slash기타리스트, '난도질하다'라는 뜻는 더 말할 것도 없다.

§20세기는 언제 끝난 걸까? 1999년 12월 31일이 아닌 2000년 12월 31일이다. 명심하자.

Immaculate Conception 무염시태(無染始胎), 원죄 없는 잉태

문제는 철자가 아닌 본뜻이다. '무염시태'란 예수의 어머니가 될 마리아가 원죄에 물들지 않고 (통상적인 생물학적 의미에서) 자궁에 착상되었다는 교리를 말한다.

그리스도의 '동정녀 탄생virgin birth'*은 예수가 인간 아버지 없이 성령으로 잉태되어 마리아가 처녀의 몸으로 낳았다는 교리를 말한다.

무염시태를 동정녀 탄생과 혼동하는 사람들이 있다. 크리스토퍼 듀랑의 희곡 『메리 이그네이셔스 수녀가 전부 설명해 드립니다』에서 살인을 저지르는 주인공의 대사를 빌리면, "너 나 할것 없이 이런 실수를 저지르지. 그래서 내가 인내심을 잃는 거야."

Jeopardy! 《제퍼디!》(미국의 게임쇼)

느낌표를 붙여라!

Jesus Christ Superstar 《지저스 크라이스트 슈퍼스타》

느낌표도, 쉼표도 없다.

The Juilliard School 줄리아드 음대

이 학교에서 멀지 않은 곳에 위치한 카네기홀에 입성하려면 열심히 연습하는 수밖에 없듯 정확한 철자 표기도 연습밖에는 없다.

---

*Immaculate Conception은 항상 첫 글자를 대문자로 쓴다. 이유는 알 수 없지만 virgin birth는 전부 소문자로 쓴다.

Lady Chatterley's Lover 「채털리 부인의 사랑」

외설 시비에 휘말렸던 D. H. 로렌스의 소설.

    Chatterley의 두 번째 e에 주의해라.

Licence to Kill 《007 살인면허》

1989년에 개봉한 제임스 본드 영화 시리즈 중 하나. 대개 영국식으로 c를 두 번 쓴다.

Love's Labour's Lost 「사랑의 헛수고」

Labour's의 u를 삭제한 미국식으로 바꿔 표기하는 것도 발칙한데 아포스트로피까지 빼먹는 건 볼 것도 없이 틀렸다.

Moby-Dick; or, The Whale 「모비 딕」

허먼 멜빌의 이 소설 제목을 둘러싼 대혼란은 하이픈이 원흉이다. 하이픈은 원래 1951년에 간행된 초판에는 표제지에만 등장했다. 제목에만 하이픈을 쓰고 동명의 고래를 지칭할 때는 Moby Dick으로 띄어 쓰면 별 문제가 안 되지만 이를 원작으로 한 거의 모든 각색 영화에서는 제목에 하나같이 하이픈이 빠져 있다는 게 문제다.

Oklahoma! 《오클라호마!》

리처드 로저스, 오스카 해머스타인 2세 콤비가 선보인 이 뮤지컬의 제목을 표기할 땐 느낌표를 빼면 안 된다. 《헬로, 돌리!》, 《오! 캘커타!》, 《오 레이디! 레이디!!》, 《피프! 패프!! 푸프!!! *Piff! Paff!! Pouf!!!*》 등 제목에서부터 흥분을 감추지 못하는 그 밖의 브로드웨이 뮤지컬 작품들도 마찬가지다.

"Over the Rainbow" 〈무지개 너머〉(1939년 영화 《오즈의 마법사》의 삽입곡)

당시 MGM의 수장이었던 루이스 메이어는 영화가 너무 가라앉는다는 이유로 이 노래를 빼고 싶어 했다고 한다.

    가사에는 앞에 somewhere가 있지만 제목에는 없다.

The Picture of Dorian Gray 『도리언 그레이의 초상』

명언제조기 오스카 와일드가 쓴 명언제조 소설.*

    Portrait가 아니다.
    Grey가 아니다.

Publishers Weekly 《퍼블리셔스 위클리》

출판계 사람들이 Publisher's Weekly로 잘못 표기할 때가 많다는 사실은 당혹스럽다.

Revelation 요한 계시록

신약 성서의 '요한 계시록'. Apocalypse라고도 한다.

    Revelations가 아니다.

---

*"도덕적인 책이나 비도덕적인 책은 없다. 잘 쓴 책과 못 쓴 책이 있을 뿐이다." 촌철살인의 대가라고는 하지만 정말 기가 막힌 명언이다.

Sex and the City 《섹스 앤 더 시티》

in이 아니라 and다.

TV 시리즈와 영화 시리즈가 완결된 마당이라 제대로 썼든 잘못 썼든 안 본 지가 한참 된 제목인데, 2018년에 배우 신시아 닉슨_{극중 미란다 역을 맡은 배우}이 뉴욕 주지사 출마를 선언하면서 전면에 재등장했다.

열혈 추종자라 잘못 쓸 일은 절대 없다는 사람이 아니라면 재차 확인하는 것이 현명한 처사겠다. 나는 언제고 확인한다.

Show Boat 《쇼 보트》

에드나 퍼버의 소설 제목이자 제롬 컨, 오스카 해머스타인 2세 콤비가 이를 원작으로 각색한 뮤지컬의 제목.

두 단어다.

Super Bowl 슈퍼볼

두 단어다.

"The Waste Land" 「황무지」

T. S. 엘리엇이 1922년에 발표한 시.

현대 철자 표기법에 따라 통상 '황량한 땅'을 이를 때는 wasteland로 붙여 쓴다.

말이 나와서 말인데 현대 미국 철자 표기법에 따르면 4월은 the cruelest month_{가장 잔혹한 달}로 쓰는 게 맞지만 엘리엇은 cruellest라고 표기한 바 있다. 이 구절을 인용할 때는 작가의 표기 방식을 그대로 따라야 한다는 말이다.

The Wonderful Wizard of Oz 『오즈의 위대한 마법사』

L. 프랭크 바움이 1900년에 발표한 소설의 정식 제목으로, 주인공이 회오리 바람에 휩쓸려 낯선 땅에 떨어진다는 내용의 판타지물.

주인공 도로시의 성 Gale게일은 오즈 시리즈의 첫 번째 작품인 이 소설에서나 속편인 『환상의 나라 오즈』에는 나오지 않고 이후 시리즈에서 등장한다. 1902년에는 이를 원작으로 한 브로드웨이 뮤지컬이 제작됐는데, 아마 작은 개는 다루기가 힘들고 큰 극장에서는 잘 안 보인다는 이유 때문이었겠지만, 사랑스러운 토토 역할을 '이모진Imogene'이라는 소가 대체했다.

무대에 진짜 소가 등장했다는 말이 아니다. 농담도 참.

Wookiee 우키(《스타워즈》 시리즈에 등장하는 종족)

누구 하나 제대로 쓰는 사람이 없다. Wookie가 아니란 말이다.

《스타워즈》의 세계에 대해 몇 마디 덧붙이자면, 이곳에서는 lightsaber광선검를 한 단어로 붙여 쓰고 dark side어두운 면는 (희한하게도) 소문자로 쓰며 "A long time ago in a galaxy far, far away. . . .멀고 먼 옛날 옛적 어느 은하계에서……"는 완전 문장이 아닌 불완전 문장인데도 세 개의 점을 쓴 말줄임표와 마침표로 끝난다. 왜냐고? 이 은하계에 사는 사람들이 그렇게 쓰길 좋아하기 때문이다. 여기에 시비를 건다면 그들이 여러분의 손을 잘라 버릴지도 모른다. 진짜 있었던 일이다.《스타워즈》에서 다스 베이더가 아들 루크의 손을 자른 일을 말함

작가들이 자주 틀리는 상표명

고유 명사인 상표명은 세월이 지나면 대문자를 벗어 던지고 보통 명사로 바뀌곤 한다. 해당 업체가 돌연 폐업하는 경우도 있고 해당 상표가 기업을 즉각 연상시키는 효과가 생기면 자연스럽게 보통 명사로 바뀌기도 하기 때문이다. 아스피린, 셀로판지, 헤로인, 케로신, 프롬프터, 서모스, 지퍼, 그리고—교열자의 기쁨인—덤스터'쓰레기통'을 말함(까마득한 옛날에는 뎀스터 형제가 만들었다고 해서 '뎀스터 덤스터'로 불렸다)도 보통 명사가 된 예다.

현존하는 상표(그리고 이를 소유한 기업들)는 최선을 다해 예우해야 하지만 내 경험상 비닐 소변 주머니를 baggie가 아닌 Baggie라고 써야 한다고 작가를 설득하려고 애쓰는 건 쓸데없는 헛고생이다.*

상표명에서 대문자를 소문자로 바꿔 쓰는 건 허용되지만 그 상표명을 동사로 쓰는 건 바람직하지 않다. 제록스가 만든 복사기 이름을 작가들이 동사xerox,'복사하다'라는 뜻처럼 쓰는 관행을 막으려고 교열자들이 (끊임없이 실패했지만) 끊임없이 애써 온 것도 그래서다. 하지만 구글 사이트에서 검색하는 것을 '구글링googling'이라고 하면 안 된다고 주장하기란 더는 불가능한 세상이 됐다. 무슨 일이 있어도 상표명을 동사로 써야겠다면—바람직한 관행이 아니므로 그렇게 써도 좋다는 말은 아니다—소문자로 쓰길 권한다.†

적어도 다음 상표명들만이라도 정확하게 표기하자.

---

* 정식 상표명은 Hefty Baggies Sandwich & Storage Bags다. 엄밀히 따지면 Baggie라는 말은 없다는 애기다. 하물며 baggie는 말할 것도 없다.
† '모든 것에는 예외가 있다'고 부르짖는 자들은 이렇게 말할 것이다. "그래도 fed 말고 FedEx(택배로 부치다)라고 계속 쓸 겁니다. UPS로 보내는 일이 있다 해도요."

Breyers 브레이어스

이 아이스크림 상표명에는 아포스트로피가 없다. 아포스트로피가 있는 Dreyer's_{이 책의 원제임}와 혼동하지 말 것.

Bubble Wrap 버블랩

혹자는 bubble pack_{일명 '뽁뽁이'}이라고도 부르는 상표명.

Cap'n Crunch 캡틴 크런치

Captain이 아니다.

   이 상품명을 보면 떠오르는 추억이 있다. 인터넷이 등장하기 전, 나는 원고를 교열할 때마다 마주치는 유명짜한 상표명은 전부 메모해 뒀다가 그 메모장을 들고 수퍼마켓 통로를 걸어다니며 포장지의 철자를 확인하곤 했다. 미친 사람처럼 보이지 않으려고 힐끗거리며 확인하는 틈틈이 장도 보면서.

Cracker Jack 크래커 잭

많은 (대다수일지도?) 이들이 팝콘에 땅콩을 넣어 설탕에 버무린 이 훌륭한 궁합을 가리켜 Cracker Jacks라고 부르는데, 이 제품의 이름도 아닐 뿐더러 야구팬들이 애창하는 〈날 야구장에 데려가 줘_{Take me out to the ballgame}〉_{미국 야구장에서 관중들이 부르는 노래}의 가사 "Buy me some peanuts and Cracker Jack/I don't care if I never get back._{나한테 땅콩이랑 크래커 잭을 사 줘. 돌아오지 않는다 해도 상관없어}"의 운율도 망치는 셈이다.

Crock-Pot 크로크포트

상품명이라는 것을 모르는 사람도 있을 테고, 어쩌면 crockpot이라고 쓰는 사람도 있을 테고, 일반 명칭인 slow cooker오랫동안 일정 온도를 유지해 주는 조리 기구로는 쓰는 사람도 있을 것이다. 물론 제대로 쓰는 사람도 있을 테고.

Dr Pepper 닥터 페퍼

이 탄산음료 이름에 마침표가 없다는 사실은 교열자들의 술잔치에서 열띤 논쟁의 대상이 된다.

Frigidaire 프리지데어

낡은 냉장고만 봤다 하면 frigidaire라고 부르는 사람들이 많다는 사실은 이 브랜드가 패권을 장악한 시절이 있었음을 증명하긴 하지만, 이 브랜드가 아닌 그지 낡은 냉장고를 이를 때는 그냥 refrigerator냉장고라고 써라. 100살 먹은 노인이라면 아이스박스라고 부를 테지만, 남녀노소 누구나 쓰는 명칭은 fridge다.

Froot Loops 프루트 룹스

(여기에서 Fruit이 아닌 Froot으로 썼듯) 웃길 의도로 철자를 일부러 틀리게 쓰는 것을 가리켜 '오기誤記, cacography'라고 한다.

Häagen-Dazs 하겐다즈

이 아이스크림 제조사의 이름은 덴마크어가 아니라 덴마크어처럼 들리도록 만들어 낸 말이다.

JCPenney J. C. 페니

공식 명칭은 한결같은 J. C. Penney Company, Inc.이므로 찌부러뜨린 JCPenney가 볼썽사납다면 얼마든 그렇게 써라.

Jeep 지프

윌리스-오버랜드사Willys-Overland가 등록 상표를 따냈지만 현재는 크라이슬러의 브랜드가 된 이 자동차의 이름은 첫 글자를 대문자로 쓴 Jeep로 표기한다. 하지만 일찍이 20세기 전반부부터 소문자로 시작하는 jeep로 써 왔으므로 상표 등록 이전까지 그 역사가 거슬러 올라가는 이 자동차를 무조건 Jeep로 써야 할 이유는 없다.

Jockey shorts 자키 쇼츠

이 회사가 소유한 건 Jockey라는 브랜드지 보통 명사 shorts(남성용) 사각 팬티는 아니다. tighty-whiteys(남성용) 흰색 삼각 팬티로 통칭해도 상관없다.

Kleenex 클리넥스

그냥 tissue화장지라고 불러도 된다.

Kool-Aid 쿨에이드

drinking the Kool-Aid쿨에이드 마시기는 '교조적으로 맹신하는 것'을 뜻하는 관용 표현으로, 쿨에이드를 생산하는 크래프트푸드Kraft Foods 입장에서는 뼈에 사무치는 말일 터다. 1978년 사이비 교주 짐 존스의 추종자들이 존스타운에서 청산가리를 탄 쿨에이드를 마시고 집단 자살을 했다는 보도가 퍼지면서 악명을 얻었지만 쿨에이드가 아니라 아류 상품인 플레이버 에이드 Flavor Aid였다는 사실이 나중에야 밝혀졌기 때문이다.

Men's Wearhouse 멘스웨어하우스
Warehouse가 아니다. 농담조로 붙인 명칭이란 말이다.

Onesies 원지
유아동 의류업체 거버Gerber Childrenswear의 상표명으로, 일반적으로 '기저귀 셔츠' 또는 '아기용 바디슈트'를 가리키지만 그렇게 불리는 일은 없다시피 하다. 이 업체의 직원들은 이 말에 대한 독점권을 주장하면서 onesie가 보통 명사가 돼서는 안 된다는 생각을 굽히지 않는다. 이미 소 잃고 외양간 고치는 격이 되긴 했지만.

Ping-Pong 핑퐁
상표명으로 쓰이는 이 단어가 그전부터 '탁구'를 뜻하는 말로 쓰이고 있었다는 사실을 알게 된 뒤로는 이 단어 때문에 하나같이 짜증을 부리던 작가들에게 첫 글자를 대문자를 쓰라고 굳이 강요하지 않는다.

Plexiglas 플렉시글라스(특수 아크릴 수지)
Plexiglas는 상표명이다. 이 단어에서 파생된 plexiglass는 유사 제품까지 총칭하는 일반 명사다.

Popsicle 팝시클

이 막대 아이스크림 브랜드를 만든 회사에서는 크림시클Creamsicle과 퍼지시클Fudgsicle(g 뒤에 e를 쓰지 않는다), 요시클Yosicle이라고 부르는 상품도 만든다.

Porta-Potty 포타 포티

휴대용 변기 브랜드가 수없이 많은 만큼이나 휴대용 변기와 관련된 말장난도 많은 듯하다. 여러분도 하나 지어내서 누가 똑같은 말장난을 벌써 생각해 낸 건 아닌지 한번 확인해 보길. 왜 그랬는지 기억은 안 나지만 나도 Vend-A-Loo라는 인도식 상표명을 지어낸 적이 있다.

Post-it 포스트잇

소문자 i에 주의해라.

Q-tips 큐팁스

일반 명칭은 cotton swab면봉이다. 유니레버Unilever는 이 상표의 막강한 독점소유권자다.

    Q가 Quality를 뜻한다는 건 알고 있는지?

Realtor 전미 부동산중개인협회 소속의 공인 부동산 중개업자

전미부동산협회National Association of Realtors의 등록 상표. 부동산 중개인이라고 해서 전부 전미 부동산중개인협회에 소속된 공인 부동산 중개업자인 건 아니므로 real state agent를 꼭 realtor라고 쓸 이유는 없다.

Reddi-wip 레디윕

이 회사의 상품 개발 회의에서 누군가 다음 질문을 던지는 장면을 머릿속에 그려보자. "너무 쉬워서 도저히 틀릴 수 없는 두 단어를 어디까지 틀리게 표기할 수 있을까요?" Ready와 whip을 틀리게 표기한 상표명임

Rolls-Royce 롤스로이스

하이픈을 쓴다. 그리고 비싸다.

7-eleven 세븐일레븐

숫자와 하이픈, 단어가 합쳐진 말이다. 슬러피Slurpee, 세븐일레븐에서만 판매하는 탄산음료의 본고장.

Sheetrock 시트락(고성능 석고보드 건축 지재)

이 상표명 대신 plasterboard, drywall, wallboard전부 '석고보드'를 가리킴 등의 일반 명칭을 써도 된다.

Starbucks 스타벅스

아포스트로피가 없다.

Styrofoam 스티로폼

스티로폼은 단열재용 발포 폴리스타이렌의 일종을 이르는 등록 상표명이다. 우리 같은 일반인들이 흔히 스티로폼 컵이나 스티로폼 쿨러cooler라고 부르는 제품들은 실은 스티로폼이라는 재질로 만들어진 게 아니다.

Tarmac 타맥(도로 포장용 아스팔트)

상표명이자 제조사명. 첫 글자를 대문자로 쓰는 사람이 얼마 없다.

Taser 테이저총

플로리다 대학교의 재학생 앤드류 메이어가 경찰 체포에 불응할 때 평범한 말을 써서 정중하게 Don't stun me with that electro shock weapon, Officer.경관님, 제게 그 전기충격기를 쓰지 말아 주세요라고 애원할 수도 있었지만, 실제로 그가 부르짖은 말은 Don't tase me, bro.형씨, 테이저총은 쏘지 말라고라고 한다(굳이 동사로 쓰자면 taze보다는 tase가 더 말이 된다).

Volkswagen 폭스바겐

마지막 모음이 o가 아니라 e라는 데 주의해라.

Xbox X박스

X-Box도, XBox도 아니다.

그 외 잡다한 고유 명사 표기법

∞ 17세기 후반 매사추세츠 식민지에서 마녀로 몰려 처형당한 사람들*은 화형 당했다는 설이 파다한데 실은 교수형에 처해졌다. 마녀다 아니다 답하길 거부한 자일스 코리는 돌무더기에 파묻히는 끔찍한 고문 끝에 사망했다. 끝까

*깜빡하는 경향이 있는데, 마녀로 몰린 이들 대부분이 여성이긴 했지만 남자도 있었다.

지 굴하지 않았던 그의 마지막 말은 "더 없어라"였다고 전해진다.

∞ DEFCON 5_{전투준비태세 단계 중 가장 낮은 5단계로, '평시 상태'를 뜻함}는 "손톱에 거스러미가 있다. 그것 빼고는 다 괜찮다"이다. DEFCON 1_{전투준비태세 단계 중 가장 높은 1단계로, '전쟁 발발'을 뜻함}은 "우리 이제 다 죽는다"이다. DEFCON 8, DEFCON 12 등은 없다.

∞ 《자바의 동쪽_{Krakatoa, East of Java}》은 실제 화산 폭발을 소재로 한 1969년도 영화다. 원제의 '크라카토아_{Krakatoa}'는 유감스럽게도 자바의 서쪽이다.

∞ '스페인에서 비는 평야에만 내린다'_{영화 《마이 페어 레이디》에서 히긴스 교수가 일라이자의 발음을 교정하기 위해 연습시키는 문장}는 The rain in Spain fall mainly on the plain.이 아니라 The rain in Spain stays mainly in the plain.이다.

CHAPTER 12
글을 망치는 동어 반복 표현

교열을 하다 보면 삭제할 일이 많다. 뽁뽁이 포장재나 땅콩 모양 완충재를 잔뜩 넣은 것처럼 글을 꽁꽁 싸매고 있는 very, rather, quite 등과 쓸데없는 that은 당연히 삭제해야 한다. 표현을 달리해 정보를 재언급하는 것도 여백에 '명시됨'이라고 정중하게 써 두고 저자에게 삭제 대상임을 알린다.

그 외 대다수는 '한 단어로도 충분한 동어 반복' 유에 포함되는 초보 수준의 중복 표현이다. 그런 의미에서 이 장에서는 없어도 무방한 군더더기 표현들을 소개하려 한다. 개중에는 뻔한 동어 반복 표현들도 있는데, 그럼에도 여전히 시도 때도 없이 쓰이고 있다. 극소수만 알아볼 수 있는 중복 표현도 있지만—눈치채는 사람이 아무도 없어 어물쩍 넘어갈 수 있는 표현들—삭제해야 할 군더더기라는 점은 변함이 없다.

글이 군살을 좀 빼야 할지 자신이 군살을 좀 빼야 할지 고심하다 그나마 텍스트의 군살을 빼는 게 더 손쉬워 보인다 싶으면 여기서부터 시작하면 된다(이탤릭체로 표기한 부분이 없애야 할 군더더기 표현이다).

ABM *missile* 요격용 탄도 미사일

ABM은 anti-ballistic missile의 약자다.

absolutely **certain** 확실한, 틀림없는

absolute **certainty** 확신, 확실성, 확실한 것, 틀림없는 사실

absolutely **essential** 필수의, 없어서는 안 될

added **bonus** 보너스, 상여금

advance **planning** 계획 수립, *advance* **warning** 경고

all-time **record** 최고[신(新)] 기록

더불어 set a new record라고 하지 않는다. 그냥 set a record 기록을 세우다 라고 한다.

assless **chaps** (카우보이들이 바지 위에 덧입는 보호용) 가죽 바지

'엉덩이 없는 놈 chap은 '녀석, 놈'을 뜻함'이라는 뜻이 아니라 의복의 한 종류를 말한다. 글을 쓸 때—아니면 살면서—이 단어를 쓸 일이 얼마나 있을까 싶지만, chaps는 그 자체로 '엉덩이 부분이 없는 assless'을 뜻한다. 카우보이의 뒷모습을 한번 유심히 살펴보자.

ATM *machine* 현금자동입출금기

ATM은 automated teller machine의 약자다. 이 말 자체도 동어 반복이긴 하지만 이렇게만 말해도 논쟁에서 이길 수 있다.

blend *together* 섞다, 혼합하다

cameo *appearance*, cameo *role* (잠깐 나오는) 유명 스타[인사] 특별 출연 (장면)

capitol *building* 미국 국회 의사당

closed fist 주먹

a closed hand꽉 쥔 손는 말이 된다. 하지만 '펼친 주먹'이라는 말이 없으니 '꽉 쥔 주먹'도 말이 안 된다.

close *proximity* (거리·시간상) 가까움[근접]

from whence332쪽 참조와 마찬가지로 순전히 명문名文에 등장한 역사가 길다는 점을 내세워 문제가 안 된다고 우길 수는 있지만, proximate가까운, 인접한 자체가 close가까운를 뜻하니 친밀함을 과시하려거든 덜 과장스러운 표현을 찾아라.

CNN *network* 시엔엔(미국의 뉴스 전문 방송사)

CNN은 Cable News Network의 약자다.

consensus *of opinion*, *general* consensus 합의, 대다수의 의견, 여론

consensus합의, 의견 일치라는 말 자체에 general일반적인과 of opinion여론의이 녹아 있다. 말을 더 보탤 필요가 전혀 없다는 소리다.

continue *on* 계속되다

항공사가 좋아하는 표현이다흔히 '경유하다'라는 의미로 씀. 나는 아니올시다.

crisis *situation* 위기, 비상사태

depreciated *in value* 가치가 하락한

direct confrontation 정면 대결, 맞상대

disappear *from sight* (시야에서) 사라지다

earlier *in time* (시간상) 일찍

end product 최종 제품[결과물]

end result 최종 결과

중간 결과midprogress result와 최종 결과ultimate result를 구분하는 건 이해가 되지만 end result는 얼토당토않다.

equally as, equally *as* ~와 마찬가지로

as 또는 equally 중에서 하나를 빼라. 앨런 제이 러너가 작사한 <마이 페어 레이디>의 가사에는 "I'd be equally as willing for a dentist to be drilling/than to ever let a woman in my life 내 삶에 여자를 끌어들일 바엔 차라리 치과 의사더러 이빨에 구멍을 내 달라고 하지"라는 대목이 있는데, 이 구절이 애호가들 사이에서 뮤지컬 가사계의 대재난급 문법 오류 중 하나로 꼽히며 자주 입방아에 오르내리고 있다. equally as도 눈엣가시지만 as로 바꿔 썼어야 할 than도 지탄의 대상이다. 공교롭게도 극중 이 노래를 부른 등장인물이 까다로운 문법학자인 헨리 히긴스라는 사실이 아이러니한 재미를 더할 뿐.

erupt[explode] *violently* (갑자기 격렬하게) 분출되다[터지다]

exact same 똑같은

중복 표현이라는 것도 확실하고 그걸 알면서도 쓰리라는 것도 확실하다.

fall *down* 넘어[쓰러]지다, 떨어지다

위로 떨어지는 fall up 경우도 있단 말인가?

fellow countryman 동포, 겨레

fetch *back* 가서 가지고 오다

fetch는 단순히 가져온다는 의미가 아니라 원점으로 돌려놓는다는 의미다. 잘 모르겠다면 개한테 물어보자.

few *in number* 숫적으로 적은, 수효가 적은

***fiction* novel** 소설

경악을 금치 못하겠다. 소설은 본래 허구의 작품a work of fiction을 말한다. novel'새로운[꾸며낸] 이야기'를 뜻함이라고 부르는 것도 그래서다.

nonfiction novel논픽션 소설은 첫인상과는 달리 모순어법이 아니다. 이 용어는 트루먼 카포티가 『인 콜드 블러드』를 쓰면서 개척했다는 장르—일각의 오해와 달리 그가 이 장르를 창조한 건 아니다—를 지칭하며 소설처럼 쓰인 논픽션 작품을 뜻한다.

언젠가—다행히도 여태 딱 한 번—prose novel산문 소설이라는 표현을 본 적이 있는데, fiction novel에 버금갈 정도로 어이없는 이 중복 표현은 알고 보니 사후 명칭retronym*이었다. 그래픽 노블graphic novel이 워낙 넘쳐 나는 세상이라 그런지 이 용어를 쓴 사람은 얼추 십만 개의 단어로 쓰였고 그림은 없는 허구의 이야기를 prose novel이라고 부르기로 한 모양이었다.

남부끄러운 일이다. 소설을 prose novel이라고 칭하는 건 엄청난 양의 진에 베르무트를 찔끔 넣어 놓고 '진 마티니gin martini'라고 부르는 것이나 다름없다. 원래 진으로 만든 술이 마티니인데 말이다. 진 마티니에서 잘못

---

*사후 명칭이란 언론인 프랭크 맥카위츠가 1980년에 만들어 낸 용어로, 주로 과학기술의 발전으로 원래의 의미가 모호해지거나 시대에 뒤떨어진 용어를 대체하기 위해 새로 만든 용어를 말한다. 가령 watch는 '시계'를 통칭하는 말이었지만 디지털 시계(digital watch)가 등장하면서 아날로그 시계(analog watch)를 가리키는 말이 됐다. guitar는 전기 기타(electric guitar)가 등장한 이후로 어쿠스틱 기타(acoustic guitar)라는 별칭을 얻었다. 휴대폰(mobile phone)이 생기자 유선전화(landline)라는 말이 생긴 것도 마찬가지다. 출판계로 말하자면 페이퍼백(paperback, 무선 제본 보급판 도서)이 나오면서 하드커버(hardcover, 양장본)라는 말이 생겼고, 비교적 판형이 크고 얇은, 값비싼 트레이드 페이퍼백(trade paperback)이 등장한 후에 (슈퍼마켓 회전진열대에서 찾아볼 수 있는) 매스마켓 페이퍼백(mass-market paperback, 문고판)이라는 명칭이 생겼다.

배워 보드카를 찔끔 넣은 보드카 마티니를 제조하려는 사람들이야말로 이 용어의 진정한 피해자일 터다.

근래 들어 논픽션 작품임에도 무삭제본인 경우 덮어놓고 '소설'이라고 부르는 사람도 있는데, 그런 일은 없어야 한다.

final **outcome** 최종 성과

follow *after* (~의 뒤를) 따라가다

free **gift** 선물, 선사품, 경품

군더더기 표현의 대표 선수로 소매상과 광고인들의 사랑을 듬뿍 받고 있다.

from **whence** (~한) 곳에서

whence는 원래 from where를 뜻한다. 악질 군더더기 취급을 받는 이유다. 하지만 킹 제임스 성경의 한 구절인 I will lift up mine eyes unto the hills, from whence cometh my help.내가 산을 향하여 눈을 들리라. 나의 도움은 어디서 올까.에 등장할 만큼 그 역사가 길다. 따라서 고어古語로 소통하는 경우라면 from whence를 쓸 수 있겠다.

from whence를 현란하게 (그리고 일부러) 구사한 예로는 프랭크 뢰서가 작사·작곡한 〈아가씨와 건달들〉에 나오는 가사 Take back your mink/to from whence it came밍크를 도로 가져가요가 아닐까 싶다. 싸구려 나이트클럽에서 틀어 주면 기가 막히게 어울릴 노래다.

frontispiece *illustration* (책의) 권두화, 머릿그림

frontispiece는 책의 속표지 바로 앞에 나오는, 주로 속표지와 마주보는 그림을 말한다.

full **gamut** (특정한 종류의) 전체[전반]

gamut 자체가 어떤 것의 '전체, 전반, 전 범위[영역]'를 뜻하므로 수식어가 따로 필요 없다. 마찬가지로 complete range, broad spectrum, full extent 등과 그 사촌뻘인 표현들도 앞에 수식어가 필요 없다.

fuse *together* 용해[융해]시키다[하다], 융합시키다[하다]

future **plans** 향후 계획

gather *together* 모으다, 집합하다

찬송가 〈주 은혜를 받으러 모입니다 We Gather Together (to Ask the Lord's Blessing)〉와 마태복음 18장 20절(For where two or three are gathered together in my name, there am I in the midst of them. 두세 사람이 내 이름으로 모인 곳에는 나도 그들 중에 있느니라.)에 등장한다는 건 나도 익히 알고 있다. 아무리 신성한 문장이라 해도 틀린 문장 두 개가 규칙을 바꿀 순 없지 않나.

glance *briefly* 힐끗[획] 보다

glance 힐끗 보다 자체에 '재빨리 briefly'라는 의미가 있다.

HIV *virus* 인간면역결핍바이러스

HIV는 human immunodeficiency virus인간면역결핍바이러스의 약자다.

hollow *tube* (기체·액체를 실어 나르는) 관

이건 분명 생각지도 못했을 거다.

hourly[daily/weekly/monthly/yearly] *basis* 한 시간마다[매일/매주/매달/매년]

integrate *with each other* 통합시키다[되다]

interdependent *upon each other* 상호의존적인

join *together* (하나로) 합쳐지다

kneel *down* 무릎을 꿇다

knots *per hour* 노트(한 시간에 1해리를 달리는 속도)

one knot가 nautical mile per hour한 시간당 1해리를 뜻한다.

last *of all* 맨 끝[뒤]에, 마지막에

lesbian *woman* 레즈비언, 여자 동성애자

여러분, 생각 좀 하고 삽시다.

lift *up* (위로) 들어 올리다

low *ebb* 저조한[내리막] 상태

lowest emotional ebb이라는 표현이 맥없어 보일망정 언뜻 일리 있는 듯하지만 ebb 자체가 low_{최저 상태, 힘든[어려운] 시기}를 뜻한다.

main *protagonist* 주인공

하나의 이야기에는 주인공이 하나_{one protagonist}여야 한다는 신조에는 동의하지 않지만 이 말도 거슬리긴 마찬가지다.

merge *together* 합병[병합]하다, 합치다

might *possibly* (불확실한 추측을 나타내) ~할지[일지]도 모르나

moment *in time* 지금, 현재

위트니 휴스턴이 부른 노래도 있건만.

more *superior* (~보다 더) 우수한[우세한/우월한]

Mount *Fujiyama* 후지산

yama가 '산_{mountain}'을 뜻하는 일본어이므로 Fujiyama 또는 Mount Fuji라고 부르자.

mutual **cooperation** 협력

~ o'clock a.m. in the morning 오전 ~시

절대 용납 불가다. P.M. in the evening도 마찬가지다.

말이 나왔으니 말인데 twelve midnight과 twelve noon의 군더더기도 쳐내자. midnight 또는 noon만 써도 충분하다.

orbit *around* ~의 궤도를 따라 돌다

overexaggerate

맞춤법 검사기조차 비웃는다.

passing **fad** (일시적인) 유행

fad 자체가 '일시적인 유행'를 뜻한다. 반면 fancy기호, 애호는 (얄팍하고 변덕스럽다는 의미가 있긴 하지만) 앞에 passing잠깐의, 일시적인이 붙기도 한다. 따라서 아이라 거슈윈이 쓴 노래 가사("The radio and the telephone/and the movies that we know/may just be passing fancies and in time may go 라디오와 전화기, 우리가 아는 영화들은 잠시 유행하다 얼마 안 가 그 인기도 식겠죠")와 콜 포터가 쓴 노래 가사("And it's not a passing fancy or a fancy pass그건 지나가는 바람이 아니랍니다")는 문법상 오류가 없는 셈이다.

past **history** 역사

***personal* friend** 친구, ***personal* opinion** 의견

personal은 언제 어디서든 보이는 대로 삭제해야 한다.* my personal opinion보다 더 심한 표현이 있다면 바로 my own personal opinion이 아닐까 한다.

PIN *number* (은행 카드 등의) 개인 식별 번호[비밀번호]

PIN은 personal identification number의 약자다.

plan *ahead* 계획을 세우다

***pre*plan** 계획하다

끔찍하다.†

raise *up* (위로) 들어 올리다

reason *why* 이유, 까닭

이 표현은 사실 그냥 둬도 된다. why를 빼는 게 낫지만 딱히 그래야 할 이유도 없다. 그래도 the reason is because는 안 된다. 그건 무리수다.

---

*personal friend가 실제 친구와 온라인 친구를 따로 두는 요즘 시대의 산물이라고 비난할 수 있다면 좋겠지만 그렇다고 보긴 어렵다. 1800년대부터 이 표현을 쓴 사례가 수두룩하기 때문이다.

†pre-가 붙은 수많은 합성어들은 사실 pre-가 없어도 되는 경우가 대부분이니 잘 가려 쓰자. preorder를 두고 트집을 잡는 사람들도 있는데 order와는 그 의미가 조금 다르다. 무언가를 주문한다면(order) 바로 입수할 수 있다는 뜻이지만, 선주문한다면(preorder)—가령 책이라고 치자—재고가 없어 입고될 때까지 기다려야 한다는 말이다.

regular *routine* 규칙적인, 정기적인

return (이 외에 recall/revert 등 re-로 시작하는 숱한 단어들) ***back*** 돌아오다[가다]

rise *up* 오르다, 올라가다, 일어나다

《해밀턴*Hamilton*》린 마누엘 미란다가 제작한 브로드웨이 뮤지컬에서 〈My Shot 내 기회〉을 부르며 rise up 일어서라을 반복적으로 외치는 린 마누엘 미란다에게 내가 시비라도 걸 거라고 생각했다면 오산이다.

short *in length* (길이·거리가) 짧은

shuttle *back and forth* (두 장소를 자주) 오가다[왕복하다]

sink *down* 가라앉다[빠지다]

skirt *around* (가장자리를) 두르다[둘러 가다]

slightly *ajar* 약간 열린

sudden *impulse* (갑작스러운) 충동

surrounded *on all sides* 둘러싸인

swoop down 급강하하다

굳이 따지자면 swooping은 하강하는 행위를 말하므로 쓸데없는 단어가 하나 더 붙은 셈이다. 하지만 다들 그렇게 쓰니 그냥 넘어가자. swoop up 역시 swoop[scoop] up a dropped ball[child] [떨어진 공[아이]을 주워 들다[안아올리다] 등등에서 자주 쓰이고 있다.

sworn affidavit 선서진술서

undergraduate student 학부생, 대학생

undergraduate는 그 자체로 어엿한 명사다. 다른 말을 수식하는 형용사로 쓸 필요가 없다는 얘기다.

unexpected surprise 뜻밖의[놀라운] 일[소식]

꼴사납다. 전혀 놀랍지 않을 만큼 수시로 등장한다.

unsolved mystery 수수께끼, 미스터리

미스터리가 풀렸다면 더는 미스터리라고 부를 이유가 없지 않나.

unthaw 녹다; 해동하다

그만 좀 쓰자.

usual custom 관습, 풍습

wall **mural** 벽화

설마 싶겠지만 내 두 눈으로 똑똑히 목격했다.

wall **sconce** 보루, 작은 성채

위와 상동.

영문 교열 FAQ

Q. 지금까지 본 것 중 최악의 중복 표현은 뭔가요?

A. 어제 있었던 일처럼 생생하다.

> He implied without quite saying. 그는 별말 없이 암시했다.

   이 문장을 보자마자 나는 속으로 쾌재를 불렀지만 감히 without quite saying_{별말 없이}에 빨간줄을 쫙 긋고 정중하고도 간결하게 여백에다 '중복'이라고 써 넣을 수 없을……

……뻔 했으나 결국 써 넣었다.

CHAPTER 13
사소해 보이지만 결정적인 교열 요령

이 장에서는 개인적으로 중요하다고—또는 적어도 흥미롭다고, 아니면 순전히 이상하다고—생각하지만 넣을 자리가 마땅치 않았던 온갖 교열 사항들을 한데 모아 소개한다.

1.
엄밀히 말해 두 사람 사이에서 벌어지는 일을 가리킬 때는 each other를 쓰고, 세 사람 이상일 때는 one another를 쓴다는 규칙이 있다.

> Johnny and I like each other.
> 조니와 나는 서로 좋아하는 사이다.
>
> "Everybody get together, try to love one another right now."
> 여기 모두 모여 지금 이 순간 서로를 사랑하려고 노력해 보세요.

이 역시 수세기 전 이름 없는 문법학자가 만들어 낸 예의 그 규칙 중 하나로,

확실한 근거 없이 당연시하고 있다. 그래도 그냥 지나칠 수 없는 이유는 보아 하니 되는대로 이 두 표현을 섞어 쓰는 작가들이 유난히 많다는 점 때문인데, 둘을 아무렇게나 섞어 쓰는 건 장미꽃에 맺힌 이슬과 아기 고양이의 수염과는 달리 내가 가장 좋아하는 것들은 아니다.영화 《사운드 오브 뮤직》의 삽입곡 〈내가 가장 좋아하는 것들〉 중에서 '장미꽃에 맺힌 이슬과 아기 고양이의 수염 (…) 이것들은 내가 가장 좋아하는 것들이지'를 차용한 것 이 규칙을 따르지 않는다고 해서 매도할 일은 아니지만 이 규칙을 따른다고 해서 매도당할 것도 없다.

2.

> If you only see one movie this year…

일반인은 위처럼 only를 문장 앞쪽에 놓는다. 그러면 교열자는 only를 끄집어내 아래처럼 only가 수식하는 말 바로 옆에 떨군다.

> If you see only one movie this year… 올해 영화를 딱 한 편만 본다면……

또는 이렇게 고치기도 한다.

일반인 You can only watch a movie ironically so many times before you're watching it earnestly.

교열자 You can watch a movie ironically only so many times before you're watching it earnestly.
야유하듯 본 영화를 계속 보면 이상하게 좋아지기도 한다.

교열한 문장이 더 딱딱하게 들린다고? 그럴지도 모른다. 하지만 약간 딱딱한 글에서는 팽팽한 긴장감이 느껴져 거의 본능적인 전율을 일으킨다는 게 내 솔직한 의견이다.

또 독자들은 글이 지나치게 치밀하면 잘 알아차리지 못하지만 글이 지나치게 성글면 귀신 같이 알아차리고 마뜩잖게 여긴다.

게다가 only를 대충 넣으면 문장의 의미가 완전히 왜곡될 수도 있다.

그래도 소설이라면 얘기가 달라진다. 소설 속 대화체는 말할 것도 없고 특히 화자가 격식을 갖추지 않은 일상어를 쓰는 경우라면 only를 작가가 쓴 자리에 그대로 놔두는 게 좋다.*

3.

존 F. 케네디 암살 사건과 이를 둘러싼 음모론이 제기된 지도 반세기가 넘었건만 나는 작가들에게 잔디 둔덕grassy knoll, 존 F. 케네디 대통령을 저격한 총탄이 잔디 둔덕에서 날아왔다는 설이 있음을 묘사할 때는 다른 단어를 써 달라고 늘 당부한다. 독자들의 주의를 단번에 흩뜨리기 때문이다.

4.

희한하고 재미있는 이야기 한 토막. namesake(다른 사람[것]과 이름이 같은 사람[것])는 양방향으로 쓰인다. 여러분의 이름을 할아버지 존함에서 따왔다면 여러분은 할아버지와 동성동명namesake이다. 할아버지도 여러분과 동성동명

*'이제, 막, 방금'이라는 시간적 의미로 쓰인 just도 마찬가지다. I almost just tripped on the stairs.도 더할 나위 없이 자연스럽지만 I just almost tripped on the stairs.(나 방금 계단에 걸려서 넘어질 뻔했어.)는 의미가 더 잘 와닿는다. 앞으로 여러분이 입말에서나 글말에서 이런 차이를 염두에 두고 only/just를 쓴다면 내 임무를 완수한 것이다.

namesake이다. 어찌 보면 당연한 소리지만.

5.

1990년대에는 원고를 넘기는 족족 inchoate방금 시작된, 미발달[미완성]의와 limn[고어] ~을 말로 나타내다[묘사하다]이 등장했다고 해도 과언이 아니었고, 나중에는 이 두 단어가 보일 때마다 진저리를 칠 정도였다. 희한하게도 이 두 단어를 마지막으로 본 지가 언제였나 싶다. 그리울 지경이니 언제든지 다시 써 주길 바란다.*

6.

상투적인 표현은 일단 전염병 피하듯 피하고 봐야 한다.

7.

go into the water(주로 팔을 휘젓거나 소리를 질러 대며 유쾌하게 웃고 떠드는 행위가 동반됨)와 go in the water(주로 먼 곳을 멍하게 쳐다보는 행위가 동반되는데, 아닌 척 하지만 사실은 소변 누는 거라는 거 다 안다)의 의미는 천지차이고, 이 차이를 존중하는 게 도리다.

요컨대 into는 '동작'을, in은 '있음(존재)'을 뜻한다고 보면 된다.

jump into a lake(부두에서 뛰어올라 물속으로 몸을 던지는 것)와 jump in a lake(물속에 있는 상태에서 위쪽으로 치솟는 것)도 마찬가지다. 하지만 입말이라는 게 뭔지, 사람을 물러가게 할 때 쓰는 관용 표현인 Aww, go jump in a lake.아휴, 방해말고 좀 꺼져!에 딴지를 걸 사람은 아무도 없다.

*어느 교열자의 덧. "특히 제가 본 소설 원고들에서는 guttering(빗물받이 시스템)과 tang(톡 쏘는 향)이 하도 자주 나와서 문예창작학과 석사 과정 수업 자료에라도 있는 내용인가 의아해한 적도 있었죠."

8.

turn in to a driveway진입로 쪽으로 틀다는 자동차가 주행하는 방식을 말하지만, turn into a driveway진입로로 변신시키다는 마법사 멀린이 선보일 만한 마술이다.

9.

15세와 17세인 두 형제 중 동생은 the younger동생, 손아래라고 하지만 the youngest제일 어린 사람는 아니다. 형은 the older형, 손위(또는 the elder)라고 하지만 the oldest제일 나이가 많은 사람(또는 the eldest)는 아니다.

최상급인 -est는 셋 이상일 때만 쓴다.

참으로 영어다운 표현인 put one's best foot forward힘을 다하다는 예외다.

10.

무언가를 지극하고도 열렬하게 좋아한다면 '한없이no end' 좋아한다고 하는데, 간혹가다 '공연히to no end' 좋아한다는 말과 혼동하는 경우가 있으니 주의해야 한다. 일부러 의도한 거라면 문제 될 건 없지만.

11.

재치 넘치는 농담, 심오한 발언, 영감을 준다는 잠문, 기타 냉장고에 붙여 두는 금언의 출처가 유명 인사일 거라고 지레짐작하는 게 새로운 현상은 아니지만—언론인들, 특히 신문 칼럼니스트들은 수십 년째 이런 행태를 일삼고 있다—가짜를 예쁘게 포장하는 데 무책임하게 전력투구하는 인용문 모음 사이트들은 이 문제를 극도로 악화시켜 부주의한 (또는 무신경한) 사람들이 이를 게걸스레 소비하고 다시 게워내는 일을 지긋지긋하게 반복하는 풍조를 부추기고 있다.

이만큼 적절한 사례가 또 있을까 싶은 예를 하나 들어 보자. 2017년 7월 작가 콜린 딕키는 우연히 다음과 같은 2013년도 트윗을 마주쳤는데, 알고 보니 출처가 당시 미국 대통령의 맏딸이었다.

> "If the facts don't fit the theory, change the facts."
> 사실이 이론에 부합하지 않으면 사실을 바꿔라.
>
> — 알버트 아인슈타인

그러고 나서 작가는 "아인슈타인이 그런 말을 결코 한 적이 없다는 사실이 이 트윗 내용을 여실히 증명한다"는 트윗을 올렸다.

설령 이를 사실이라고 주장하는 구글 검색 결과가 수백 건이라 한들 실제로 아인슈타인은 이런 재담을 말로도 글로도 남긴 적이 없다. 이 경우 그런 말을 할 깜냥이 절대 안 되는 사람이 자신의 말에 무게감과 의의를 부여하려고 출처가 불분명한 명언에 묻어감으로써 무식을 포장한 것에 불과하다.

아인슈타인은 금언의 출처로 삼기 좋은 위인 중 한 명에 지나지 않는다. 명언이긴 한데 딱히 공개 출처가 없다 싶으면 십중팔구 에이브러햄 링컨이 한 말이다. 마크 트웨인, 오스카 와일드(와일드의 명언이 수천 개에 달하는데, 그가 하지도 않은 말을 했다고 굳이 지어낼 필요가 있을까), 윈스턴 처칠, (와일드만큼이나 끊임없이 재담을 쏟아냈던) 도로시 파커도 마찬가지다.*

인용문의 진위는 다음과 같은 방법으로 얼마든지 확인 가능하다.

---

*이 외에도 순서 없이 나열하자면 랄프 왈도 에머슨, 헨리 데이비드 소로, 볼테르, 마하트마 간디, 그리고 (그가 지금까지 쓴 단어 하나하나가 얼마나 쉽게 검색되는지도 모르고 주제넘게 터무니없이 끌어다 쓰는) 윌리엄 셰익스피어가 있다.

∞ Wikiquote위키인용집은 글깨나 쓴다는 사람들의 말이 거의 빠짐없이 등재된 어록으로, 이들의 명언이 일목요연하게 정리돼 있을 뿐만 아니라 해당 명언의 출처로 연결되는 유용한 링크도 제공한다. 논쟁의 중심에 놓인 명언과 출처가 잘못된 인용어구들도 검색 가능하다.

∞ 제힘으로 알아보고 싶다면 books.google.com을 활용해라. 웬만한 건 다 검색된다. 검색이 불가능하다면 딱 병아리 눈물만큼만 품을 팔아 공개 출처를 찾아보자. 물론 엉터리일 가능성도 배제할 순 없다.

∞ 억척같이 철두철미한 가슨 오툴Garson O'Toole이 조사한 자료도 참고하자. '어록조사관'이라는 웹사이트(quoteinvestigator.com로 접속하면 된다)의 운영자이자 @QuoteResearch라는 트위터 계정으로 활동 중인 그는 가짜이거나 출처가 잘못된 어록을 바로잡을 뿐만 아니라 가능한 경우 아카이브를 뒤져 내용 오류와 출처 오류의 시초를 밝히는 데 전문가다.

여태 말한 내용이 글쓰기와 무슨 상관이 있느냐고?

게으른 작가들, 특히 비즈니스 및 자기계발 분야의 저자들[+]은 희망을 주는 명구입네 하면서 자신들과 다를 바 없이 게으른 비즈니스/자기계발 분야 선배 작가들의 저서와 인터넷에서 뽑아낸 인용어구들을 자기네들 원고에 흩뜨려놓는데, 이게 결국 거름을 뿌리는 격이 된다.

랜덤하우스 출판사에서는 교열자들이 이 같은 인용구들을 남김없이 찾아내 진위 여부를 확인하거나 출전과 대조할 것을 의무화하고 있다. 파리채

[+] 언젠가 한 동료가 우스갯소리로 "자기계발서가 존재한다는 사실 자체가 자기계발서가 아무런 효과가 없다는 증거다"라고 말한 적이 있다. 진심이라기보다는 짓궂은 농담으로 한 소리겠지만 자기계발서가 정확한 정보를 담고 있다기보다 독자를 몰아대며 자극하는 효과에 기대고 있는 건 사실이다.

로 메뚜기 떼를 물리치는 일이나 다름없이 느껴질 때도 있지만, 그것 말고는 달리 할 수 있는 일이 없으니 어쩌겠나.

진실로 둔갑한 거짓이 판치는—자신들에게 불리한 사실은 서슴없이 날조라고 비방하는 전문 위증가들이 주로 앞장서고 있다—시대에 당부하는데, 행운의 쿠키 같은 농간을 고착화하는 이 따위 행태는 이제 그만두길 바란다. 무미하고 식상한 그런 말들이야말로 인간의 감수성을 훼손하는 원흉이며 독창성이라곤 없는 그런 아류들이야말로 문자의 역사에 대한 모독이다.

한 가지 제안한다.

컴퓨터로든 수기로든 직접 '비망록'—기발하거나 의미심장한 구절을 필사해 두는 기록장—을 써 두고 나중에 활용할 수 있도록 항상 지참하자. 감화를 주는 용도에 그친다 해도 좋다(출처를 적어 두는 것도 잊지 말자). 그러면 여러분의 지혜를 세상과 나눌 수 있는 기회가 닿을 때, 또는 뭇사람들과 타인의 지성을 한 번쯤 공유하고 싶을 때 적어도 참신하고 진심 어린 말을 전할 수 있을 것이다.

12.

타이틀 케이스title case는 작품의 제목(책·책의 장·희곡·영화 등의 제목이라고 하면 무슨 말인지 알 것이다)을 비롯해 주로 잡지나 신문 기사의 제목에서 중요한 단어는 모두 첫 글자를 대문자로 표기하는 관행을 말한다.

제목에서 중요한 단어란 다음을 말한다.

- 첫 단어와 마지막 단어
- 명사, 대명사, 동사, 형용사, 부사

여기에 속하지 않는 단어는 다음과 같다.

- 관사(a, an, the)
- 접속사(and, but, if, or 등)

이쯤 되면 명쾌한 기준이랄 게 없다.

전치사는 어떨까.

일각에서 내세우는 '전치사는 예외 없이 소문자로 쓴다'는 원칙은 *Seven against Thebes*테바이를 공격한 일곱 장수나 *I Served alongside Rommel*롬멜과 함께 전선에서 같은 제목을 교열할 때는 아무런 도움이 안 된다. 눈치 빠른 사람들은 at/by/but/from/into/of/to/with 등 대다수의 짧은 전치사는 소문자로 쓰고 despite/during/toward 등 비교적 긴 전치사의 첫 글자는 대문자로 쓰자는 데 찬동한다. 사실 네 글자로 된 전치사는 분류가 애매하다. 나라면 with의 첫 글자를 절대 대문자로 쓰진 않겠지만 over의 첫 글자가 소문자로 표기돼 있다면 푸대접을 받는 것처럼 보일 듯하다.

그렇다 보니 다음과 같은 혼란이 생긴다. 가령 but은 접속사 겸 전치사로 쓰이므로 소문자로 표기해야 한다. 하지만 부사(he is but a stripling.그는 애송이에 지나지 않는다.)와 명사(no ifs, ands, or buts about it의심의 여지가 없는)로도 쓰이는데, 이는 곧 제목에서 부사나 명사로 쓰이면 첫 글자를 대문자로 써야 한다는 뜻이다. over 역시 전치사와 부사(크리켓 경기에서는 명사로도 쓰인다)로 쓰인다. off나 near의 첫 글자를 대문자로 표기할지 말지 결정하려고 전치사로 쓰였는지 부사로 쓰였는지(아니면 형용사인지 동사인지)를 알아내려 사전을 뒤적여 봤자 속시원한 설명이 없어 골치만 썩일 것이다(일부 사전은 불변화사,

한정사 등 문법 용어까지 동원해 설명하는데, 그런다고 이해가 더 잘 되는 건 아니다). "의심스러울 때는 눈에 보이는 대로 하라"는 말을 마지못해 수긍해야 하는 상황은 싫지만 달리 묘수가 없다. 정정하려 드는 사람이 있다면 두 눈을 똑바로 쳐다보고 "여기서는 부사로 쓴 겁니다"라고 대꾸한 뒤 재빨리 자리를 떠라. 항상 먹힌다.

한 가지 덧붙이자면,

∞ 매우 중요한 일부 단어들은 매우 짧다는 점에 각별히 유의해야 한다. It은 반드시 첫 글자를 대문자로 쓰고(He/She/His/Hers는 물론) 특히 Is와 Be처럼 큰물에서 노는 핵심 단어들은 꼭 첫 글자를 대문자로 쓴다. 이 단어들을 소문자*로 표기하면 타이틀 케이스 중죄capital crime, '대문자의'와 '사형죄의'를 뜻하는 capital의 중의적 의미에 빗댄 표현에 해당한다.

아, 한 가지 더 있다.

∞ '구동사phrasal verb'라는 것도 있는데, 예상했겠지만 구phrase 형태의 동사를 말한다. 주로 「동사 + 부사/전치사」 또는 「동사 + 부사 + 전치사」 형태로 쓰이고, 제목에서는 다음처럼 각 단어의 첫 글자를 대문자로 쓴다.

*혹시 알고 있는지 모르지만 대문자(capital[majuscule] letter)는 uppercase letter라고 부르고, 그보다 작은(minuscule) 문자는 lowercase letter라고 부른다. 가동 활자(즉 수동 조판) 시절에는 대문자를 잘 쓰지 않아 위쪽 상자에 넣어 보관하고, 그 외 활자는 그 아래쪽 상자에 담았던 데서 연유한 말이다. uppercase와 top-drawer를 혼동하면 안 된다. top-drawer는 보석이나 귀중품을 보관하던 맨 위 서랍에서 유래한 표현으로, '최고급의, 최상류층의'를 뜻한다.

Hold On to Your Hats! 놀라지 마시라!

(반면 *The Mill on the Floss* 플로스 강변의 물방앗간의 on은 소문자로 표기한다.)

또는 다음과 같이 쓴다.

Stand By for Updates 새로운 소식이 곧 업데이트됩니다

(반면 *The House by the Lake* 호수의 집의 by는 소문자로 표기한다.)

다음 사항도 알아 두는 게 좋겠다.

∞ 하이픈으로 단어를 연결해 즉석에서 만들어 낸 합성어는 각 단어의 첫 글자를 대문자로 표기하고 사전에 등재된 합성어는 첫 단어만 대문자로 표기하기도 하는데, 그러다 보면 다음과 같은 경우가 생긴다.

My Mother-in-law Enjoyed a Death-Defying Ride on a Merry-go-round 장모님이 회전목마의 아슬아슬한 곡예를 즐기다

문장이 약간 덩어리진 것처럼 보이긴 하지만 이 경우 시각적인 쾌미음 특정한 위치에서 비슷한 소리를 반복할 때 나타나는 음색적 효과를 위해 law, go, round의 첫 글자를 대문자로 표기해도(in은 당연히 제외다) 꼬투리 잡을 사람은 없다.

결론은 이렇다.

∞ 단어 하나하나에 타이틀 케이스를 적용하는 규칙에 동의하면서도 타이틀 케이스고 뭐고 진저리를 치는 날에 다음과 같은 표제를 보면,

The Fault Is Not In Our Stars But In Our Stars' Salaries
잘못은 우리 별에 있는 게 아니라 우리 별의 연봉에 있어
(존 그린의 장편소설 『잘못은 우리 별에 있어』에서 차용한 것)

손발이 오글거릴 만큼 민망해져 마음을 고쳐먹는다.

13.

Q. female candidate가 아닌 woman candidate라고 쓰는 것처럼 female 대신 woman를 형용사처럼 쓰는 추세는 어떻게 생각하나요? man candidate라는 말은 쓰지 않잖아요.

A. 남성일 경우 male candidate라고도 잘 쓰지 않고 그냥 candidate라고만 한다. 인류의 설정값을 남자male/man로 보는 유별난 사고방식에서 비롯된 간결함이 아닐까 싶다.* woman을 형용사로 쓰는 경향이 점점 더 늘고 있는 건 사실이다. 계산대의 여성 직원female cashier이 자기 자궁으로 물품을 날라 결제하는 것도 아닌데 유독 그 사람의 생물학적 특징만 눈에 보이는지 female을 갖다 붙이는 사람들이 있다. 하지만 woman을 형용사로 쓰는 건 참신한 발상이라고 보긴 어렵다. 이 글을 쓰면서도 1960년 페그 브랙컨Peg Bracken이 쓴 놀라우리만치 전복적인 책 『요리(하기 싫은) 책The I Hate to Cook Book』에 실린 '여러분의 여성 손님들your women guests'이라는 표현을 보고 있으니 말이다. 그래도 명사 woman을 써야 할 자리에 female을 써서 되려 상황을 불리하게 만들

---

* 초짜 교열자로 일할 때만 해도 인간의 기준을 백인으로 보는 암묵적인 고정 관념에 사로잡힌 원고가 부지기수로 많았다. 등장인물이 백인이 아닐 때만 인종을 구체적으로 드러내는 식이었으니 말이다. 지금도 man 앞에 별다른 수식어가 없으면—남자가 좋아하는/싫어하는 여자를 다룬 기사들이 그렇듯—당연히 이성애자 남성을 상정하는 경우를 자주 보는데, 이성애자 남자만 남자인 건 아니다.

지 않도록 주의해야 한다. 명사 female이 칭찬을 뜻하는 경우는 거의 없다시피 하고 상대방이 칭찬으로 받아들일 리도 거의 없기 때문이다.

클레어 부스 루스Clare Boothe Luce의 희곡 『그 여자The Women』에는 이런 대목이 나온다.

Sylvia   Why should I be jealous of Mary?
Nancy   Because she's contented. Contented to be what she is.
Sylvia   Which is what?
Nancy   A woman.
Edith   And what, in the name of my revolting condition[†], am I?
Nancy   A female.

실비아   내가 왜 메리를 질투한다는 거야?
낸시   걔는 만족하니까. 있는 그대로의 자기 모습에 말야.
실비아   있는 그대로가 뭔데?
낸시   여자라는 거지.
이디스   그럼 보고 있기 거북한 나는 뭐란 소리야?
낸시   넌 암컷이지.

이건 꼭 강조하고 싶다. 등장인물의 성별에 따라 전문직을 부여할지 말지를 결정하는 건 내 소관이 아니다. 어떻게 칭하느냐가 내 소관이지. 거 참, 난 교열자지 사회학자가 아니라고요.

14.

버튼 다운 셔츠button-down shirt란 카라collar 끝에 구멍이 나 있어 카라 아래에 달려 있는 단추를 끼울 수 있는 셔츠를 말한다. 목부터 허리까지 단추를 채우는 셔츠를 통칭하는 말이 아니다. 그건 드레스 셔츠dress shirt (그나저나 short-sleeve dress shirt반팔 드레스 셔츠라는 건 없으니 long-sleeve dress shirt

[†] '임신한 상태'를 가리킨다. 내가 한 말이 아니니 애먼 사람 잡지 말자.

긴팔 드레스 셔츠라는 것도 없다), 또는 버튼 프런트 셔츠button-front shirt, 버튼업 셔츠button-up shirt, 일명 와이셔츠라고 부른다. 알 게 뭐람.

15.

tow the line이 아니라 toe the line시키는 대로 하다, 규칙에 따르다이라고 한다.

16.

다른 사람의 말에 동의할 때 외치는 표현은 Here, here!가 아니라 Hear, hear!옳소, 옳소!다.

17.

명사 gaslight가스등의 형용사형은 gaslit가스등이 켜진이다.

gaslight는 동사로도 쓰이는데, 1944년 MGM사가 제작한 동명의 스릴러 영화 《가스등gaslight》에서 극중 찰스 보이어가 잉그리드 버그만에게 그랬듯 '현실감을 잃고 스스로를 정신 이상이라고 믿도록 타인의 심리를 조종하다'를 뜻한다. 과거형은 gaslighted다.

18.

무언가가 뼛속까지 배어 있다고 할 때는 deep-seeded라고 하지 않는다. 언뜻 일리 있어 보이지만 식물의 생장 원리에 정통한 사람들에 따르면 그런 의미가 아니다. deep-seated뿌리 깊은, 고질적인가 올바른 표현이다.

19.

응급 상황에서는 911_{미국 긴급전화번호}에 전화한다.

　미국에서 최악의 테러 참사가 발생한 날인 9월 11일도 이와 비슷한 9/11로 표기한다(미국과 달리 주요 유럽 국가에서는 11/9라고 쓴다. 우리 미국인들은 날짜 표기법에 관해서는 무섭도록 고집이 세다).

20.

방울다다기양배추는 Brussel sprout이 아닌 Brussels sprout이라고 한다.

21.

'반전_{reversal}'은 180도 회전을 뜻한다.* 360도 회전은 출발점으로 되돌아온다는 의미다.

22.

stupider_{stupid의 비교급}와 stupidest_{stupid의 최상급}도 단어로 취급한다.

23.

여러분이 일상적으로 쓰는 입말을 교열하는 건 내 일이 아니지만 가령 다음 질문을 받으면,

　　"Do you mind if I sit beside you?"
　　제가 옆에 앉는 게 싫으세요?

---

*full 180(180도 완전 회전)는 중복 표현 아닌가? "I did a 180.(나는 180도 회전했다)"라고만 써도 되지 않나? 답은 둘 다 '그렇다'이다. 그런데도 이렇게들 쓰고 있다.

요즘은 다들 다음처럼 대답하는 듯한데,

"Yes! Please do!" 네, 싫다마다요.

이렇게 대답해 준다면 고맙겠다.

"Of course not! Please do!" 그럴리가요, 어서 앉으세요.

24.

한번은 영국인이 쓴 원고에서 다음 대사를 본 적이 있다.

"Oh, well, tomato, to-may-to." 아, 그거, 토마토, 토-메이-토요.

족히 30초는 뚫어지게 쳐다보고 나서야 겨우 이해했다.

영국인들은 tomato의 a를 ah로 발음하지만 potato의 a는 미국식인 ay로 발음한다. 아이라 거슈윈이 쓴 가사의 한 구절인 "You like potato and I like po-tah-to/You like tomato and I like to-mah-to"당신은 포테이토를 좋아하고 나는 포-타-토를 좋아하죠. 당신은 토메이토를 좋아하고 나는 토-마-토를 좋아하죠는 썩 기발했지만 한편으론 사기를 친 셈이었다.

그건 그렇고 아이라 거슈윈의 『노랫말 이야기Lyrics on Several Occasions』에 따르면 〈우리 이제 그만해요Let's Call the Whole Thing Off〉를 부르면서 저도 모르게 "You say eyether and I say eyether/You say nyther and I say nyther이 곡의 가사 중 You say either, and I say aither/You say neither, and I say naither(당신은 '이더'라고 말하고 나는 '아이더'라고 말하죠. 당신은 '니더'라고 말하고 나는 '나이더'라고 말하죠)를 영국식으로 발음함"라고 부른 영국 가수들이 정말 있었다고 한다. 걸러서 듣자.

25.

'2인칭으로 말한다'고 하면서 스스로를 we로 지칭하는 경우가 늘고 있다. 안 될 말이다. 자신을 we로 칭한다는 건—빅토리아 여왕이라면 그러겠지만—1인칭 복수로 칭한다는 의미다. 어느 작가가 "You are not the kind of guy who would be at a place like this at this time of morning.당신은 이렇게 이른 시각에 이런 곳에 있을 사람이 아니다."라고 쓴 바 있듯 독자에게 말을 거는 2인칭 서술이 특징인 제이 매키너니의 소설 『도시는 불빛을 먹는다』의 한 구절 we는 그런 데 쓰는 말이 아니다.

26.

『햄릿』에 나오는 유명한 대사는 Methinks the lady doth protest too much.가 아니라 The lady doth protest too much, methinks.저 부인이 극구 부정하는 걸 보니 오히려 긍정하는 게 아닌가 사료되오다. 그리고 400년 전에 태어난 옛날 사람도 아닌데 고전 영화 속 폼 잡는 주인공저럼 methinks~고 사료되다를 쓸 생각이라면 부디 참아 주길 바란다.

27.

pulchritudinous몸매[외모]가 아름다운는 beautiful을 대체할 단어로는 썩 매력적이지 않다. 나 같은 사람들이 잠깐 한눈을 팔 때 용케도 buxom(가슴이) 풍만한—zaftig풍만한와 비슷한 뜻으로 봐도 좋다—이라는 다른 의미로 통하던 시절도 있었는데, 가슴이 풍만한 여성을 선호한다면 일견 그럴듯해 보일 순 있겠다.* 하지만 요즘은 fat뚱뚱한과 동의어로, 그것도 경멸조로 쓰는 경향이 늘

*이디시어로 pulkes는 특히 '아기(또는 닭고기)의 오동통한 허벅지'를 뜻한다. 혹시 어느 유대인 언어학자가—내가 그 사람일 리가 있겠나—좋은 뜻에서 pulkes와 pulchritude(육체미)를 혼동하는 바람에 이런 결과가 나온 건 아닐까.

고 있는데, 새로운 의미를 덧붙이는 건 이쯤에서 끝내자. fat의 동의어는—bovine둔중한, stout풍채가 당당한, 그리고 (어느 예술사 교수가 르느와르 누드화를 이렇게 묘사한 뒤로 내가 가장 좋아하는 단어 중 하나로 꼽는) fubsy보동보동한를 비롯해—얼마든지 많고 개중에는 더 듣기 좋은 말도 있으니 다른 말을 더 보탤 필요는 없을 듯싶다.

나가는 말

책 한 권을 탈고했다는 말은 정확하지 않다. 글쓰기를 잠깐 멈춘다는 뜻이라면 몰라도.

문학 작품을 통틀어 내가 가장 좋아하는 마지막 문장은 버지니아 울프가 쓴 『등대로』의 다음 구절이다.

> It was done; it was finished. Yes, she thought, laying down her brush in extreme fatigue, I have had my vision.
> 됐다, 끝이다. 엄습하는 피로감을 느낀 그녀는 붓을 내려놓으며 생각했다. 그래, 생각했던 그대로야.

릴리 브리스코의 굳건한 확신은 없지만 그녀의 피로감만큼은 공감한다.

이 책의 초기 제목은 '마지막 말 The Last Word'이었다. 하지만 몇 가지 온당한 이유로 곧바로 폐기됐는데, 그중 하나가 마지막 말이라는 건 없다는 거였다. 예외 없는 규칙은 없는 법이고(뭐, 대부분은 그렇다) 뒤늦은 생각이 떠오르는 법이며(내 경우는 그렇다) 깜빡 잊고 하지 못한 말이 있는 법이다.

다만 이어질 뿐, 마지막 말이란 없다.

영문 교열자가 즐겨찾는 사이트

이 책에 언급된 자료 외에 시어도어 번스타인Theodore Bernstein의 『시슬보텀 씨의 도깨비들Miss Thistlebottom's Hobgoblins』을 권한다. 나는 이 책을 가장 매력적이고 지적이면서도 술술 익히는 영어책 가운데 하나로 꼽는다.

그야말로 박학다식하고 영어에 정통해 내가 즐겨찾기로 등록해 놓고 두고두고 참고하는 웹사이트들은 다음과 같다.

Grammarist grammarist.com

Grammarphobia grammarphobia.com

Arrant Pedantry arrantpedantry.com

Harmless Drudgery korystamper.wordpress.com

Online Etymology Dictionary etymonline.com

Quick and Dirty Tips quickanddirtytips.com/grammar-girl

Sentence first stancarey.wordpress.com

You Don't Say baltimoresun.com/news/language-blog